1949
礼賛

中華民国の南遷と新生台湾の命運

楊儒賓——著
中嶋隆蔵——訳

東方書店

１９４９礼賛

中華民国の南遷と新生台湾の命運

楊儒賓　　著
中嶋隆蔵　訳

訳者補注

本書には元来副題はないが、著者の執筆意図を推し読者の理解を助けるべく、著者の了解を得て副題を加えた。なお、著者は本書の表紙を含む各所で「一九四九」という表記を頻用し、別に用いる「一九四九年」という表記と混用、もしくは併用しているが、著者自身「1949と民国の学術」の章の冒頭に収める「1949の大分裂と新たなる漢華人文知識の再編成」という文中にことさら註記して読者に注意を促しているように、著者は、気が向くままなんとなく両者を混用、もしくは併用しているのではなく、一九四九と一九四九年とを書き分けるについては、著者細心の用意があるという。

自序

この書物はもともと作者みずからのために書いたもので、書物にするといった予定はなく、それはただ自分で自分の立ち位置を尋ねようとした記録に過ぎません。四方八方から雨風が吹き込んでくる島嶼台湾に身を居いていると、個人が向かう方向であれ、社会全体が向かう方向であれ、いずれにしろ簡単には探し出すことはできません。私は先ず虚心に反省尋究し、独白形式で自己と対話し、それから真正面あるいは側面から個人の省察を集団の話題へと変えていったのです。私の考えにある人は賛成し、当然、ある人は反対しました。そうしてから後に、因縁が寄り集まって文章になったのです。

短い文章を書いたのは、自分に対して言うことがあったからですが、これらの短い文章がもし定期刊行物かパソコンの中に静かに横たわっているだけなら、(『荘子』「逍遙遊」に見える大椿のように)八千歳を春とし、八千歳を秋とすることももちろん不可ではありません。書物に収めてある文章は、多く常識の言葉ですし、日常の空気を常識とした程度ですから、別に威張り腐ったところなどありません。しかし私たちのこの島にはいささか特別なところがあって、常識が通常ことさらに乏しいのです。ある友人達は書物の中の一、二の短文を見て、すこぶる感ずるところがあったようで、私の常識もそれほど「常」「識」とは見えず、少なくとも(『易伝』に言うように)「仁者は仁と見」「智者は智と見る」といったものだが、しかしこの島には必ずやこうした論はあるべきだし、空気中の過度に熱したものを中和する有識者の見解だ、と考えてくれたのです。

作者である私は、東西冷戦体制が形成されて間もない年代に生まれたが、それは（国民党が）一九四九（年）に大陸から台湾に大撤退してきた年から七年しか隔たっておらず、われわれこの年代に成長した人間は、冷戦期の「不沈空母」上の空気を吸って自己の主体を形成したのです。「不沈空母」とは冷戦期に西側国家が台湾に対して描いた思いであり、また台湾当局が常々それを用いて自己を慰めた呪文です。ある雑談の折り、政治大学哲学系の一友人が「われわれこの世代の人間の生命には共通性があるね。みんなが広文書局の新儒家の文章、商務印書館の銭穆の著作、慧日講堂の印順の仏学、志文出版社の西洋の翻訳、水牛出版社の実存主義のテキストを読んだんだよね。それから、大学を出て、戒厳令が緩められた時期になって、われわれは国民党外の雑誌から教室では学べない知識を得たし、われわれは台湾大学や師範大学付近の露店から教室では学べなかった左派の知識を得たんだよね。こうして平静だった知識の基盤が揺れ始め、続いて世界観が揺れ動き、その後あれこれの、不徹底で自慰的な心情が反抗し始めたんだよね」と話したのです。

この友人の話はまことにそのとおりで、私と私の周囲のかなりの友人達はみなこのような筋道に沿って自我を形成したのです。われわれのような、この一九四九（年）の大分裂以後の時代に成長した人間は、他に選択する余地など無く、運命のままに東西が衝突し古今が交錯する接続点に置かれたのです。われわれ個人の生命の成長とわれわれの生命に枠組を与える世界とが一緒に変化し、時代の潮流はわれわれわれを押し流して、蔣中正、蔣経国、李登輝、陳水扁を突き抜かせ、さらには馬英九時代までをも突き抜かせつつあるのです。それから後は、青二才の子弟も世間の老人となり、憤激する青年も時間に連れ去られて哀歓が交錯する中年老年へとなってしまうのです。

我々が成長した時期における共通性は、われわれが行動する原点であり、それはわれわれの視野に枠組みを与え、そうした枠組みはすでに表れて具体化し、また表れて制約となっています。何時からそうなったのか分からず、あるいは国会が全面的に改選されてからかも知れませんが、私は自分がもう偉大な政治的議題に神経を消耗する必要など無く、人生には行うべき大きな事があるのだと感じたのです。政治への熱気が引いた後に、かえって自分が台湾についてどれだけ了解しているのかと疑うようになったのです。心を去らぬ疑惑が通路に迫って来て、私の撤退は逆に別の方法へ進むように導かれ、私は次第に内藤湖南の「文明遷移説」には相当な説得力があると信ずるようになりました。すなわち台湾は漢文化が南移する、地理上の終着点であり、一九四九（年）はまさしく漢人南遷の歴史上最後の一波なのではないか、ということなのです。まことに好都合なことに、私の結論は姚嘉文弁護士が獄中で書いた『台湾七色記』の中にその確証を探し出すことができます。おそらく姚弁護士は本書の論点にはきっと不賛成でしょうが。

本書はもともと「１９４９論」と名付けたのであって、「１９４９礼賛」と名付けたのではありません。ただ劉勰（四六六?〜五三八）が（『文心雕龍』で）説くには、文体としての「論」の意味は「経について述べ理について叙べる（述経叙理）」ということで、高処から講話すること、荘厳きわまりないものであるとしますと、本書などがどうして「論」と言えましょう！　そういうわけで、何度も考えた結果、現在の名に変更したのです。筆者が当初「論」という字を加えようと思ったのは、ただにこの書が確かに一種の史観、すなわち個人としての価値観と一々呼応する視野を代表していることを表そうとしたからです。書中で論じているように、「一九四九」は中国史上第三波の、深刻な歴史的意味をもった大移民の潮流であり、台湾史上最も関鍵となる年であります。民国の学術は台湾の学術の骨格であり、台湾の存在は全体としての華人文化に対して独特の意義をもっています。もしこのように総括すれば、信じる人は自然と信じるし、疑う人は自然と疑うでしょう。というわけで歴史の解釈は結局（見る角度を変えて）横から見れば嶺となり、側から見れば峰となるわけで、どう論じられないことなどなにもありませんし、また自分の拙劣な見解に結局どんな卓見があるかを他人に説得することはきわめて難しいのです。しかしひそかに思いますに、台湾の民意や領域を考える上で、もしここでの議論を欠くならば、結局、遺憾なのであります。

書物中の文章は常識的なものですが、しかし、公衆の面前に登場した以上、肝心なことに黙りを決め込むことはできません。大半の文章は展覧に伴って出されたもので、たとえば西暦二〇〇九年の国立歴史博物館の「１９４９――新台湾の誕生展」、西暦二〇一一～二〇一二年に国立歴史博物館、中国医薬大学、国立台湾文学館が別々に挙行した「百年人文伝承大展」、二〇一三、二〇一四年に鹿港の鹿耕書院が挙行した「台湾で中華文化を論ず」「当今中国の文化復興現象を考える――新儒家、自由主義、社会主義の闘争と交流」という二つの文化論壇ほか、その他の文章も、たいてい各大学での講演を修訂して成ったものです。非常にはっきりしているように、本書が成るについては、作者の自問に始まっているのですが、しかし探索の方向がしだいにはっきりしてきてから後は、私はやはりそれを意義のある公共的な論述にしようと思うようになったのです。ヘーゲルは、人間は「承認される必要がある存在だ」と言っていますが、他人も常に誤解されているのだと誤解するのを免れなかった大哲学者も又一度は図星をついたのです。世との関わりが漸いに深くなってきて、私は、「承認されたいと焦る症候群」に長期間陥っている「中華民国」に対して、より深い同情、共感をもつようになってきたようです。

文章を編集した後、ずうっと心が落ち着かなかったのですが、不安がどこから来ているのかと反省してみると、主に自分の芸が低いのに肝が大きく、出過ぎていることから来ているのだと分かり、心を空っぽにし、肝を大きくしなければならないと思いました。

「一九四九」の新たなる移民、遺民の現象を論ずるに及んで、私は多くの友人達と同じく、すぐ王徳威院士を想いました。徳威院士は、正義感に富み思いやりが深く、人に善行を施すことで学界で著名です。私は彼と旧知だと思うものの、ただ記憶の中では、一度ハーバード大学で彼に食事に呼ばれたこと、またありあわせながらボストン地区で最も本格的と称された手作りチョコレートの包を持って行った以外、喜んで人を助けるという彼の仕事には何の貢献もしていなかったのですが、このたびの二進も三進もいかない中で、危険を冒して砂州を奪取しようと思ったのです。恐らく、出撃した兵士は勝利しないまま、先ず沈没してしまうでしょうが、なんとか彼に後ろ盾になってもらおうと厚かましくも願ったのです。

怡蓁は昔の同級生で、大学卒業後は、みなそれぞれ努力する中、あらゆる連絡も途絶えて、その後の消息は相互に分からなくなっていましたが、十年前のある晩、テレビを見ていて、明らかに緊密な関係にある男女が司会者の訪問を受けているのが目に入ったのです。両人はともに堂々たる風采で、明らかに人生の勝ち組でしたが、確かに、その女性は私の大学の同級、陳怡蓁に間違いありませんでした。私はパソコンも使わず、携帯電話も使わないので、「趨勢」という会社がもともとこれほどのやりてだとは知らなかったし、張明正、陳怡蓁の好一対が前の科技創業にしろ、現在従事している文化事業にしろ、台湾というこの小さな島を幾度もひっくり返し、台湾を上下にゆさぶり続けていることも知らなかったのです。私は平素彼らの会社に何の手助けもしていなかったのですが、事態が切迫し、どうせ同級生は損得勘定無しだというわけで、遮二無二、彼女を引っ張り出し、私を助けるよう求めたのです。

狐が虎の威を借るという次第で、本書の内容を（控えめながら）紹介批評した分量十分の文章二篇を頂戴し、ほっと一安心です。年来の友人二人に感謝し、本書刊行を実現して頂いた林載爵発行人に感謝し、私の見解を支持してくれた各機関と聯経出版社に感謝し、また本書収録の各篇を元来掲載していた各期刊雑誌、専門書とこの期間一緒に議論した友人に感謝いたします。

楊儒賓

目次

Ⅰ　１９４９論

一九四九は、中国史上の時代を画する年となっているが、同時にまた台湾史上の時代を画する年でもあって、千年に一度逢うのも難しい偉大な詩篇である。

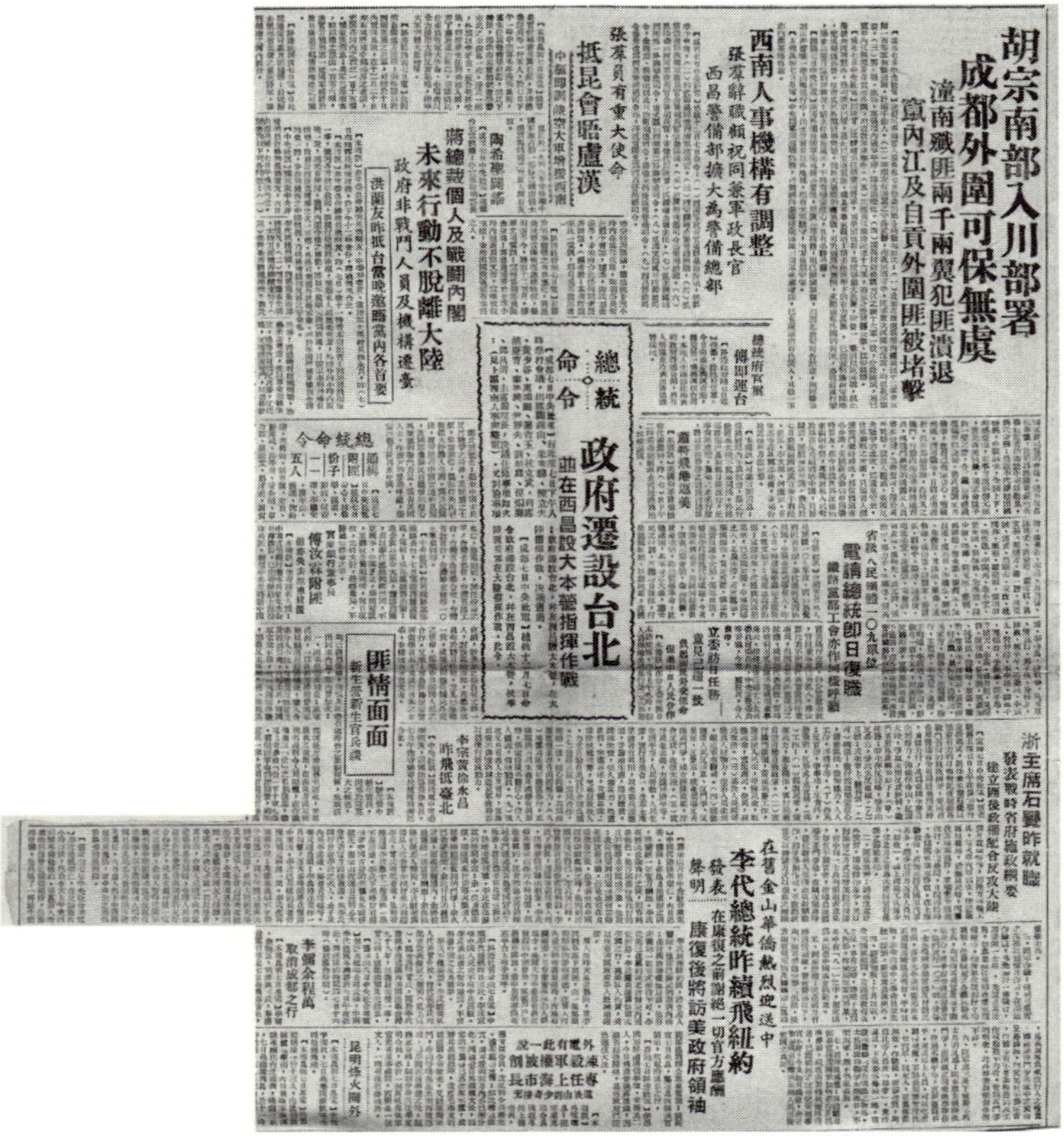

胡宗南部入川部署
成都外圍可保無虞

西南人事機構有調整

張羣負有重大使命
抵昆會晤盧漢

蔣總裁個人及戰鬪內閣
未來行動不脫離大陸

總統命令
政府遷設台北

匪情面面

李代總統昨續飛紐約

1949年１月に国府は広州に遷り、10月に重慶に遷り、１ヶ月後に又成都に遷った。幾度も遷ったため、遷都は報道価値が無くなってしまった。1949年12月７日、〝総統は、政府は台北に遷す、と命令〟。その後の歴史の発展に極めて深遠な影響を及ぼしたこの事件は、当時、（あれこれの新聞に様々な紙面で見えるが、たとえば、ある地域で発行された中華日報の民国三十八年（1949）12月８日の紙面には）政治ニュース面の真ん中にまるで取るに足らない豆腐の塊のような小さな囲み記事として載せられただけだった。

1949への礼賛

一九四九年は、世の人々の注目をほとんど集めない年である。この年、欧州では北大西洋条約機構が成立したが、この事件がやや注目される以外、アメリカ、アジア、アフリカ各地でそれぞれ騒動があったものの、しかし皆はっきりした形にはならず、相対的に言えば、世界の情勢にはさほど風波がなかったと言える。この年から前へ遡れば、第一次大戦の善後策を話し合ったパリ平和会議までちょうど三十年、中日十四年戦争を引き起こした満洲事変からは十八年、第二次世界大戦の終結からはすでに四年である。この年から後へと辿ると、キューバ危機まで十三年、ヴェトナム戦争の終結まで二十七年、冷戦体制崩壊の象徴であるベルリンの壁の倒壊まで四十年である。これらの年に比べると、一九四九というこの年は、欧米の歴史やあるいは第三世界の歴史では、いずれもさほど重要な地位を占めておらず、まるで軽く扱われてもよいかのような数字である。しかし一九四九というこの年は（大陸の中国と台湾という）両岸関係からすれば、かえって一挙手一投足が死命を制するほどに重要なものであって、この年の十月一日には（大陸に）中共が国を建て、新中国が建立して、その後の世界の政治地図はこれによって全面的に書き改められることになったが、この年の十二月七日に国民政府が台湾に遷って来て、ある種のより深遠なる意味から言うと、新台湾はここから誕生したのである。台湾海峡を挟む両岸の人民にはそれぞれの一九四九があるのであり、一九四九年は新中国において主には政治的意味であるが、一九四九年は新台湾においては、まさしく文化的意味なのである。

一九四九年は台湾（にとって）の年であり、それは台湾に歴史的位置を定める枠組みを賦与し、台湾は東洋の歴史における一九四九年の意義をそなえることになったのである。台湾の四百年の歴史を縦観すると、歴史の断層が特に多く、文化的意味での累積は連続しようにもその方法が無い。大きな断層の断裂部分は通常政治権力の交代であるが、政治権力の交代につれて往々移民の大量流入がもたらされたのである。漢人の観点から観ると、一六六一、一八九五、そして一九四九が台湾史上の三つの最も関鍵の年である。一六六一年に鄭成功がオランダ人を追い払ったこと

台北の中山堂（日本時代の公会堂）は濃厚な象徴的意味をもつ場所である。1949の後、台湾は米国が中国、ソ連の共産主義集団を封じ込める列島線の重要な環節となった。中山堂前で行われた台湾と米国合同の龍舞から、当時の様子が窺われる。

で、欧州の海上権の台湾での拡充行動がカラリと中止すると、漢人の移民が台湾の社会変遷の歴史的主軸となることが定まったのである。一八九五年に日本人が台湾に拠り、台湾が急速に新興帝国主義者の植民地になってしまうと、この島は迅速に「文明化」という現代化の過程を辿り、それは、大陸の兄弟に先行して現代的世界体系に入り込んで行った。一九四九年という歴史の道標は、国民政府が（大陸で）敗退して台湾（島嶼）に入ったということで、撤退は内戦の結果だが、しかしまた尖鋭なイデオロギー闘争の結果でもあって、その結果はまさにこれまで見たこともない大量の移民が台湾に大挙して来たのである。この三つの転換期の中で、一九四九年の移民の潮流は数量が最大、社会構造の変化が最深、連動した国際的要素は最も複雑であるが、しかしまた歴史の列車に乗り込む機会を大いに得たことは、台湾をして薄明るくほの暗く黙り込む時代から抜け出させたのである。

三波に及ぶ大移民の潮流の中で、一九四九年のが特別に重要なわけは、まさしくその時の移民集団は、全体としての中国情勢の縮図という形で、台湾に移ってきたからである。私たちが忘れるわけにはいかず、またいつも反対運動の人々に気づかされるのだが、一九四九が呪詛を受ける歳月であるのは、純朴なる島が、この年、失意の政客や、敗残の将兵に組織された政権に汚辱されたからである。この徳を失った政権は中国を追い出されて、台湾に転進して来ると、その後はかえって、この救いを待っていた島嶼を塗りたくっていわゆる「自由中国」にしてしまったのである。このやや平衡を失った中国という枠組みに旧中国の官僚的風習が加わって、台湾に耐えがたい痛苦をもたらし、台湾が政治的変化を遂げていく中で言葉にできないような血涙で台湾を充満し、またその後の国際的に活動する空間で台湾に尽きせぬ苦果を味わわせたのである。一九四九の痛苦は歴史的実在であって、解釈して無くせるものではない。新移民から言うにしろ旧住民から言うにしろ、彼らは皆状況に迫られて行きずりの人間にならざるをえないという情況に直面させられたのであり、彼らは一様に、堪えられない歴史的記憶を持ったのであり、ただ堪えられなさが一様ではなかっただけなのである。一九四九の台湾は、完全に陽光を見ることができない陰影の中に閉じこめられていたのである。

しかし台湾が背負った中国の情勢はことごとく耐え難い旧弊のお荷物だっただけなのではない。同様に重要な、甚だしくは更に重要な側面があることも、またゆるがせにはできないのは、まさしく敗退してきた国民政府が中国の正統を代表しているという考え方をもっていたことによって、はじめて故宮博物院や国家図書館といった世界的な文物が台湾に進駐してくるということがあったのであり、中国の第一級の学術文化の意義を持った中央研究院、国史館、歴史博物館などの文物機構がこの島に侵入するということがあったのであり、そのほかの等級がさまざまで不完全な政府組織も時局に応じ（政府と共に転々として）台湾に入って来るということがあったのである。事物の精華と上天の宝物とが千載一遇の機会を得たのである。誇張せずに言えば、一九四九年に台湾に怒濤のごとくもたらされた文物の質と量とは、過去三、四百年間のいかなる時期よりも超えているのである。文物が重要であっただけではない。更に重要なのは、人材の要素である。周知のように大量の軍人と警察以外に、最高級の大知識人達や少なからざる中間の知識人達も、政権を認めるわけではないが正義には因るということで、或いは個人の選択に因ってこの地に来たのである。彼らは台湾に参与し、台湾に融け込んだのであり、彼らの精神活動は今日の台湾の姿形を造り上げる上で有力な要素となったのである。

台湾は選択する余地など無く一九四九を受け入れ、大陸のことがらを受け入れ、雨も露も霜も雹も、正負すべてを受け入れたのである。その結果は具合が悪かったことはほとんど無く好かったところはとても多いという次第で、歴史は常識を越えて台湾を刺激し、質的飛躍を産み出したのである。しかし（禅録にもあるように）大雄峰に独坐していたとて、一体誰が隻手を打ち鳴らした響きを聴き取るであろうか？　中国大陸の文化と人間という要素も台湾に進入してきたことに因って、生命をつなぐ恰好の土地をようやく捜し得たのである。戦後の（世界の）華人地区にあって、台湾はもっとも目覚ましい再生の力を積み上げ得たであろうし、その（日本統治時代に確かな基礎をもつ）整った基礎教育、戸口組織、公務体制などは中国（大陸の）各地にあまり見られなかったものである。台湾人民の祖国へ（ついに回帰したという）熱情は前両年の激動の中で大半が消滅してしまっていたが、しかし「困難の中にある兄弟は親しみ合う」といった心情はなお残っていたのである。さらに重要なのは、台湾は清朝や日本に統治されていた時期に既に豊かな文化的土壌を積み重ねてきており、その文化的力量は経済的実力と平行して成長してきていたのである。もし台湾というこの土地が（仏教が説くように）同体大悲という心情によって（大陸から避難してきた文化と人間が）流離し苦難にあるのを受け入れたのでなければ、私たちは、一九四九に台湾に来た大陸の要素がもし本来の土地に留まっていたら、それらが反右派闘争から文化大革命に至るまでの一連の政治的暴風を避けられたなどとは到底信じられないであろう。一九四九の不思議さは、大陸から来た要素と台湾島本来の要素とが結びついたところにおいて、大陸と島嶼との二つの地区のこれまで接触したことがなく、また顚から思いもよらなかったような文化の高さを産み出したところに在る。

一九四九の不思議さは、またこの年に、歴史が鉄鎖を台湾に巻き付けたが、しかし台湾はかえって鉄鎖の束縛から抜け出たところにも在る。一九四九年以後、台湾は選択の余地無く国際的冷戦体勢に組み込まれ、西太平洋上の不沈なる特大の空母となって、その果たすべき役割が定められ、それと世界との関係も改められたのである。海洋はもはやヘーゲルが言う世界が交流する天然の通路ではなくなってしまったし、海上での厳重なるベルリンの壁となってしまった。(台湾からすれば、)旧来の(中国)大陸はこの時共匪地区となっており、それは台湾島の人民と対立するものであった。新生の(中国)大陸は、台湾を反共体勢の一環であり、それは道具の地位を持っているだけだと蔑視したのである。台湾は文化上の意義においては政治上の意義に比べてより一層孤島になった感があり、台湾の新旧住民は封鎖された孤島に在って自己の未来を模索せざるをえなくなったのである。というのも、以前の台湾とは物質条件が同じでなくなっており、住民の構成成分が多様化してしまったからである。(呉濁流の書名にとられた)〝アジアの孤児〟は生物学での孤島という条件の下で、(一九八七年に国府の戒厳令が解かれてから後)旧台湾とは異なる自由経済、民主制度、文化様式と生活様式とを発展させたが、このような生活世界は東でもなく西でもなく、東でもあり西でもあって、それは中国に比べてより中国であり、また非中国に比べてより非中国であるという新しい華人文化の様相である。

一九四九年に発展し出した政治、経済、社会制度と生活様式とは、明らかに一七、八世紀の伝教士や旅行家が見た華人社会の様相とは遙かに違っており、それは徹底的に旧台湾のものでないばかりでなく、また徹底的に旧中国のものではない。三つの関鍵的で象徴的な年の中、一六六一年に台湾に来た明末の鄭王朝が、政治上、区々の島嶼によって大清に対抗できたのは、豪傑の仕業だと言わざるをえず、オランダを駆逐したということは世界的な反帝抗争の中で、とりわけ指標となる意義をもっている。しかし明末の鄭王朝の文化は基本的に（中国大陸沿岸南部である）閩粤地域の地域文化であり、当時この一地域の文化は結局永く止むことがなかった軍事行動に制約されて、歴史はそれに対してどうにか呼吸できる以外の広い空間を与えることが無かったのである。（日本が統治した）一八九五年後の台湾の人民は、異民族の専制の下で、その力を借りその力を使って、「棄民」「孤児」という心境を奮闘邁進の動力へ

台湾は東西冷戦の時代、太平洋上の不沈空母と見なされ、共産勢力を封じ込める列島線の一環節であった。米国の大統領アイゼンハワーが 1960年６月18日に訪台したことは、当時の台湾の戦略的地位がきわめて重要であることを明らかにしている。写真は蔣中正がアイゼンハワーによりそって儀仗兵を閲兵したものである。

と転化し大きな生存空間に広げたのであり、その苦心の孤高ぶりは後人が心底感服せざるをえないものである。しかし抑圧のされかたが平均でなかったバラは、抑圧されかたが平均ではなかったけれども、(とにかくさまざまに異なって生き続けたことは生き続け、まともな花をつけることはほとんど無かったように)その時の台湾の人々は、文化、生活、心理などあらゆる意味において、いずれも従属的であったのであり、顕著な上層部は扶桑(すなわち日本)という小島に付属しつつ、低層部は中原(すなわち中国)の大地に付属しており、台湾にはなお自立した啓蒙精神を持った子弟、人民となっている者はいなかったのである。

一六六一から一九四九まで、台湾というこの島では幾多の悲喜こもごもの物語が発生し、台湾人としての精神の表現もきわめて感動を呼ぶものであったが、しかしはばからずに言えば、三百年以上もの長期間、台湾には優秀な学者、詩人、書家、画家が少なからず出てきたとはいえ、しかし、その作用は基本上みな島内のもので、影響は全(中)国に波及しなかったのである。(明末清初から日本統治の終了までの)三百年間の台湾は全国的な文化的巨人を出すことは極めて少なかったし、また全国的に影響のある学問の一派、絵画の一派、詩の一派、書の一派、を産まなかったのである。これらの重要な文化的指標が無かったことは決して意外ではないし、また必ずしも遺憾ではない。というのは(中国大陸に起こった)原初の文明がこの台湾の山河に留まって、元来の汁や味のままで、それは文明化せず、また腐敗することもなかったからである。その初歩的意義は、先ずは遺民と移民の世界となったことであり、続いてさらに創造力を累積していったことである。清の領治から日本統治までの時期、台湾の文化空間には眼に輝くばかりの巨星は欠けていたが、しかし民間社会の文化的能力は大陸の大部分の地区に決してひけをとらなかったのであり、それが必要としたのは、表現の形式を更に一歩進めて探し出すことであり、その火山精神は海洋の底深くに蓄えられて、一朝、外にほとばしり出るのを待っていたのである。

一九四九年はまさしく台湾が待ち望んでいた契機であり、因縁成熟の時であって、台湾という飼い慣らされていない、（『荘子』逍遙遊に描かれる）怒濤の中の巨大な鯨魚が、突如として大空を覆い尽くす大鵬となって世界に広がる大空を飛翔したのである。しかし、（禅録にも説かれるように）人はこの山中にいると、この山の真面目をはっきりと見きわめられないのである。ただ歴史を経過し、振り返って過去を顧みる時がくると、私たちはようやくこの歴史的意義の重大さに驚嘆しないわけにはいかないのである。それは結局、こんなにも燦然と輝く台湾の新しい様相を産み出したのであり、私たちは伝統文化の最も精緻な発展を見るのである。私たちは中国仏教史上最も典型的な人間仏教を発展させたし、私たちは民国哲学史上最も創造力に満ちた新儒学を発展させたし、私たちは飲茶から戯劇までの非常に精緻な伝統的な文人文化をもっており、私たちはまた豊穣なる東方社会がはぐくんだ商工業の管理モデルをもっており、たとい流行の庶民文化の領域、飲食から流行歌曲に至るまででも、私たちはまた抑圧されていない（生命の）衝動を見るのである。もし台湾の「正統」文化を探し出そうとすれば、私たちは容易に発見できるであろう。それは（たとえば大陸政権が当然のこと台湾を支配するといった）政治圏内の法統には存在しない。また（たとえば孫文や蔣介石などを賛嘆し記念する）目を眩ますような伝統建築の牌楼、博物館、あるいは大人物の記念館などに在るのではない。かえって（台湾に生活する人々それぞれの）生活の細節すべてにひそむ文化的雰囲気に在るのである。文化的意義からして、台湾は（世界中の）どんな華人地区に比べても漢文化を代表する資格をいっそう具えているのである。というのは、漢文化はここでは生活中の有機的成分であり、それはなお嬉々として已むことなき創造の中にあるからである。

一九四九年は、かつて苦渋辛酸の年であった。旧くからの住民であれ新しい移民であれ、台湾の今後の命運がどうなるかを知るのは、誰もいなかったのである。台湾という土地の前方は広い海洋であり、土地の後方もまた広い海洋である。歴史の過去は苦痛であり、歴史の未来もやはりまた苦痛のようである。上は高官貴人から下は商人兵卒まで、みんなは鬱々とした気持ちでじりじりし、また見通しがつかぬ中で模索したのである。しかし歴史の目的は直線的に見通せるものではなく、歴史の意義は個人の意図を超越していた

戦後の台湾仏教の発展は中国仏教史上飛び越えては論じられない1頁である。写真は第1回台湾仏教講習会の卒業写真。第2列右一人目は李子寛、二人目は趙恒惕、六人目は演培法師、七人目は印順法師。演培法師の後ろの黒い外套を着ているのは孫立人夫人の張晶英女士。

のである。苦渋辛酸なる一九四九年の最大の意義は、まさしくその（ヘーゲルの歴史哲学に言われる）自己止揚にこそあるのであって、一九四九の意義は、もし歴史が一段の経過をした後に、突然振り返って見るならば、その豊饒なる様相は苦痛なる自己否定を経てようやく明らかになってきているのである。劇的な脱皮は知らず知らずの中に、すでに起きていたのである。一九四九から成長してきている新興の文化はすでに私たちの生活世界の中できわめて自然なものになっており、飲食、言語から信仰に至るまで、私たちの社会は夙に、藍色の海洋と黄色の大地の精粋を有機的に融合しているのである。私たちが今現在考えるこの一九四九は歴史上のあの一九四九を（止揚し）転化しているのであり、一九四九の意義は、一九四九以後を経由（して反省し考察）する必要があり、そうしてこそ始めてその本質を現すことができるのであり、新しい台湾はこのようにして押し出されてきたのである。

一九四九の意義をどれほど宣揚しようとも宣揚し過ぎることがないのは、一九四九があったことに由って、私たちの世界観が完全に一様ではなくなったからである。一九四九を取り去ってしまえば、私たちの親友のネットワークはすぐ破綻してしまうし、一九四九を取り去ってしまえば、私たちは世界と対話するに十分な広い背景をすぐさま欠いてしまうのである。一九四九は（過去、現在、未来の）全体を包み込むことの象徴であって、時の流れに随い、これまで特定の言語、習俗、血縁の上に建てられてきた旧来の論述は土台の見直しをせざるをえず、一九四九は「台湾」「台湾人」「台湾文化」の内実に劇的な質的変化を産み出したのである。台湾島民の誰一人として、もはや鬱屈して死ぬことなど無いであろう。彼らと台湾という島嶼とは相互に定義しあい、相互に従属しあっているのである。

過去の四百年とは遙かに隔たった新しい台湾はすでに押し出されたのであるが、しかしより重要な新しい台湾はまだ形成過程にある。台湾は中国大陸の傍らにあり、東アジア世界の中にある。台湾の地理的位置は、かつて耐え難いほどの浮き沈みを台湾に経験させたのである。しかし痛苦は成長の最大の動力であり、台湾の存在はより高邁な目的をもたなければならない。中国と東洋とが新たな世界秩序の中で興起してきているのに随って、台湾は歴史の新たなる大潮流の中で更に重要な役割を演じなければならないが、こうした歴史の目的論は幻想ではなく、台湾人民のきわめて謙遜なる、一種の願いである。血涙の証明を経た創造的転化によって、中国と東アジアは必ずしも台湾の外部からの圧力ではなくなり、それらはかえって台湾の内部からの創造力の源泉なのである。私たちは懐古して首を後ろに廻らすのではなく、私たちが後ろを振り返るのは未来を迎えるためであり、回顧する両眼と前方を見る両眼とは同様の目なのである。歴史はきっと証明するであろう、一九四九（年）はまことに興味深い年であり、台湾の人間はそれを苦痛の記憶から（止揚し）転化して他人に誇るべき記号にするのである。

（初稿は、「1949：新台湾的誕生展」の前言としたもので、『思想』第一二期に「族群平等与言論自由」として公刊した。）

歴史の災難と文化の伝播

この会議には、戦争と文化交流との関係について提起する幾つかの文章が出されていますが、本年はあたかも中国と日本との緊張関係が引き起こした五四運動の九十周年であり、国民政府が大撤退して台湾に来た一九四九年から干支が一巡した記念の年であり、また（人民中国の首都北京の）天安門前広場で六四運動が発生して二十周年であります。東アジアの外ですと、最も著名なのは当然、冷戦体制の崩壊を導いた（ドイツの）ベルリンの壁が崩壊してから二十年であります。会議に出された文章が戦争の議題を提起しているのが、本年が特定の歴史的記念だという意識と関わりがあるのかどうかはわかりません。たとい偶然にそうなったとしても意義がありますのは、戦禍の連続に直面している近世の東アジアからすれば、如何にして消極的には歴史の「業障」すなわち宿命を清算して、重層的な歴史の「業力」すなわち発展力に（止揚し）転化するか、ということが、すでに東アジア人民の回避できない責任となっているからであります。如何にして歴史の災難を積極的に正視して、文化交流を意識的に促進することを期すか、これこそ一層、東アジアの知識人が天地間のどこにも逃げ隠れできない責任です。台湾人民は重層した歴史経験をもって（あるいはもたされて）きていますので、対比的な反省は更に深くなければなりませんし、またさらに義務として歴史の宿命から脱出し、禍を福に換えなければなりません。

「災難」には二重の構造、すなわち災難それ自体と災難がもった意味との二つがあります。災難それ自体ということから言いますと、災難とはまさしく災難ですが、災難とは日常生活と素晴らしい予期に対する否定です。災難は通常、財産と生命の巨大な損失をもたらします。歴史的な災難は、その範囲が拡散して大きな族群の中の一人一人にまで及ぶことを免れませんし、人々は歴史的な大災難の中で、もともとあった地位や財産、甚だしい場合には生命をも失ってしまいます。大災難はまるで底無しのようであり、スッカラカンになるまでに失ってしまったと思われた災難なのにさらに一層悲惨な厄運がすぐ前にあるのです。庾信は「哀江南賦」で（『周易』に説くのとは反対に）「天道に周星があるように、物は極まっても反転しない（天道周星、物極不反）」と哀吟していますが、彼が哀吟するのはまさしく大動乱の時期における一々の無辜の生命の命運であり、この恨みは綿々として絶える時が無いのです。災難は生命の原始的欲求に違反し、人が憎むところですが、災難のマイナス面は私たちが災難の意味を反省する出発点なのです。

災難の中で最も日常的に目にするものは、自然と戦争とが引き起こす災難です。自然界に起きた天災について、歴史には台風、洪水、地震、蝗災が天災として常見すると繰り返し書かれています。天災の大半は予測できずまた回避できないことから、人間の天災に対する反応は大半が儀式化し常態化して、「天意」「劫数」「三世因果」などといった理解のしかたをとおして、天災は理解できるものへと変わっていくのですが、理解はすべての強烈な（驚奇や悲傷をも含む）情感を解き除く利器、すなわち鋭利な武器なのです。宗教的解釈は時に真の問題解決を麻痺させてしまい、それは害を受けた人民にとっての阿片である、とマルクスはこう理解しています。しかし、極端な困惑や理性ではどうにもならない大災難に直面した時、それも形而上の必然から「理解」を提供できる利器となれるのであり、一般の人々は救済なり贖罪なりを得られるのです。天災が理解され、生命も安穏になるからであると、エリアーデはこのように理解するのです。マルクスとエリアーデとはおおむねみな歴史の真相の一部分を見ているのです。

天災に比べますと、戦乱などの人為的要素によって引き起こされる災難はかなり複雑です。天災の予測できないことに比べると、人間による禍害は普通その原因は尋ねることができます。しかし、原因が何であれ、「歴史の災難」自体はまさしく常識を超えた歴史の難題であり、これこそ「災難」の第二の側面、つまりその災難がもった意味という問題を引き起こすのです。人々が周知する事実ですが、歴史の災難は往々文化の交流を促します。近世の東アジアの範囲では、日本の（記紀所伝の）「神功皇后の征韓」（四世紀後半頃？）と（豊臣秀吉による）「文禄、慶長の役」（一五九二〜一五九八）とはいずれも未開、黎明の時代にあった日本の歩みを促して歴史の中へと大きく踏み込ませました。（西晋末の）永嘉（三〇七〜三一三）、（北宋末の）靖康（一一二六〜一一二七）の乱では、胡人が南進し、漢人が渡江して、中国の東南部は、苦境に陥った北方文明と流離した北方士人に支えられて、文化が迅速に発展したのです。一九四九の大災難はまたごくごく直近の例証であり、この例証がもつ深層の意味はまだ完全には明らかにされていないかも知れません。しかしそれの香港、台湾や華人社会に対する影響は、これまでの単一の歴史事件を必ずや超えているでしょう。東アジアの歴史における戦乱と文明の発展とが平行して存在し進展するといったこうした例は、世界のその他の地域でも発生しており、たとえば（一一世紀末から一三世紀にかけての）十字軍の東征や（一九世紀初めの）ナポレオンの制覇は、みな大規模な文化交流と価値理念の浸透を引き起こしています。（典拠は不明で、昭和の早い時期に日本の軍人が言い始めたとされる）「戦争は文明の母である」というこの残酷な標語は、多かれ少なかれ（『老子』の表現を借りれば）「文明は不仁であり、万物を藁人形と同様に、用が済めば捨ててしまう」という残酷な事実を反映しているのです。

しかしながら、あらゆる戦乱はみな文明の母なのでしょうか？　恐らく必ずしもそうではありません。より多くの戦乱があるでしょうが、その歴史的意味はまさしく戦乱であって、それは一種の暗黒なる破壊力、純粋に否定的な暗黒の洞穴を代表しています。（一五世紀末以降）イスパニア人がラテンアメリカに進入するやインカ帝国全部がつぶれてしまいましたが、その歴史的意味は一体何なのかは分かりません。（五四九年の）侯景の乱、（七五五～七六三年の）安・史の乱は、その結果はまた、見渡す限り炊飯の煙が見えず、あらゆる家には生きている人間がいなくなった、のであって、中国の大半の山河は永劫に回復しない情況に陥ったのでありますが、こうした災難の規模はまことに大きいのですが、しかしそれに歴史の前進を推し進める力がどれだけであったかは分かりません。人間の自己管理能力が弱いからには、歴史がもたらす災難は恐らく免れ得ないでしょう。朱子は（その主著『四書集註』などから窺われるように）理性の力に対して強烈な信仰を持っていましたし、また強烈な信心を持っていましたが、しかし彼はなお、人の無道が極端に達した時、世界はきっと徹底的に四散してしまい、その後に再びサイクルがめぐるのだ、と慨嘆せざるをえませんでした。

天道は無親（とは『老子』に見えるところ）であり、歴史は無情です。悲劇の大なるものといえば、国が滅び世系が絶え、文化が破壊される以上のものはありません。多くの災難は当事者の人民あるいは民族がまだ十分間に合うのに対応措置をとらない時に、その残酷な命運の車輪がかれらを轢いて粉々にしてしまうのです。歴史の巨大な帳簿には、一頁めくる毎に、多くの言語や民族のどれだけが、歴史の灰燼の中に入ってしまったか分からないほどの記録がありますが、それらは甚だしい場合、弔われる機会さえまるで無いのです。というのは、歴史はそれらを忘れてしまい、それらは名前すらも留めていないからです。これらの民族や言語がどうしてこの世界に現れようとしたのか、まだ光を

1949年に海を渡り台湾に来たものは、大量の軍人と民衆のほかに、大量の文物や歴史的災難が伴ってきた文化の伝播もあった。この写真は台湾の局勢がほぼ定まった後、教育部の督学が船で運ばれ倉庫に保管されていた善本を検査しているものである。

放ち熱を出す前に、そのまま光を収め跡を隠し、世界に訣別してしまったのです。こうした歴史の悲劇は、これを思うにつけ涙がはらはらと流れるのです。

しかしながら、災難にはそれ固有の本質などはありません。災難の意味が明らかになるにはその当時発生した事件の他に、歴史進展の過程を通す必要があり、そうしてこそその深層の意味がはっきりしてくるのです。そのたび毎の災難が人々に提供する事態は一様ではありません。ある災難は、ある限度の中で、再生できるだけの物力と人力とを与えますが、ある災難は、災難を受けた者にもともと想像しがたかったほどの物力と人力とを与えるのです。災難は美化されてはなりません。あらゆる人為的災害はみな人間の理性に対する絶大なる諷刺です。しかし災難は免れ得ない以上、智慧ある民族は往々、歴史の災難が提供する機会を利用し、力を借りて力を使い、久しく抑圧されて来た民族精神を形を更えて発展させることができるのです。聞くところでは、ユダヤ民族は常に歓楽の中では上帝の存在を忘れてしまい、災難の中において始めてそれを再発見し、かくして時宜に適って救済を得るのだそうです。

災難とか、歴史とか、理性とかは、歴史哲学の中でもっとも人を困惑させる理論的難題です。人間は理性的動物と言われますが、しかし、私たちは人類の過去を反省する時、理性の創造力は通常無力であり、それは歴史をより速く進めるのには役に立たず、突如としてやってくる大災難が時に意外にも文明を生み出す役割を演じることができるのを発見することは難しくありません。歴史の災難はもし歴史の脈絡と連係して見るなら、その構造をはじめて完成することができるのです。受難した民族の発展は当の民族に有益であるだけでなく、それはまた災難の手枷足枷から解放し、同時に、深層の意味からすると、受難者の劫難は贈り物へと転化して、原初の加害者と被害者とを同時に救済するのです。

天というものは「万歳に参与して純正さと一体になる（天也者、参万歳而一成純）」、王夫之は荘子（「斉物論」）の言葉を引いて、真正なる歴史の判断は歴史の過程が終わったところでこそ為し得られるのであり、そこでようやく見出されるのだと考えています。基督教とヘーゲルの歴史哲学にも類似した意味合いがあります。歴史は弁証的で複雑であり、有限なる人間には往々個別の事件がもつ意義に参入する方法が無く、歴史の過程を凌駕している上帝だけがその全過程の意義を掌握することができるのです。しかしながら、私たちは歴史には不可思議さと災難との両面性があるということを知っている以上、私たちは歴史の過程を短縮できるのです。あらゆる原初の人間たちの神話や伝統はみ

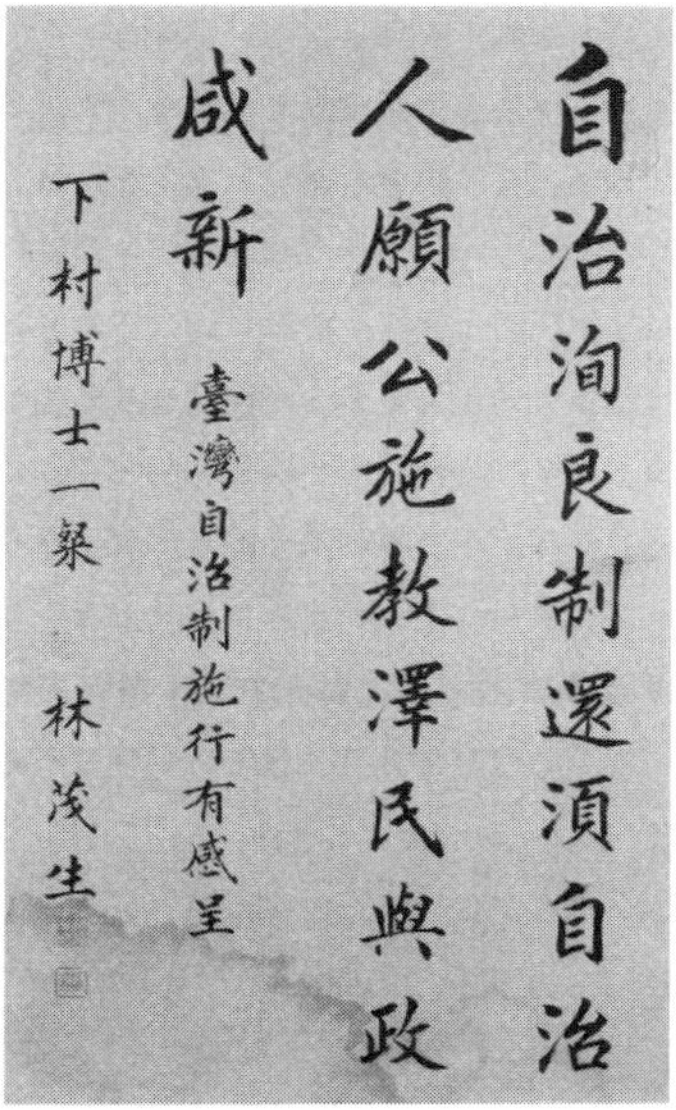

林茂生は戦後の台湾大学哲学系教授であったが、二二八事件の時に罹災した。この作品は彼が日本統治時代に民政長官の下村宏に送った詩である。「民主」「議会」「自治」は、この百年台湾社会の発展を牽引したひとまとまりの理念であるが、植民統治による現代化は歴史の災難が付帯してきた贈答品である。

な私たちに告げています。「知る」とはつまり「制御」できるということ、「知る」とはつまり「行う」ことができるということです。私たちは知っています。災難は時に理性にとってもっとも役立つ助手であり、それは黒い顔の役（すなわち悪役）を演ずるやり方で理性ができない事を完成するのです。理性が弱く気力が強い以上、私たちは災難がもたらした契機を利用して、これを道理に従わせていくことができます。災難は理性の助手であるばかりでなく、その分身でありうる可能性があるのです。

（本文の初稿は『台湾大学人文社会高等研究院院訊』第五巻第二期（總第一五期、二〇一〇夏季号）に掲載。）

歴史の災難と歴史の機会

一九四九の命運は全体の華人が必ずや身に引きつけて熟考しなければならない公案である。なぜならそこには融解しがたい歴史の恩怨があり、また見透しがたい歴史の深淵があるからである。中共の建国、中華民国と台湾の一体化、両岸分治という過程で、幾百万の士官や兵率の鮮血が流れ、幾千万の人々が故郷を失って流浪し、幾億の人々が逃亡し恐懼するなど、これらすべてが渾然となって空前の歴史的大変遷を造成したのである。一九四九の大変遷はまさしく中国史上におけるその他の大変遷と同様、その内容は飢餓、恐懼、絶望、死亡によって構成されているのである。その違いは、一九四九のは規模が一層大きく、災難が現代的であったところに在り、したがって一層の臨場感が具わり、また陵辱される耐え難さの実感が一層強かったのである。

台湾は一九四九事件における主役の一人であり、それは不可避的に一九四九の大災難の中に巻き込まれたのである。遼（遼寧）、瀋（瀋陽）、平（北平）、津（天津）、徐（徐州）、蚌（安徽）、京（南京?）、滬（上海）など各地の軍人や民衆が受けた苦難に比べて、台湾人が更に苦しかったとは言いにくいし、また比較的軽かったとも言いにくいであろう。至るところで上がる烽火の中で、私たちは何も起きなかった土地など見つけられず、私たちは客観的な規準も簡単には探し出せなかったのであり、たとい規準を捜し出せたとしても、その数字には多大な意味などあるはずがないのである。恐らく韓非子は問いかけるであろう。餓死するか或いは凍死するか、どっちの苦しみが大きいだろうか？　と。同様に私たちも問うことができる。無知な者が戦場に行って死ぬのと衝動的な民衆騒動で死ぬのと、比較してどっちの死が苦しくないだろうか？　と。一九四七の二二八から一九四九の大撤退、そして五〇年代の白色テロの恐怖に至るまで、台湾人民はたしかに精神的な苦しみを受け尽くしたのである。しかし同時期の中国大陸の各地域に比べるなら、台湾人民の痛苦が更に深く、更に大きく、更に長かったと言うことは難しいのである。

　しかしこうした下向きの比較は無意義であって、災難は一旦理性が理解できる範囲を越えれば、数字の意義などすぐにも崩れ落ち

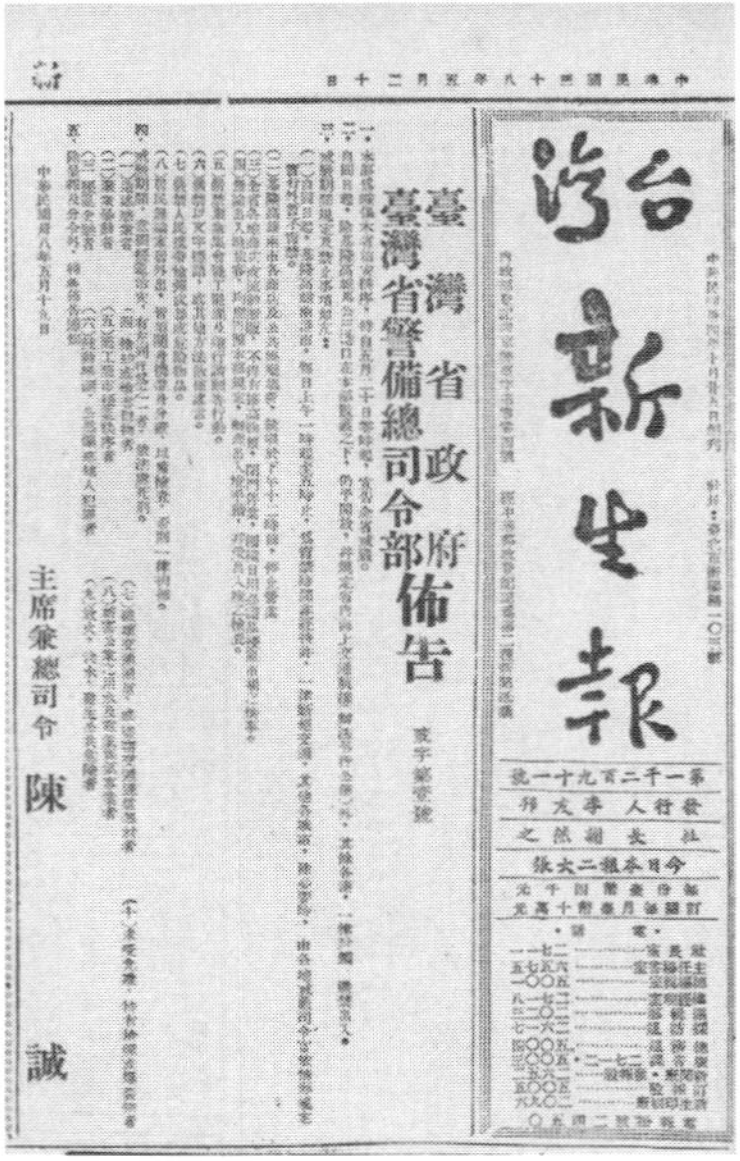
台灣新生報

臺灣省政府
臺灣省警備總司令部
佈告

主席兼總司令　陳誠

1949年５月19日、台湾省政府主席陳誠は台湾地区の戒厳を宣布した。これは新聞に公布された戒厳令である。

てしまうのである。まして異民族の植民統治からようやく脱したばかりの民衆からすれば、「中国大陸での内戦」など無縁の人間の概念であり、それは自分に関わる事件では必ずしもなかったのである。だが結果として、台湾人民は巻き込まれてしまったし、さらにまた長期間の被害者となったのである。ある台湾人からすれば、台湾は日本の植民統治から元に戻り、祖国に帰ったのだが、その結果、台湾人が受け取ったものは中華民国政府、中国国民党、蔣家父子の特務機構という「三重の植民統治」であり、得たものは植民地的剥奪、資本主義的搾取、封建的略奪という「三重の搾取」であった。総じて言えば、祖国が台湾に携えて来たものは、わずかに「経済恐慌、物価暴騰、飢餓、失業、社会不安」といった贈り物である。

上に述べた話は史明の『台湾人四百年史』という書物に出ているのであるが、この『台湾人四百年史』は長い間台湾独立主義の『資治通鑑』と見なされてきたもので、その政治的立場は非常にはっきりしている。問題は、こうした判断に道理があるのかどうか？　と言うことである。筆者が思うに、もししっかりした社会的基礎と歴史的経験がなければ、こうした高度に政治的な言葉は共感を呼ぶはずがない。もし私たちがわずかでも政治的角度から見るなら、たとい私たちが国府の施政をいかに同情的に理解しようとも、あの全地球に白色テロの恐怖がみなぎった年代を我が身のこととして考えようとも、一九四九を象徴的年とする台湾統治の経験は、確かに人を愉快にさせるものではないし、台湾はもともとこれほど紆余曲折した路を歩むことなどなかったのである。もし国府の統治者がより高度の政治的智慧をもっていたら、台湾が現在に至るまでなお盲動的意志のぶつかり合いに纏い付かれるといった歴史の泥沼の中で混乱し、いつまでも抜け出せないでいることなどなかったであろう。

一九四九の歴史上の災難は厳然と存在したのであり、災難を追究し、債務を清算し、正義を追求することは、あらゆる公民の正当なる要求である。君父の仇とは共に天を戴かないということを、『春秋』は義であるとしている。道にかなって行い、直によって怨みに報いるということを、孔子もまた支持している。血の債務の責任を追究することはいかなる施政者にも警告を与え、彼らに権力を濫用してはならないことを知らせるであろうし、公義は必ず伸展すべきであり、人命は必ず尊重すべきであり、儒家がいかなる理由からもこれらに反対するとは筆者には考えられないのである。

しかしながら、歴史は結局のところ神秘なるものであり、歴史の正義が必然的に伴うことに関わる正義の転換という問題はしばらく措くとして、ただ単にどのようにすれば歴史の神秘に通ずることができるか、そのことだけでも大問題なのである。ヴィトゲンシュタインの『名理論』は「神秘なるものは、世界がそのようなものだということではなく、かえって世界はこのようなものだということである」と言っているが、解釈があるがままの現実に直面した場合、その効率の効力には限界がある。一九四九年のこれほどの激烈な変動だが、その意義は必ずや多面的であって、もし私たちが一九四九を見るのに永遠に史明のような眼光を具えたり、あるいはただに経済の崩壊とか、族群の圧迫（このような論点は相当に主流であり、私たちは必ずや無縁の衆生ではないと言える）といった角度から見るならば、一九四九の（積極的な）意味は必ずや押しつぶされて平べったくなったガラスのように透明で、深さが無くなってしまい、再生する力が減退してしまうであろうし、さらにまずいのは、苦難と創生との弁証的な作用力が消されてしまうことであり、最もまずいのは、力を悲憤に変え、悲憤を耽溺に変えてしまい、私たちは無限後退の怨念悲憤の叫びの中に、自己存在の基盤をすっかり無くしてしまうことである。

もし私たちが広い視野から一九四九を見、漢民族が歩一歩自己の歴史的運命を引き受けていくという観点から見れば、私たちは国共内戦という歴史観を脱して、この象徴的な年が黄土文化と海洋文化とが接合する象徴的な年であり、また東アジア文明が融合し再編するひとつの転換点であることを見出す可能性をもつであろう。もしもあまりに予想を超えた歴史的事件がなかったら、一九四九に大量の漢族が台湾へ遷移したことは、まさに台湾の移民史上における最後の一波であり、また漢民族の南遷路線が（西晋末期の）永嘉から、（北宋末期の）靖康、（明朝末期の）南明を経て最後の駅に到達した（姚

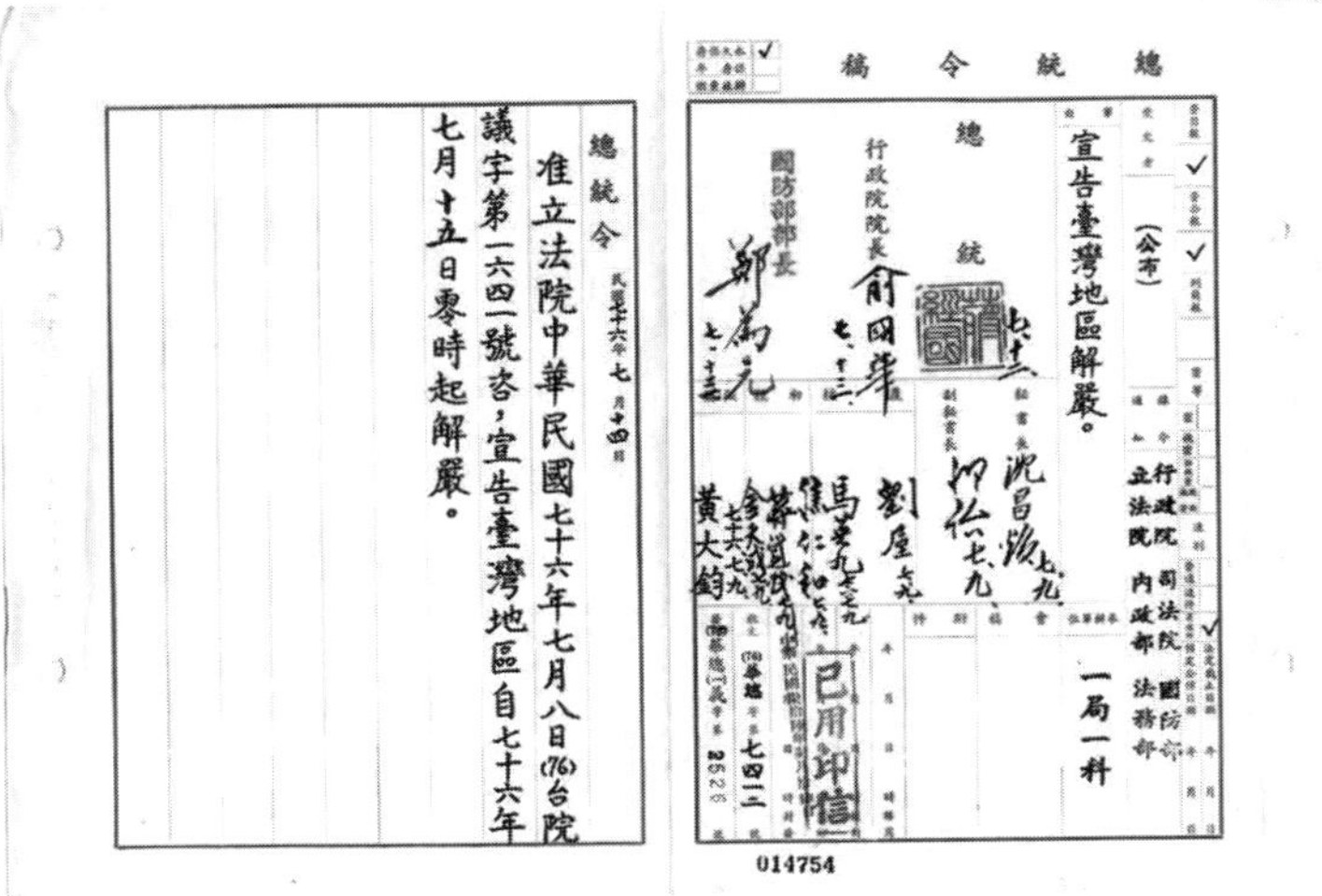
總統令稿
宣告臺灣地區解嚴。
（公布）
總統
行政院院長 俞國華
國防部部長 鄭為元
已用印信
一局一科
014754

總統令 民國七十六年七月十四日
准立法院中華民國七十六年七月八日(76)台院議字第一六四一號咨，宣告臺灣地區自七十六年七月十五日零時起解嚴。

1987年７月８日、台湾に戒厳令の解除が宣布された。まるまる三十八年間の戒厳であった。金門、馬祖地区の解除にはさらに五年を要し、1992年になってようやく交戦地区の政務に終止符が打たれた。

嘉文の『台湾七色記』にこうした提起がある）ということである。筆者である私の提起は、もとより歴史観の問題であるが、しかしこのような歴史観は（架空の幻想ではなく）現実の基礎を持っている。台湾史上、私たちは一体いつの時代にこれほど多元的で、平均した人間の素質が相対的にかなり高い移民の潮流を探し出せるであろうか？　私たちは一体いつの時代にこれほど多くの随伴文化財、たとえば故宮博物院、国家図書館、中央研究院、清華大学、交通大学、中央大学、中山大学等々を探し出せるであろうか？過去のどの苦難の年代が、これほど豊かな歴史的機会を提供したことがあったであろうか？

政治に関心の深い人物が一九四九を見る場合、往々にして政治的角度から見るのは、政治の視野が最も焦点をあわせやすく、最も人を動かし易いからである。しかし、一九四九の最大の意義は、まさに一時的な政治的得失に在るのではなくて、漢文明全体、甚だしくは東アジア文明の全体的転移ということに在るのである。ヘーゲルは「歴史は幸福な土壌ではなく、幸福な時代は歴史においては一切が空白である」と言っているが、この話は政治的角度から見ればその通りであって、歴史を読み、事件を見れば、すべては人を悲傷させるのであり、歴史的事件に対する反発は結局無限の同情を引き起こすことができるのである。しかし歴史の意義はまさに歴史の外に在るのであって、天はある人間の私欲を借りて、天の公正を行うのであり、歴史の理性は通常歴史の災難を通してようやく姿を現わすのである。私たちは一九四九を見る場合、もし政治的観点から文化的観点へと転じ、もし表層の事件を見るという視野から深層の構造を考えるという視野へと転じるならば、私たちは通常とは同じでない一九四九を見るはずである。

筆者である私の信ずるところ、一九四九は新しい台湾が誕生した年であるが、こうした視角の転換は一九四九の苦難を幸福に変えるものではないが、しかし私たちをさらに謙虚にさせることができるし、また私たちをさらに努力させることができるのである。というのは私たちが立っている基礎は、幾千万人の血と汗とで灌漑され、無数の老人や若者、婦女や幼児などが流した海のような涙によって支えられているからである。後から歩む者は先行する人々の遺志を完成し、先行する人々の無念を十二分に晴らさなければならない。これこそが歴史の鉄則なのである。

（筆者は二〇一〇年七月二九日、マレーシアのラマン大学の中華研究センターの招きを受け、隆雪華堂講堂で「1949・新台湾誕生の機遇」と題して講演した。本文は当日の発言原稿を書き改めたものである。）

1949と新儒家

今年の五月、幸いなことに、香港中文大学哲学系が開催した「中国哲学研究の新方向――中文大学哲学系創立六十周年記念、唐君毅先生百才冥寿と新亜書院六十周年慶祝国際学術研討会」という会議に参加できました。会議の期間、大会は同時に唐君毅先生の銅像に対して除幕式を行い、会議全体として香港中文大学の哲学系と唐先生とに対して敬意を表する真摯な心情が示されました。中文大学哲学系は前身の新亜書院に由来していますが、大会の説明を聴いた後、筆者ははじめて、一九四九の中文大学哲学系に対する歴史的意義がありきたりのものではないこと、それだけではなく、それは香港文化史上でもまた、特筆しないわけにはいかないことを発見したのです。というのは、香港のやや厳格な意味での哲学活動に論及する場合、一九四九年に（中国大陸から）香港に避難してきた儒者が新亜を創めた時から数えるべきで、新亜の哲学系の六十年はまた香港哲学の六十年であって、中文大学哲学系の系としての慶祝は明らかにその系だけのものではなく、また香港の一九四九における、哲学―唐君毅―新亜という、三位一体（の関係に在る）というべきですが、その影響が現在に至るまで成長しつつあるということに対してなのです。

一九四九というのは、一つの複雑で、落魄し、流離した歳月の別称ですが、この年、中共の意識形態による統治を受けたくないと願った一群の知識人達はかれらの生まれ故郷（である中国大陸の各地）を放棄し、彼らのまるで見ず知らずの辺地や島嶼の台湾や香港に落ち延びてきたのです。当時これら両地域に避難してきた大陸の人々はさまざまであり、台湾に避難してきた内地すなわち中国大陸の人々の背景はとりわけ複雑だったのです。知識人について言えば、かなり注目されるべき人々には両種の人々がありました。その一つは自由主義者で、胡適、傅斯年、殷海光、梁実秋などの人はみなこれに属する人物です。もう一つは文化伝統主義の知識人たちで、銭穆、唐君毅、牟宗三、徐復観などの人はこの系列の人間の代表です。この両系列の人物の思想にはやや交雑しているところがあり、事実、自由主義者が掲げる民主と自由という理念はかなりの程度当時の中国国民の共通認識になって

香港中文大学に立つ唐君毅先生の銅像。1949年に一群の知識人達は故国に容れられず、飄然と彷徨い、ために中華文化は海外に深く根を張る機会を得た。香港の哲学（の歴史）は唐君毅先生などの学者が海を渡って香港に新亜書院を建設してから算えられるべきである（写真は香港中文大学哲学系からの提供）。

いましたし、文化伝統主義者もこれを擁護推戴しないわけではなかったと言えますが、その上で儒家（の考え方）は当今の社会に在って最も堅持しなければならない理想の目標であると見ていたのです。民主自由と文化の伝統というこれら二つの理念の異なる知識人達を海外へ流離させたのは、かれらが共産中国の領域ではこの二つの理念はどうしても生存できないと考えたからです。それから六十年、この二つの理念はそれこそ海外のこれら二つの島嶼で根を生やし、牢固として、その地域の文化の中でも最も核心的な価値に成長したのです。大体から言いますと、香港には自由があり、台湾には民主があり、伝統文化の方面ではそれぞれに得るところがあったのですが、台湾は、一九四九年以後に故宮博物院、国家図書館、中央研究院、そして各等級、各類型の文教機構、そこには筆者が教職を担任している国立清華大学を含む、これらを継承し、さらに重要なのは、ある台湾人達からすれば喜ぶべきものでもなく承認しようとも願わない中華民国をやはり継承したことであり、これによって、台湾は文化の伝統という方面でより優勢な地位を享受することになったのです。

もし一九四九年に香港と台湾という大陸辺縁の島嶼が「偉大なる社会主義の祖国」に併合されていたら、それこそ想像できない大災難であったことは、ただに香港と台湾の住民からそう言うだけではなく、華人社会全体からしてもそうなのであります。筆者が「偉大なる社会主義の祖国」とわざわざ括弧で表示したのは、決して諷刺からではなく、まさしく一九四九における多くの知識人たちから言えば、紅色中国が代表する意義は、正確、光明、そして偉大ということであり、それは百年以上にもわたる中華民族のいろいろな革命の総結であり、また未来の中華民族が発展する方向なのです。私の旧知である蘇慶黎は一人の闘士で、彼女は台湾女性の身分で現に八宝山の革命墓地に安らかに眠っていますが、彼女の名字は彼女の父親である蘇新が、革命勝利の前夜に彼女のためにつけたものです。かれらの世代の知識人達は紅い血潮が沸き立つ中で東方に紅い太陽がいままさに昇って来つつあるのを見て黎明の到来を喜び祝ったのです。

しかしながら、黎明前の暗闇もまたとても長かったし、その後の六十年に及ぶ発展は、紅色の中国も錯誤を生むこと、しかもその錯誤はきわめて甚大で、その錯誤ぶりは、それが元来（多くの知識人達が）承諾した理想とはまるで反対の局面に完全にたどりついたことを証明したのです。唐君毅先生などの新儒家の学者が繰り返し指摘しているのですが、社会主義が中国で勝利を得ることができた理由は、これが百年来中華民族が平等、自由を要求するという内在的必要性ときわめて密接に関係しているからであり、マルクス主義、とりわけスターリン式のマルクス主義とはそれほど関わらないというべきなのです。相対的ではありますが、民主制度や文化の伝統に対する紅色中国の解釈は絶対に高望みであり、そのうえ必ずや災難なのであります。唐先生のこうした論点は、四人の新儒家の学者が連合して発表した「中国文化のために敬んで世界の人々に告げる宣言」の一文で反響を獲得し、また当時彼らが共同で支持した『人生』や『民主評論』などの雑誌の基調となったのです。もし唐先生などの観察が誤っていれば、中国にはそれこそたくさんの素晴らしいことが出て来たでしょう。だが非常に不幸なことに、唐先生などの観察は正しかっただけでなく、加えて、紅色中国が犯した過ちは、やはり普通では考えられないところにまで誤っていたのです。

というのは中文大学にやって来たことで、私ははじめて気づいたのですが、一九四九年はその後の台湾の一大転換をはぐくみ、孤児の運命にあった島嶼を台湾海峡両岸の人々が当時夢想もできないほどの歴史の新段階へと歩ませたのであり、それは香港に対すると同様、天地がひっくり返るほどの影響をもち、この一握りほどの小島に世界に対してその土地の面積とは比べものにならないほどの巨大なエネルギーを発射させているのです。この後、香港は商業、金融、娯楽を代表するという型どおりの印象を除くと、それにはなお語るべきさらに深層の方向性があります。唐君毅先生は一九四九の大避難を呼んで「花果飄零」としましたが、「花も実もすっかり舞い落ちてしまった（花果飄零）」とは確かに二〇世紀の大中華地域における重要な文化現象であり、この避難の規模はもしかすると日本の中国侵略がもたらした局面に比べても、なお深く広いかも知れません。しかしながらこの大避難は、非常に奇異なことに、太平の歳月が到底産み出し得ないほどの豊かな果実を産み出したのです。唐君毅先生はかつて「霊根自植」を胸に自ら励まし他人を励ましたのですが、干支が一巡りした精錬の成果は、「霊妙なる根は自然と育つ（霊根自植）」とはただに未来への願望を示す言葉に止まるだけではなく、生き生きとした事実であることを実証したのです。共産党の人々は一九四九以後には新中国があるのだと言いますが、私たちも確かな理由をもって、一九四九以後には新台湾と新香港とがあり、しかも新台湾と新香港とは新中国が圧迫して産みだしたのだ、と言うのです。

歴史的事件の意味は、通常事件発生当時にすぐ見出せるというものではありません。かえって歴史の一過程が過ぎ去った後に、その隠された意味が明らかになってくるものなのです。一九四九の意味はまさにこのようなものであって、それには一九四九以後の発展を待って、始めてその仕上がった図像がようやく明らかになってきたのです。干支がひとめぐりする間の醸成が、時間を引き延ばし、私たちに深層の意味を反省する空間をついに用意したのです。歴史が発展した高みに立って突如首をめぐらして見れば、私たちは一九四九年の影響が重大であったことに讃歎せざるをえないのです。一九四九年はかつて災難、流離、亀裂を意味しましたが、歴史はもともと災難によって構成されており、災難が常態化してしまえば平常へと変わってしまうものです。しかし多くの歴史的大災難、たとえば（梁末の）侯景の乱や（唐末の）黄巣の乱などに、私たちは漆黒の痛苦と死亡とを見る以外、これらの災難が結局どんな積極的作用をもたらしたのかを到底想像しにくいのであります。災難の情況にはかえって大きな違いがあり、それは文明の母であって、一九四九の大規模な流離、故郷の喪失はまさしく突出した事例です。一九四九の渡海南遷の規模は、（西晋末の）永嘉の南遷や（北宋末の）靖康の南遷に比べられ、三者は当然ひとまとめにされて中国史上の三大遷徙とされるでしょうが、しかし一九四九の大規模な流亡の文化的意義は恐らくかつての朝代における二つの歴史的関鍵点に勝るものでしょう。もし一九四九が無ければ、香港と台湾両地域の人民は本当に少なからざる痛苦を減少できたでしょう。香港は必ずしも幾波にも及ぶ逃亡の潮を我慢せずにすんだし、台湾は必ずしも流亡政権の白色テロの恐怖政治を忍受せずにすんだのです。しかし偉大な歴史的事件は結局不都合なところはそれほど無く好都合なところがかなり多いのであり、あらゆる不幸はすべて更に発展するために不可欠の養分となったのです。

歴史は人が自由に選択できるものであるとは思えませんが、しかし歴史の事件の意味はかえって人民が創造できるものです。一九四九は悲劇ですが、しかしまさしく悲劇の一九四九の加勢があったからこそ、干支一巡に及ぶ実践を経て、香港と台湾両地の人民は一九四九に対して完全に同じではない内容を賦与することができたのです。香港と台湾とに、もし一九四九が無かったら、この大陸縁辺の二つの島嶼は、文化上で依然辺縁であり続けたでしょう。翻って見ますと、一九四九の意義がもし完全に所謂新中国によって壟断されてしまい、香港と台湾がそれを補充しているという意義などまるで無かったならば、一九四九は恐らく悲劇の原点に留まってしまったでしょう。一九四九以後の新中国は存在していますが、しかし新香港や新台湾もやはり存在しているのです。歴史の新不新、あるいは進歩不進歩を

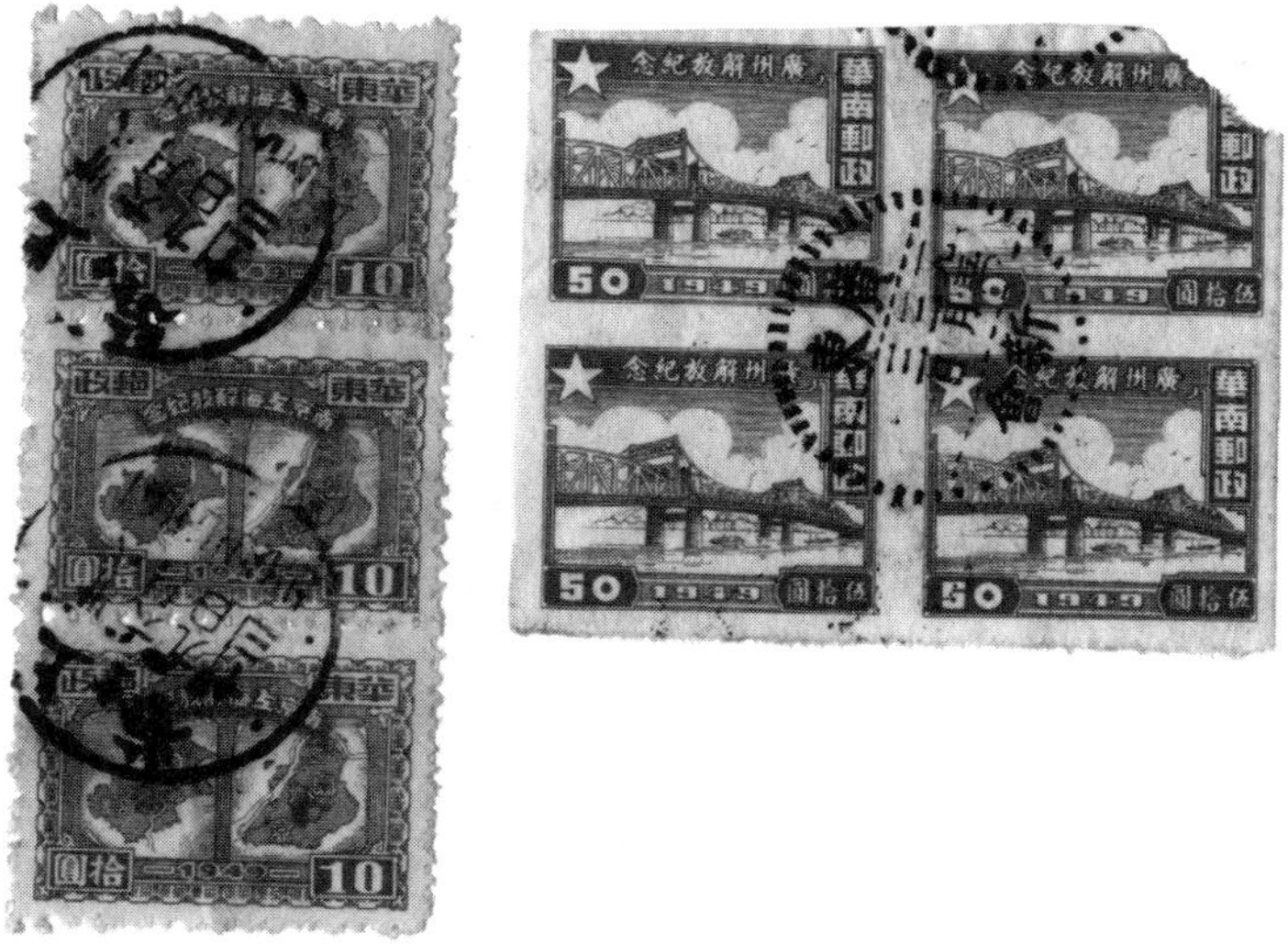

共産党の唱える「解放」はつまり国民党が唱える「淪陥」である。図は 1949 年に華東郵政が発行した「南京上海解放紀念郵票」、及び同年に華南郵政が発行した「広州解放紀念郵票」である。結局「解放」なのか「淪陥」なのかは歴史が答案を出すであろう。

決定する要素は、土地の所在が中央か辺縁か、占める面積が広いか狭いか、権力をどの勢力が握っているのかに在るのではありません。それどころか当事者が文化に対してどのような内容を加えたかにこそ在るのです。一九四九の歴史の影響は、全体の華人が共同に負担するのであり、一九四九の意義も当然ながら全体の華人が共同で解釈すべきであり、(大陸政権が始終宣伝して已まないように)単に千篇一律の独唱を不断に反復するだけにはいかないのです。

時代は変化し続け、潮流も変化し続けて、二一世紀に入りましたが、新中国と新香港、新台湾との相互の働きかけは、当然ながら新しい方式をもたなければなりません。理想から言えば、新中国と新香港、新台湾とは相互に対立するものであってはならず、新香港と新台湾とは社会主義中国の国際問題である帝国主義反対と国内問題である階級制度打破とに対して全体としては肯定すべきであり、またそれにならって香港と台湾の体質を改善する場合の有力な鏡にできると見なすべきでしょう。対話は必要ですが、しかし大中華地区の統合がもし不可避の趨勢であるなら、ならば、私たちはさらに一層唐君毅先生などが当時しっかりと堅持していたもの、すなわち民主自由の制度、現代性をもった文化的伝統、および二つが混合してできている生活様式を堅持しなければなりません。こうした堅持こそまさに新儒家が私たちに遺してくれた最も貴重な資産であり、また私たちの「現代社会における儒家」という命題に含みこまれるべき最も重要な補充なのです。新中国と新香港、新台湾とのあらゆる交流、統合はすべてこの原則を棄ててはならないのです。そうでなければ、私たちは新儒家の学者達の悲願真情に対して申し訳ないことをするだけでなく、新香港、新台湾が六十年来の奮闘で得た価値、きわめて奇特なものに対して申し訳ないことをすることになりますし、私たちもまた「新中国」が干支が一巡する間に行ってきた各種の実験がもたらした正負両面の意義に対してきっと申し訳ないことをすることになるのです。

（本文の初稿は『鵝湖月刊』第四一四期（二〇〇九年一二月）に公刊した。）

中華民国と１９４９以後

筆者は最近の「１９４９と新儒家」という文章の中で以下のことを提示しました。一九四九は多くの大陸の人々を故郷から離れさせ海外に漂白させた。香港と台湾とは地縁と血縁という二重の関係から、流離した人々を引き受けることが特に多かった。当時の受け入れは迫られて行ない、やむをえずにしたことだったと言えるし、その過程が辛酸苦渋であったことは他人に言われるまでもないことである。しかし、その後の発展がかえって予想外になったことを誰が一体知り得たであろうか。一九四九は香港と台湾という両地の社会体質を換骨奪胎し、大陸辺縁の地をついに世界が注目する地点とし、中原の地と拮抗しうる地位を隠然獲得させたのである。それは、二つの島嶼を対照すると、台湾はある台湾人達が歓迎せず承認したくなかった中華民国を継承したことで、これによって台湾は文化的伝統という方面でより優勢な地位を占め得たからである。ある友人達は私のこうした論断に不賛成であり、私もより多くの説明をしなければならないと思っていたところ、巧い具合、上の文章が世に出て間もなく、これに呼応する声が現れたのです。

ことのいきさつは、今年新春早々、清華大学図書館が「唐文標寄贈文物展及び記念座談会」を開いたことにあります。唐文標は一代の任俠と称され、好悪をはっきり示し、義俠心あふれた人生でしたから、交わりのあった友人は本当に少なくなかったのです。かくして死後の記念会には各界の人々が雲集してその人の在りし日を追想し、あれこれと賑やかで幽明の境を取り払ったかのようでした。もし死者が再生できるなら、唐文標は当然寂寥など感じなかったでしょう。多くの友人が発言する中、南方朔はいくつか問題を提示しました。もともと米国でまっとうな職業をもっていた香港人がなぜ台湾に戻ってこようとしたのか？　台湾に戻ってきて学んだものを捧げるため、唐文標がもともとの配偶者と離婚してまで、一羽の鳥のように南方台湾に飛んできたのはなぜか？　南方朔が提示したこの問題はとても興味深いものでしたが、遺憾なことに当日の会場は、熱気がものすごく、会の参加者は静かにこの問題を思索することができませんでした。しかし、筆者の考えでは、この疑問は的を射ており、唐文標の選択は、きっと説明ができるものであり、構造的にしっかりした原因があるのです。

南方朔はまた一つの対照的な例を挙げています。香港人はきわめて長い間、内地である大陸の人間に対する態度が相当に冷淡であって、有名な作家徐訏は香港に人生の後半生を過ごし、香港英文協会の初代会長でしたが、しかし香港人はかれが香港人であることを認めなかったし、かれの香港に対する態度にも好感などはなく、帰属意識ももたなかったのです。徐訏は一九四九年に香港に落ち延びて来た他の知識人たちのように、一つの特定の呼び名である「南来作家」とか「南来知識人」という呼び名を貼り付けられたのです。これらの作家あるいは知識人は香港に来てから随分長く経っていても、かれらはやはり「南来」であって、在地化しておらず、また在地の人から「我々」あるいは「我がともがら」の中の一員とは認められなかったのです。唐文標は広東人であり、香港人とは血縁上も地縁上も当然非常に近いとすべきなのに、しかし唐文標と香港とはやはり相互に親しくはなく、そのため彼はかえって台湾を終焉の地として選んだのです。

南方朔が提起した問題は、実は私がその日に提起しようと思ったのでしたが（敢えて提起しなかったわけは）、ただ、一つは当日は来賓が多く、自分は主催者側の人間である以上、他の人の時間を取りすぎてはならなかったし、二つには、この問題は主に唐文標においてではなく、「唐文標が台湾に返ることを選択した」というこの事は、個別の特殊な案件などではなく、一つの実に目にあざやかな現象であり、諸案件に共通する性質があったからです。一九四九より後に海外に落ち延びた多くの傑出した文化人達は彼らが一時的にどこに脚をとどめたかに限らず、かれらが最後に選択した終焉の地は、かれらの大陸の故郷ではなかったし、長年仮住まいしていた異域でもなく、まさしく台湾であり、そこに骨を埋めたのです。張大千、林語堂、梁実秋、唐君毅、牟宗三などなど、すべてそうでありまして、この人名簿はきわめて長いもので、もし私たちがそれらの名前をそれほど有名な教授、作家、画家などに限らなければ、人名簿は更に驚くほど長くなったはずです。これらの人名簿に載った大文化人は大陸に家があっても帰れなかったのではありません。彼らは往々、共産中国がどうしても手に入れたがった標的でしたし、これらの人々が世を去った時、大陸と台湾との両岸関係はすでに初歩的和解をした後であり、かれらは必ずしも前科の清算を心配する必要はなく、従って故郷に骨を埋めない理由などさらさら無かったのです。しかし、かれらはそれでも台湾を選択したのです。冷戦時代に台湾島に骨を埋めた大文化人、たとえば胡適、于右任、溥心畬、梅貽琦などの人々は、ここでは論述の枠外になりますので、詳述しません。

上に述べてきた人々は生前であれ死後であれ台湾を選択したのですが、それは明らかに経済的観点からしたのではなく、また世俗的利己心とも関わりがありません。情感の要素からしたのです。しかも、この情感は軽々に論じられる感性的要素ではないはずであります。そうでなければ、それはこれほど熱のこもった駆動力を産みだしようがありません。死と生とを一つにする、筆者の信ずるところ、それは必ずやこのような情感と同じようなところに牽引していくことができるのです。同じだと認める要素がまさにそうさせるのであり、そのため一旦同じだと認める対象が変わってしまえば、もともとの故郷はもはや骨を埋めるに値しなくなり、長く仮住まいしていた寄留地も去りがたく思うに値しなくなり、かれらは寧ろ荒涼たる海外に身を投じ、傅斯年が言う「田横の島」に身を投ずることを願ったのです。

一九四九の避難の激浪の中で、香港と台湾の二地域は大陸内部の人間を最も多く受け入れましたが、広い視野から見れば、両地は実はいずれも一九四九における最大の受益者であり、その受益の程度は多くの人々がよく耳にしよく知っている朝鮮戦争やヴェトナム戦争の要素をはるかに超えているのです。というのは香港と台湾とは一九四九以後において、その受けた利益は経済的要素にあるばかりではなく、より重要なのは、両地域のいずれも自己の社会的体質を強化する優秀な人材を獲得したことにあるのでありまして、このような構造的な人材の注入が原因となって本質的な改変を導いたのです。海外に落ち延びた大陸内部の人々は故国故園を脱出した後、往々香港台湾の両地をしきりに往来したのですが、この両地は人材を惹きつける物質的要素という面では、恐らく、それほど大きな差別はなく、相対的には香港にもより好いところがあるのですが、しかし、これらの文化人は香港に居住した後も、香港人とは認められなかったし、かれらもみずから香港人だとは認めなかったのです。香港人が天性としてかなり排外的であるとはとても信じ難いことでありますし、また、大陸内部の人間が故意に自分を香港から区別すると認定する理由もありません。同様に、私たちには、自らに素晴らしい標識を貼り付け、台湾人は寛大でお客を大切にし、天性の友好的な民族であると認める理由もありません。私はこの本質主義的「民族性」というものを信じません。原因は絶対ここにはないのであります。

筆者の信ずるところ、原因は「中華民国」に在るのです。一九四九以後、中共は、中華民国はすでに存在しておらず、「中華民国史」はとうに書き終えてしまえるのだ、と考えており、事実、すでに何冊もの関連した著作が世に問われています。かくてある極端に独立を掲げる台湾本土派の人士からすれば、「中華民国」は現実に存在しているが、しかし正当性はないのであり、したがってまたその法的地位を承認しようとは思わないのです。中共と台湾独立派の人士とは、大部分の政治的議題においていずれも南轅北轍であり、正反対なのですが、しかし「中華民国を否定する」という立場ではかえってかなり接近しているのです。しかしながら、中共を認めず、また台湾独立をも主張しない多くの大陸からの避難者達から言えば、「中華民国」こそがかえって唯一の選択なのであります。それは人が歓迎するかどうかなどもはや問題ではなく、しかし共産中国あるいは植民地に比べれば、いくらかでも身近なのです。害毒三つについてその軽重を量り、より軽微なものを取るわけなのです。唐君毅先生が香港に居た時間は、故郷の宜賓に居た時間よりも長くなりそうでしたが、しかし彼は誰に言うともなく、彼と香港とは互いに存在しないし、互いに外縁の関係だ、と口にしていました。彼が癌に罹り、残された日々が少なくなった時、彼は最後の行き場（として台湾）をごく自然に選択したのです。彼の夫人が代筆した日記の中で、唐君毅先生が言うには、「自分は昨夜長いこと考えた。自分の病気は好くならないが、しかしもう少し長引かせることができると信じて、自分は台湾に小さな家を手に入れたいと願った。自分の家なら人に迷惑をかけることも少なくてすむ。台湾は自分の国だ。死ぬならまたここで死ぬべきだ」と。また言うには、「私たちは墓地を買おう。そんなに大きくなくて好い。私たち二人を葬ればそれで十分だ。私たちは生きるも一緒、死ぬも一緒だよ」と。唐先生の話は人を感動させ、『礼記』（檀弓上）の「狐は死んで丘に首を向ける（狐死首丘）」という（生まれ故郷を思慕する）心情に比べて、より一層悲愴感があります。しかし臨終でのこうした決心、選択は別に意外ではありません。私が信ずるところ、その年、二本脚で立ったまま或いは骨灰になった後に台湾に身を投じたいとの思いを抱いた人々、かれらの心理には恐らくみなこのような感情があったでしょう。簡単に言えば、台湾は自分自身の国土であり、自分はそこに属していると彼らは認めているのであります。

唐君毅先生などの人が身を投じた「台湾」は、明らかに地理的意味でのこの島嶼のはずではないでしょうし、また台湾独立原理主義者が想像する純粋なる台湾という島国でもないでしょう。唐先生は一生をかけて儒家の現代化を追求し、民主自由ということを明末の顧炎武、黄宗羲、王夫之から現代の熊十力、梁漱溟などまでの大儒たちが終生追求した政治的未来だと見なしたし、彼も又国府の白色テロの恐怖政治を認めなかったのです。彼が台湾に身を投じたのは、まさに台湾が背負っている精神的意味に在ったのです。こうした精神的意味は実に文化の作用が政治の作用より大きいということですが、しかし現代の「属国主義」で考えるという習慣によるかぎり、それは「中華民国」という名に帰属しないわけにはいきません。筆者の信ずるところ、生前であれ死後であれ台湾という島嶼に身を投ずる大陸内部の人々は、その選択はいずれもある種の「中国性」に基いており、かれらは台湾というこの島嶼に一種、ある種のはっきりとは見きわめられず説明しがたい「中国」というものの血縁的親近性を見出しているのです。共産中国によって叛徒或いは人民共同の敵と見なされ、心理的には「遺民」「棄民」に近い現代の遊民達は、長い間漂泊した後に、わずかにこの島嶼にだけその人格の全部を維持するに足る身の寄せどころを捜し出したのです。

「中華民国」は、この百年来の華人社会でもっとも重要な政治的符号ですが、その作用

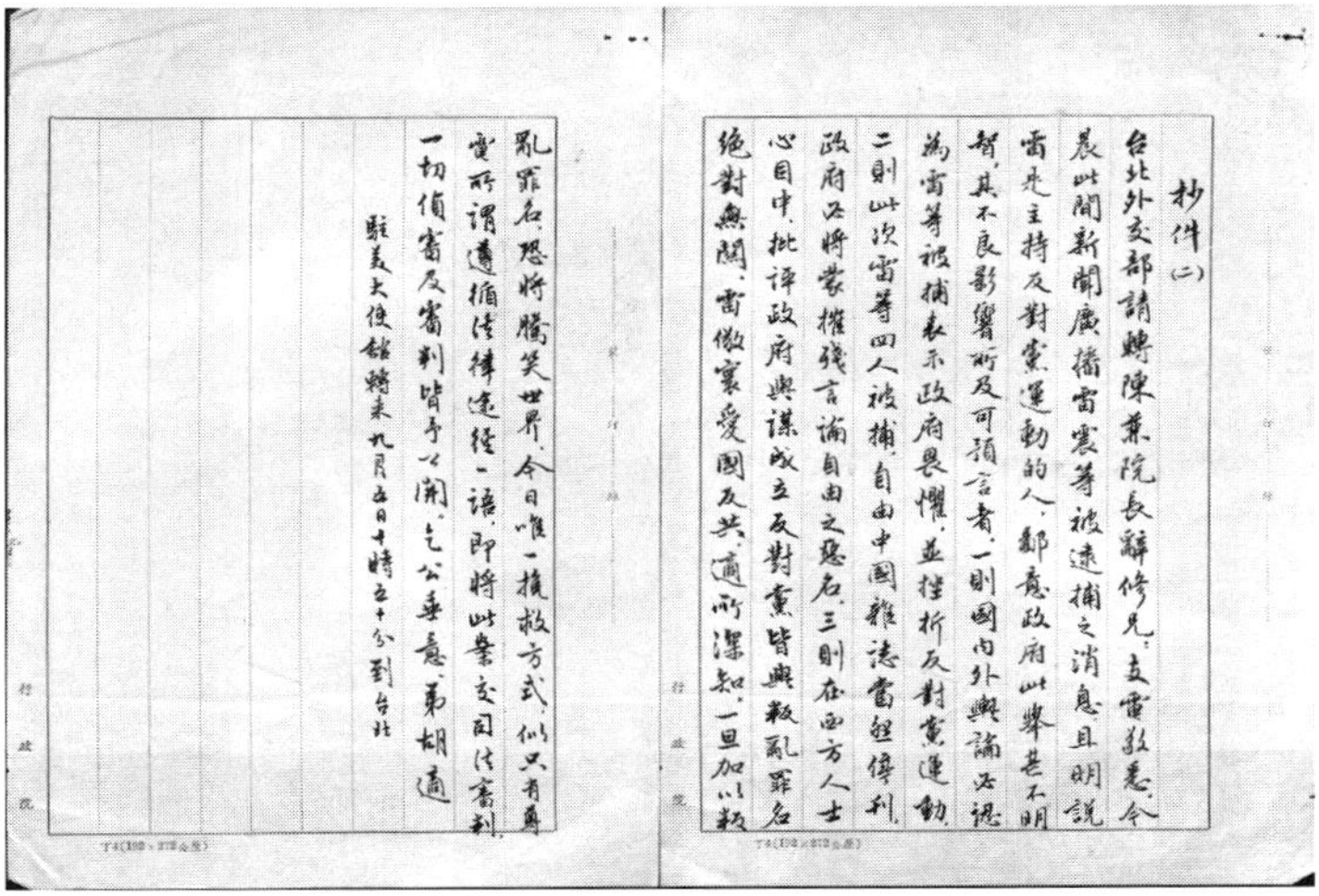
抄件（二）
台北外交部請轉陳兼院長辭修兄：支電敬悉。今晨此間新聞廣播雷震等被逮捕之消息，且明說雷是主持反對黨運動的人。鄙意政府此舉甚不明智，其不良影響所及可預言者，一則國內外輿論必認為雷等被捕表示政府畏懼並挫折反對黨運動，二則此次雷等四人被捕，自由中國雜誌當然停刊，政府必將蒙摧殘言論自由之惡名，三則在西方人士心目中，批評政府與謀成立反對黨皆與叛亂罪名絕對無關，雷儆寰愛國反共，適所深知，一旦加以叛亂罪名，恐將騰笑世界。今日唯一挽救方式，似只有尊重所謂遵循法律途徑一語，即將此案交司法審判，一切偵審及審判皆予以公開。乞公垂意。弟胡適
駐美大使館轉來 九月五日十時五十分到台北

「『自由中国』事件」は1960年に発生したが、戒厳時期のまことに不面目なことがらである。雷震の同志で友人の胡適はその時米国に居り、陳誠に電報を打ち抗議の意志を示した。この文章の稿本は行政院から流出した電文の訳稿である。

はただに政治的なものに止まりません。私たちがただ政治権力の角度からだけそれを解読しようとする時、この符号が担っている深層のまた強烈な情動的要素をきわめて簡単に軽んじてしまうでしょう。一地域の住民が中国のどの地域にも属していないと自認し、自由な気分をもつ植民地に安んずる時、かれは他の地区から来た華人に対して容易に遊民を受け入れるという思いは持たないだろうし、相対的に、これら経済、生活の各方面で寄留地で恩恵を受けている「遊民」もその地を我が故郷と同じだとは認めずに、言うまでもなく望郷の感をもつでしょう。逆に、一地域の住民がみずから別の一種の「中国」に属していると考えるなら、こうした「中国」には人に嫌悪させる白色テロの恐怖があり、また説得力の無い法統があるとしても、しかしこの地には各種の文化的中国の象徴があ

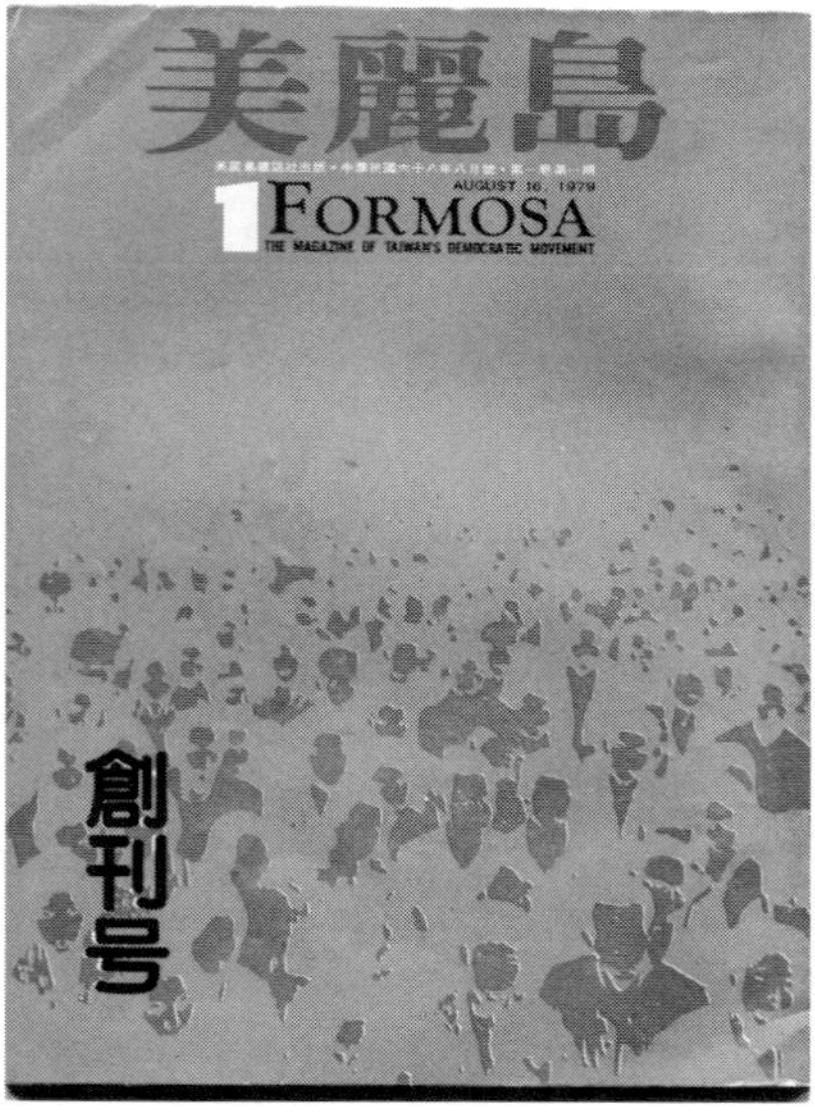

新台湾にも暗黒面があるが、しかし圧迫があればすぐに反抗がある。1987年の戒厳令の解除前、台湾の体制外の政論雑誌は「党外雑誌」とひとくくりに呼ばれており、党外雑誌はいつでも発行禁止にされていたが、しかし禁止されればされるほどよく売れ、禁止されればされるほど新雑誌の出現は多くなった。『美麗島』はその中で最も著名な刊行物である。この雑誌を作った人々は民進党が成立した後、すぐに転じて該党の最大派閥美麗島系となったが、この派閥は現在既に衰微している。

り、共通する情感や言語をもつ住民がおり、相対的に自由で自在感のある雰囲気があるのです。とすれば、元来の住民であれ或いは「遊民」であれ、情況は大いに違ってくるのです。「中華民国」はこれらの内容をもっており、そのため冷戦時代に多くの「大陸同胞」や「華僑」がそこに身を投じたのであり、かれらは後に台湾住民の不可分の一環を構成したのでありますが、こうした現象はもはや自然にそうなったのではないのであります。

「中華民国」は台湾本土派の人々からするとどうしても同調できないという点について、たといかれらが現実ではそれをやむなく受け入れつつも、心情としてはなんとも受け入れがたいというのは、これまた予期できることでしょう。国府が一方で台湾と「中華民国」とを結合し、それを反共あるいは非共の人々の家園に代替しようとした時、それは相当程度において、同時に「中華民国」によって台湾を排斥することによって、台湾の人々の中に家はあっても帰れないという人々を造り出したのです。同じだと認めることは情感のことでありますが、暴力によって国の門外に遮られた人々から言わせれば、かれらに対して、いかなる人間もこうした暴力が代表する「中華民国」という政治的符号を愛するようにと要求する権力など無いわけです。「中華民国」という符号が帯びる情感は本来分裂しないでいられるものであって、現在分裂しているのは、現実の政治状況の自然な反映なのです。一九四九以後にも暗黒の部分があること、あらゆる国民はみなこの複雑な歴史の経験があることを忘却してはならないのです。

（本文の初稿は『鵝湖月刊』第四一六期（二〇一〇年二月）に公刊された。）

ただに苦難の物語だけではない

一、序の一

「流離」は二〇世紀の文学界で大変流行した主題であるが、この主題が流行したのは二〇世紀の大規模な戦争と関わっており、戦争は人口流動を引き起こす最大の動力である。二〇世紀には二度にわたる地球規模の大戦が発生し、地域的な戦争も始終烽火が已まず、これまで一度として平穏であったことがなく、これらの戦争は、故郷を失って流亡する幾千万人もの被災民を伴ったのである。流離は苦難そのものであり、苦難に対する沈思黙考は常に偉大な文学創造の路へと導いていくのである。国家が不幸であれば詩人は幸福であるが、しかし詩人の不幸はまた国家の幸福であって、二〇世紀の文学は多く戦争―流離―苦難という基礎の上に成り立っている。

中国は戦乱の国柄であり、また流離の国柄であって、二〇世紀の大いなる流亡の潮流の中で、中国もこの隊伍の中に加わったばかりでなく、その上主要な貢献者である。戦乱と流離とは中国の歴史と同様に古く、また中国の文学と同様に古いのである。中国で最も古い詩歌の総集である『詩経』の中の名篇「黍離」「東山」などはみな王朝交代を詠嘆する悲歌であり、西暦五七八年に、庾信は侯景の乱（五四八年）

に直面した後、流離文学の千古の名作である「哀江南賦」を書き、杜甫は安・史の乱（七五五年）を経て「北征」「秋興」といった古今を震撼させる一連の詩作をものしたのであるが、明から清への交代期における一連の都城の殲滅とそれにもとづく流亡も呉梅村、陳子龍などの詩や孔尚任の「桃花扇」、さらに言うまでもないが、千古の画壇に輝きわたる四人の僧や龔賢などの名画を生み出したのである。相対的に見れば、二〇世紀の二度にわたる大いなる流亡の潮流、すなわち抗日戦争での南京から重慶への首都の西遷と一九四九の大陸から台湾への国府の渡海とは、その動乱の規模は甚深甚大であったが、しかし生み出された作品はそれほど偉大ではなく、少なくとも西遷や渡海という二つの歴史的事件の歴史的意義に比べると、文学作品には相応の文学的価値はないであろう。

一九四九の渡海というこの事件の歴史的意義はきわめて深遠であり、私個人が信ずるところ、その影響の深淵さと遠大さは抗日西遷を超えており、歴史を遡れば、（西晋末）永嘉の南遷や趙宋（靖康）の渡江といった情況と十分に拮抗する。しかし、作家はそれをまだ十分に描写しておらず、芸術家もなお十分にそれを顕彰しておらず、この事件の重層的構造に対する学者の解明も一面的で浅薄である。作家、芸術家、学者はみな歴史的事件に対して反省思索する人間だが、反省思索すべき人間が十分努力しない以上、当事者自身が言う他はないわけである。

歴史は当事者が声をあげなければならない。災難はその意味を解釈しなければならない。痛苦はそれを癒さなければならない。筆者の考えでは、一九四九の大撤退という潮流は文化の観点から見れば、きわめて重要な内容を具えている。漢文化が不断に南へ遷移していく、これは中国歴史が発展していく一筋の大動脈であり、一九四九の渡海は文化の中心が南に移る運動の最近における最も典型的な一例である。一九四九は台湾の文化を地域性のものから引き上げて東アジアと対話するに十分な地位にまで到達させたのであり、それはまた台湾をして四百年来はじめて、漢文化の大いなる伝統の論述に実質的に参与できるようにさせたのである。しかしながら、こうした上昇は決して単なる幸運でなったのではない。一九四九年の災難は確かに存在したし、かつまたそれは量的にはとてつもなく大きな惨烈で、質的にはとうてい見きわめがたいほどの深刻さであった。災難がかくも深かったことで、そこから転化する力も比例してかくも大きくなったからこそ、はじめてつり合えるだろうし、また正しい結果をもたらせるであろう。一九四九の苦難を了解することは、それこそ一九四九の意味を了解する起点なのである。

本集に収録した書簡はほとんど台湾で捜集したもので、そのためその内容と台湾との関係はとりわけ密接であるが、筆者が一九四九について解釈する際、本来の心づもりではまた台湾に焦点をあわせようと願ったのである。ただ、書信を出した人、受け取った人の中で、台湾の新しい住民が最大の比率を占めたのは、台湾に居住する族群の中で彼らこそ翻弄され流離した人々の比率が最高で、書信を著す能力を持った軍人、公務員、教員の占める比率もより大きかったからである。私がもともと期待していたのは、台湾籍の老兵或いは南洋に行った台湾軍属や扶傭などがこの時期に書いた書簡を手に入れて、異なる背景の台湾住民の伝記資料と一つにして、一九四九の渡海の歴史と地図とを見ることであり、そうしてこそはじめて一層完全にすることだったのであるが、残念なことに天は人間の願い通りにはならないのである。

このような次第であるが、一百篇の当事者自身の語り口は、また十分に典型とするに足るものがある。筆者がこれらの書簡を捜集した時、僧璨（五二九〜六〇六）の「信心銘」の「究極の道はあらゆる物を阻まない、ただ選別することだけはしない（至道無難、唯嫌揀択）」という言葉を心に大事に持って、かくして（台湾本来の）本省と（大陸渡来の）外省、（共産系の）紅色と（国府系の）白色、（国民党支持の）藍色と（台湾独立の）緑色、富貴と貧賤などを特に弁別せず、関連した内容に出逢えばすぐに捜収したのである。その結果、こうした随時の捜集はかえって一層典型性を具えることになり、書簡を書いた人物は総統から商人、兵卒に至るまで、その階級の属性は縦横ともに広くなり、地

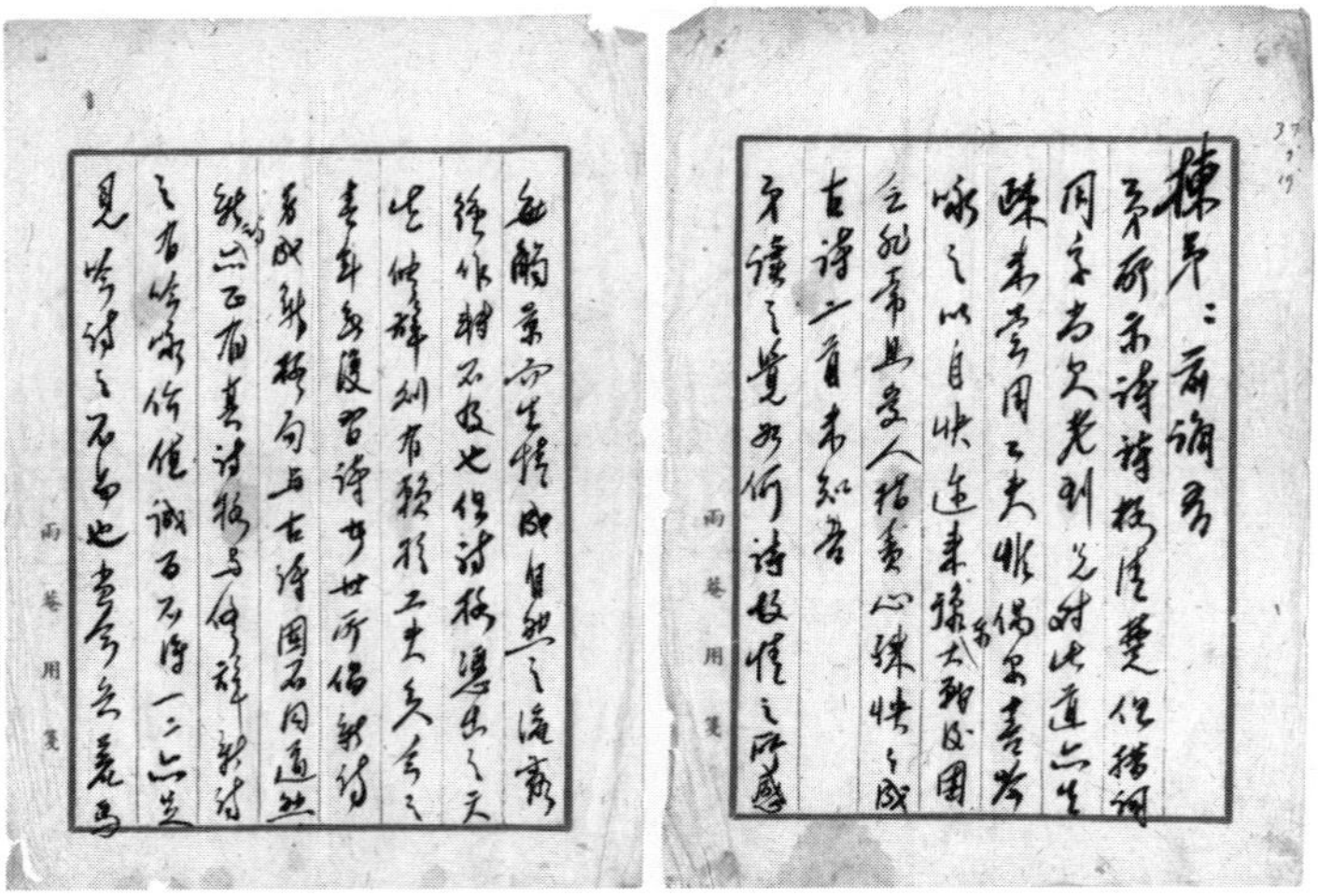

これは淮海戦役（台湾では徐蚌会戦と称する）の悲劇の領将邱清泉が弟に当てた手紙で、彼が存命中の最後の一通と思われる。国民政府は匪賊掃討で犠牲となった最高級の領将を記念するために、その名をもって台湾最大の空軍基地に命名した。すなわち台中大雅の清泉崗空軍基地である。この基地はヴェトナム戦争の時期、非常に重い米軍支援の後方任務を受け持った。

点も北辺の東北から南隅の海南にまで及んで、地縁の違いもわざわざ意識せずともあわせて顧慮することになったのである。書簡の主がこれらの書簡を書いた時、第三者に見せることなど事前に考えなかったし、書簡の差出人も受け取り人も、少数の人々や公務に在った上下の官僚以外、多くは肉親の人々や友人であり、内容は多く胸襟をそのまま明かし、修飾など借りてはいないのである。

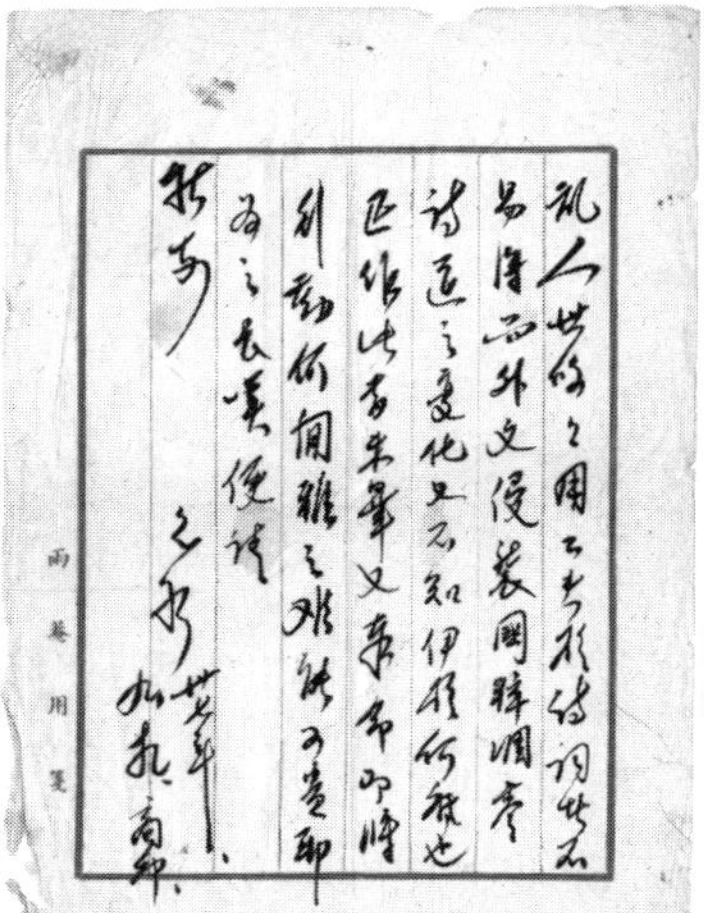
邱清泉の手紙の続き

述べられた事件は多く直接目にした人物の直接の報道であり、事件そのままの様相を伝えるものである。これらの資料は他人の手直しを経ておらず、また書簡の書き手みずからの執筆再述（といった無意識からする修飾や修改）を経ていないので、そこで説かれた内容は書簡の書き手のその時の考え方をそのまま反映しているはずで、実録といえる。客観的か否かとなれば、それは別問題である。

これらの書簡は多く六十年前に書かれたが、干支の一巡という歳月の変遷があり、若者もすでに老い、老人はすでに逝ってしまい、鴻は雲天に断ち、雁は黒水に沈んで（しまうように、音信が途絶えてしまい）、今を撫して昔を追いかけても、存没ともに茫然としている。筆者がたといかれらの願いを問い尋ねようと思っても、少数の特例を除けば、大半はそれに応じられないであろう。「一九四九の渡海」は歴史的事件であり多くの人々の共同の事業であり、華人共同の記憶であって、関連資料は教育的意味がきわめて豊かである。本書本来の構想は（孟子が孔子の『春秋』は「述べて作らず」であったと称したのには到底比べらず、まさしく）「述べず作らず（不述不作）」であり、筆者は、歴史が自らを顕らかにするのにまかせ、意義をして時とともに延長させ、血涙の文字が最後には執筆者の悲愴なる困憊をそれ自身として照明することを希望している。しかし本書は最終的にはやはり編集し整理すべきもので、筆者は（達磨が葦船で濁流を渡ったように）巧い具合に半ぴらの貴重な紙片を借りて一つの時代の悲嘆と歓喜、別離と会合（の荒海）をこっそり渡ったのであるが、その目的は結局一羽の火の鳥（の如く、新しい漢華文化）がまさに歴史の劫火の中から孵化してくるのを証明しようとすることである。ことわざに言うように、後世に江山すなわち国家の興廃を知ろうとすれば、まずはしばらく昔日の渡海の因縁を知らなければならないのである。

二、序の二

私は元来このような書物を編集しようとしたのではない。この書物がこのような形になったのは私が予期したものではなかったのである。しかしこうした形になった以上、私も喜んでこうした形を受けいれたいと思う。もともと書籍もまた有機体であり、種を蒔けば、芽を出し、成長し、たくましく育つ、という具合であって、そこには内在する生命規律がある。

私が編集しようとしたのは大分裂の苦難の歴史ではない。人々が皆知っている常識は再度重複する必要はない。私が編集しようとするものも、外来政権が人民の頭上に弾圧を加えた時に付随した迫害の歴史ではない。迫害の歴史については、毎度の選挙で私たちはみな史実よりさらに多くの情報を得ることができる。私が呈現しようと願っていることは、災難の中に抗争を伴い、剥奪の中に贈答を伴い、残忍の中に人間性を伴い、暗黒の絶望の中に一筋の光明を伴っていたということ、総じて言えば、また絶対的に不可能の中に可能なる大歴史劇を蔵していたということである。思い掛けないことに、昔日の書簡で期待されていた可能性が今日の現実になっており、かつまた、現実は予期されていた以上に一層好いということであって、私はまったく別の角度から一九四九を見たいと願うのである。

一九四九はすでに二〇世紀の中国の歴史と東アジアの歴史においてもっとも歴史的影響力を備えた象徴的な年となっており、また台湾の歴史でもきわめて指標性を備えた年となっていて、その規模全体ははっきりと探り切れないほど巨大であり、その歴史的影響も計り切れないほど深遠であって、ために、どんな解釈もみな盲人が象をなでるようなだけに陥ってしまい、従って、一つの観察角度だけに因るわけにはいかないのである。私は災難説あるいは迫害説にどんな欠陥があるのか見出せないが、しかし私はまた一九四九には更に重要な面が無いなどとも考えないのである。私が考えるに、一九四九の後に、ようやく、台湾は本当にやや完全で、はっきりした文化の主体的性格をもつようになったのであり、これは伝統以上にさらに伝統的であり、現代以上にさらに現代的な新しい漢華文化なのである。もしも三百年以上の文化的力量を累積してきた台湾に、中華民国と台湾とを一体化する主体が建立される契機を受け継ぐこと、さらに数百年に一見することとさえむずかしい文化財と人材との大移動を受けること、さらにまた運が味方するということ、もしもそれらの中の一つでも欠けていたら、現在の台湾はあり得なかったのである。

一九四九（が台湾にもたらしたもの）は膨大であり完全には見きわめがたい歴史的現実であって、私たちには現在様々な解釈があるが、しかしそうした解釈よりも、一九四九それ自身に表出してもらうことに勝るものはない。ただ一九四九が自身で表出できるはずはなく、ならば、最も好いのは一九四九事件の中で艱難を嘗め尽くし、徘徊し、受難した当事者たちに自己表出してもらうことである。しかしこれら一九四九の当事者たちはその大半がすでに歴史に入ってしまっているし、かれらが機会を得て当時の史実を論述した文章もまたその一半は事後の追憶に属しており、事後の追憶は通常それほど頼りにならないのである。たとい事件が拠り所になるとしても、表出された気分はもはや元の味を失っており、従って、最も好い表出はやはり当時の人間が当時、当時の事を言った証言なのである。当時の人間が当時、当時のことを言った証言は、社論でもよく、日記でもよく、詩文でもよく、書簡でもよく、異なる文献には異なった効能があるのであるが、私は書簡を選んだのである。というのは、書簡には最も五湖四海すなわち広い地域を含み、最も世俗にまみれ、最も日常の生活物資をめぐって喜怒哀楽や離合集散の実情が窺われるからであり、その上、相対的に言って、最も実情を隠しにくいからである。ただ、もとより、ある人々が日記を書くのは、後の人がかれらの像を彫ってくれるのを願うからであろう。

一九四九の書簡が一九四九の為に編まれるとなれば、異なった歴史経験をもつ人物の証言や相貌を最も好く納めることがこうして完全になる。理想的な書簡集は当時の台湾住民の異なった経験を反映できるものであるべきであり、従って住民構成の割合に沿って考えれば、最も好いのは、日本統治時代から生活しながら、又漢文化の意識を帯びた在地の台湾人、或いは、強烈な台湾意識をもった在地の台湾人、日本や南洋、或いは中国大陸から台湾に返ってきた台湾人、この転換期に台湾海峡両岸と関係が密接な日米諸国の人々を容れることであろう。また当然ながら歴代政権の目まぐるしく変わる走馬燈を不断に経験してきている台湾原住民を内に含むべきであり、当然ながら更に最も属目されるべき大陸渡来の台湾新住民をも包みこむべきであって、もし機会があれば、最も好いのは、また中国大陸の広い地域の人々や周辺各国の人々の証言をも含むことである。

私がもっとも期待するのは、当然、この書物に「代表性」があって、一時期の台湾海峡の両岸、とりわけ台湾社会の横断面を反映することができるということである。こうした理想的な書簡集は、製作するのがとても難しく、ほとんど存在できない、と言える。私が一九四九自身に声を出させようと考えてから後、私はすぐに関連の史料、文物、とりわけ手書きの書簡を捜集し始めたのであるが、しかし困難さは格別であって、その主要な困難は政治的干渉によるものであった。一九四九は今を隔てることわずかに一干支前であるが、しかしこの時期、両岸は常に赤色の恐怖やあるいは白色の恐怖にさらされていた時期であって、多言は災禍を招いたから、自筆の書簡といった現行犯的禍根を残す人はきわめて少なかったのである。その次は、台湾の政治がきわめて敏感であったのとは無関係に、一九四九関連の書簡はある程度の数量があるのだが、ただ手書きの書簡は今日の収蔵文化の中では、郵便切手、郵便スタンプと同列にある。重量を軽減し、処理に便利なように、切手やスタンプを集める会社は少数の有名人の書簡を封筒と書簡とを一緒にして保管しておく以外、大部分の郵便物は多く封筒だけをとどめて書簡は棄ててしまい、骨を砕き皮を残すというわけで、きわめて標準的な「櫝を買って珠を還す（買櫝還珠）」、すなわち価値のない物を買って価値のあるものを還してしまうのであるが、その実、還すのではなく、毀すのである。第三には、相異なる歴史経験を持つ人、或いは相異なる族群の人は、あるいは感受するところが異なり、あるいは書写の習慣が異なっていて、手書きの

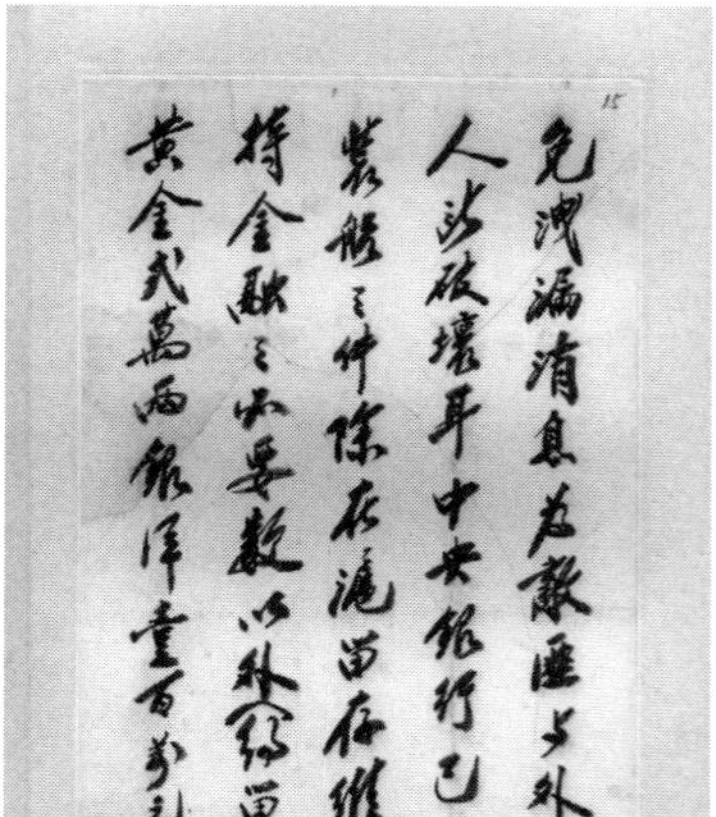

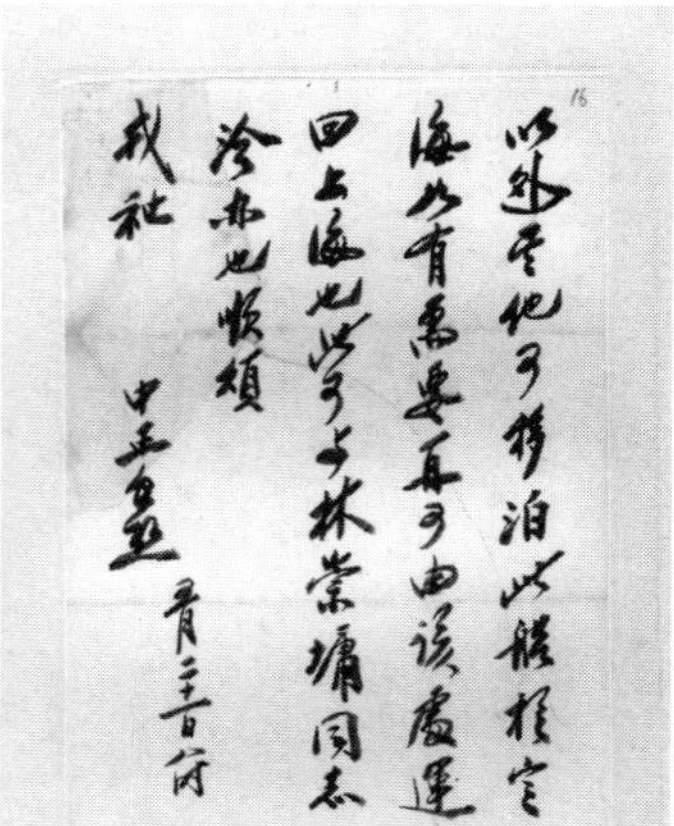

この手紙は1949年５月21日に書かれている。権力の座から降りた総統蔣中正は中国国民党総裁の身分で、京滬防衛区司令湯恩伯を指揮して作戦させた。代理総統の李宗仁の命令は総統府から出ず、彼は、すでに下野した蔣中正がこのように「天下をもって己が任となす（以天下為己任）」とふるまうなど知らなかったのである。この手紙は中央銀行の黄金を台湾に運ぶことに言及しているが、この手紙が書かれてから一週間もしないうちに、上海は陥落した。

書簡を保存しておく比例がきわめてバランスを欠いているのである。たとえば、私は原住民がこの大変局をどのように見ていたのかを記した手書きの書簡を手に入れたいと熱望したのである。かつて河洛すなわち中原地域出身の漢族の人々から生番、熟番とレッテルを貼られ、日本人の霧社事件や国府の海山鉱害で唱われている民族がどうしてこの大変局に欠席できるであろうか？　しかし手に入らなかったのはつまり手に入らなかったのである。

私のこれらの自筆書簡はみな台湾で手に入れたものであるが、戒厳令が解かれた後、大陸と台湾の両岸の文物は飛び交い、船と飛行機の両方で運ばれ、ある文物がたとい台湾で現れても、それは必ずしも戒厳令が解かれる前の台湾のものであることを表示しないのである。しかし私が信ずるところ、一般の有名人ではない人々の且つ特殊な郵便物の価値を具えない書簡は、経済的価値は高くないので、当然ながら一九四九の前後に台湾に滞在していたか台湾にやって来ていたか、台湾に関係していたか、そういった人物が書いたものなのである。一方、有名人の自筆の書簡となれば、関連資料によって捜し集めることはかなり容易で、年代、人物と事件の性質などからの断定は処理がかなり容易である。いずれにしろ、これらの自筆書簡はみな台湾海峡両岸の大きな歴史の変遷を実際に証明するものであり、それらの主人公あるいは書簡の受取人がこの世紀的な大変局の中で、みな尽きせぬ苦しみを受けたのである。これらの自筆書簡は今日における（杜甫の）「北征」や（庾信の）「哀江南賦」であり、それらの内容は今日の台湾海峡両岸の社会に内在するまごうかたなき魂魄なのである。

自筆書簡を捜集する過程で、私はとても広く網を張り八方に広げたが、しかし網の目はきわめて細密にして、決して網目を粗くせず、とにかく一網打尽にして、さらに十分なる手本を抽き出そうと希望したのである。それゆえ、集まった（自筆書簡の）人々は上は総統から下は日銭稼ぎや兵卒まで、片や日米の人々にまで及び、内容は大会戦の烽火からその日暮らしの小市民の叫びまで、さらに引き延ばして（『詩経』に収められる）板蕩年代の社会の諸相にまで至っている。貴賤（価格や地位の意味はかかわらない）に拘らず、できるだけ包み込み、ひたすら完全な一九四九があるがままに自ら顕かになり、より以上でもより以下でもない一九四九を呈現するよう希望するだけだったが、残念ながら捜集して得たものはなお完全な図像にはならなかった。しかし、別の角度から考えれば、およそ存在するものは合理的であり、およそ合理的なものは存在しているわけであって、長年捜集し、諸方に捜集し

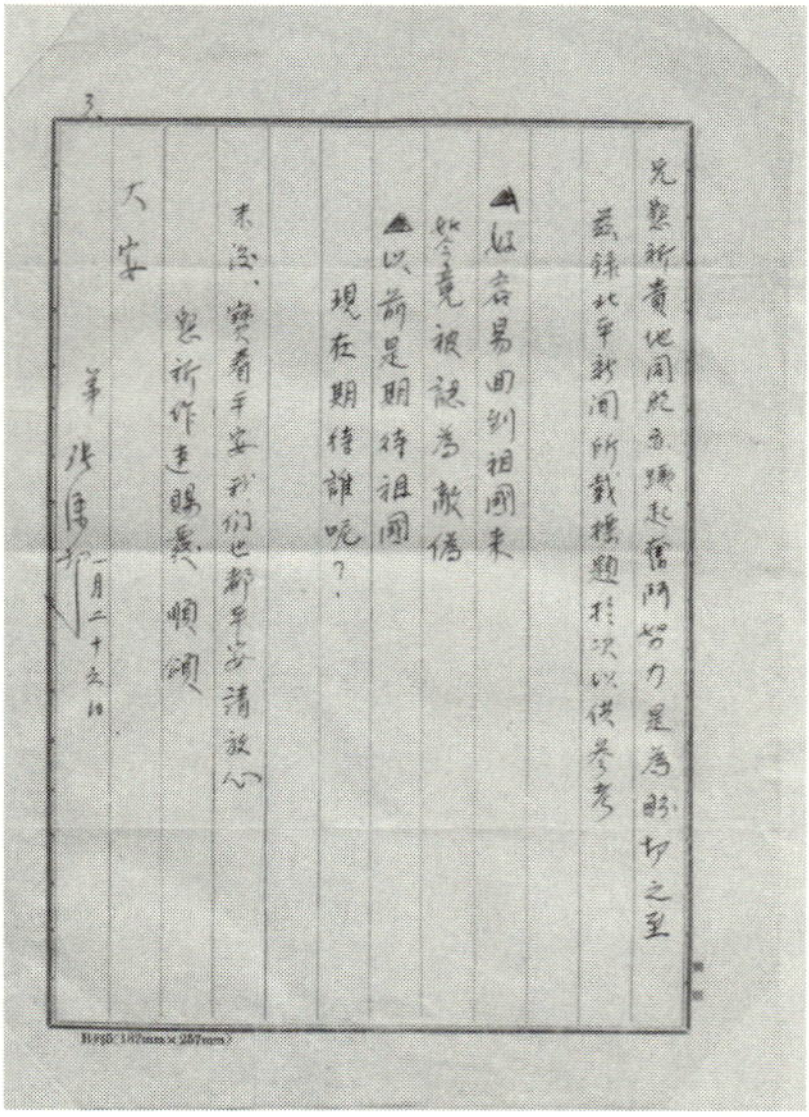
以為容易回到祖國來
然今竟被認為敵僑
以前是期待祖國
現在期待誰呢？
大安
弟 張深切 一月二十五日

張深切が抗戦勝利後、北平で台湾の党外運動の先輩郭雨新に書いた手紙であるが、文中に「以前は祖国に期待したが、現在は誰を期待するのか（以前是期待祖国、現在期待誰呢？）」とあり、この問いかけは第二次大戦後の台湾社会でたびたび出現する。

ても、わずかにこの成果なのであって、概率で計算すれば、この成果がつまり真実である可能性は大であり、少なくともこれらの書簡の内容は当然ながらある重層的視野からする一九四九を合理的に反映しているはずである。

私は一書を編集したが、それは私が元来編集しようと思った書物（の範囲にとどまるもの）ではなく、それは私が定めた道筋をはみ出てしまったのである。時代を異にした渡海悲歌をあまりに多く聴いた後、私は、偉大な民族はまさに（『詩経』や『書経』に描かれた）周民族あるいは（『旧約聖書』の）予言者時代におけるユダヤ人と同様、忍耐強く義に厚く、苦難を怖れず、彼らは苦難を天が彼らに与えた恩寵と見なしているのだと、認めざるをえなかった。偉大な古典精神は、苦しみを受けている人民がひび割れし、たこで固まった手で造り出したものであって、（私たちは、これに）沈溺するのではなく、粉飾するのでもなく、（その耐えがたい苦難のほどを）進んで引き受けてこそ、この創造的転化をもつことができるのである。私はこのような一九四九を期待したのであり、またこのような芽生えを見たのである。ただ残念ながら、この証言はこのような道理を証明し得ておらず、内容はやはりひどく広大な江海のようである。しかしこの書物がこのような結果を呈現できたのも、大いに理にかなっているのである。というのは人間が苦難の中で自然に目に触れるものはすべて苦であり、（仏教の所謂）受想行識、すなわち人間存在を構成するあらゆる成分もまたこうなのである。苦難の意義は、当事者が苦痛の情況から身を離した後、再度長い時間をかけて省察し証明しなければならない。火中に咲く蓮華、岩の間に咲く百合、苦難極まりなく錬成して仕上がる黄金の花、これら昇華した生命の精髄は、結局一定の歳月を経た加工があってこそようやくでき上がるのである。

本書には根本的欠陥があり、それはこれらの自筆書簡は前もって将来を予測しようが無く、それ以上に、この災難、事件が後に発展して成った偉大な成就を前もって演じようが無かったということであるが、しかし、すでに（容易には越えられない禅関と同様の）一九四九という難関を通って初果を得た今日、天地をも哀慟させた昔日の事態に目を向けるのはやはり有意義であって、「故郷に戻ってきて在りし日を思いやる（帰来始自憐）」などではなく、私たちは今日、歴史が転化する過程がなお未完成であることをさらにはっきりと発見できるということなのである。苦難は創造の母である、と言われるが、一九四九は十分に苦しく、十分に災難であった。だが、それを支えた人力と物力も十分に豊富であって、原則上はそれが蓄積した創造力にはきわめて観るべきものがあるのである。事実たしかに比類の無いほどの苦難だったのであるが、しかし私たちは十分な理由を持って、台湾の発展はさらにいっそう好くなるべきであり、もしそれほど好くならなければ、きっと恐らく私たちの苦難による咀嚼が依然として不十分であり、汲み取った養分もまだ十分に転化して満足な活動力になっていないのである。だからこそ、一九四九年はやはりその苦難の物語をぶちまけ続けなければならないのである！

本書は本来一九四九年の六十周年に出版しようとしたのだが、その一年、私はさほど注意を引かない「一九四九―新台湾の誕生」展を歴史博物館で企画していたし、また私は清華大学で「収蔵一九四九」展を行っていて、王陽明が言うあの〝世を救おう〟と狂奔する呼びかけ人のように、久しく埋もれていた真理の消息に注意するよう群衆に呼びかけていたし、またかのディオゲネスは（ディオゲネス・ラエルティオス著『ギリシャ哲学者列伝』第六巻第二章「ディオゲネス」に見えるように）白昼に明かりを手にし、真理に目覚めた者を四方に尋ね求めていたのである。世間のことはよろしく鉄は熱い中に打つべきであって、もし私が、（中華民国と多くの人々が）大陸から海を渡り台湾に移って来て干支が一巡する時期に、社会に対し、当事者自筆の証明書を差し出せば、一層好いわけである。前言にすべて書いたが、ただ当時、ある現実の要素に制約され、出版が引き延ばされてしまったのである。他のもう一つの原因は、両岸の分裂は一九四九に始まったのだが、しかし今日の分裂統治の形勢は一九五五年の大撤退、米中協防条約が発効した時にほぼ定まったのであり、従って時間的にはそれほど急なことではないということである。いま技術上、出版をできなくさせたこれらの障碍は克服されており、私は一九四九の生命を昔の干からびて壊れやすくなった手書き書簡から呼び出し、同時に、またそれらの意義を一九四九の束縛から解き放そうと決めたのである。私は一九四九自からが昔日の一九四九について大声で告白できるようにと希望するし、また昔日の一九四九が哀訴を吐き尽くすまでは止めないということから（一転して）、生き生きして意義豊かな現代の一九四九へと、生まれ変われるようにと希望する。もし一九四九が「（政治的な）事件」から「（文化的な）原型」へと向かい、台湾社会の象徴的な宇宙軸に変化する機会があれば、そうすれば、（禅における悟りのように）随時その音に耳を傾けることが必要である。それは苦難に満ちているが、また希望に満ちており、汚辱に満ちているが、また光明に満ちているのである。

三、跋語

茅盾はかつてゴーリキーが構想した『世界の一日』という書物に倣って、また『中国の一日』を編集した。一九三六年に茅盾は全国の民衆に向かって文章を求めたが、その内容は、投稿者に対して、五月二一日の一日、中国各地で人々それぞれが何をしたか、それぞれが自分の家、あるいは自分の故郷で、その一日何をしたかを書くように求めるというものであった。この独特の呼びかけは果たして極めて多くの原稿を集めて、茅盾はついに非常に特色ある書物を編集したが、予期に反してゴーリキーが構想した書物は現れなかったのである。茅盾のこの書の構想は最も薄い横断面をとおし、共時的な構造でもって、中国の人民の日常的な生活世界に切り込むというものであって、茅盾の構想はとても興味深く、彼自身は進んで話すことをせず社会に話させるというものだったが、社会は実を言って自分では表述できないのであって、従って社会の成員が自分で自分を語らなければならないのである。私が思うには、このような方式は、かなり長い時間の幅、たとえば一年間という時間のまとまりでこそ運用できるであろう。私が思うに、かなり長い時間の幅というのは、歴史に重要な転換点が発生した年にこそあるのであって、随時に抽出された年にあるのではない。もしそれを台湾の脈絡に置くという面から言えば、台湾史上、いくつかの重要な時間の幅があると思う。たとえば一六二四にはオランダ東印度会社が台湾に正式に足場を置き、一六六一には鄭成功が台湾に入り、一六八三には施琅が台湾を攻略し、一八九五には日本の統治が始まり、一九四五には台湾が光復し、一九四九には両岸がそれぞれ統治されたのである。自分個人としては、その中で最も重要なのは一六六一、一八九五、一九四九という三つの象徴的な年であって、この三つの数字が代表するのはいずれも政権転移という歴史の転換点である。私はこの三つの時点に対してすべて強い関心をもっており、もともとゴーリキーや茅盾のやり方に倣って、さながらに瓢箪を描き、当時の人々に当時の事を言わせ、かれら自らの証言を通して、この三つの時点の意義を体現しようと考えたのである。のみならず真実を残すために、私はまた実物を主にしたいと希望したが、というのも、一つに歴史の実感があるし、二つには芸術的味わいもあるからである。

わずかに上述の三つの時点で残されてきている文献は、多寡それぞれであり、種類もまたそれぞれであって、そのため、どう分けたら好いか、個別に考えざるをえないのである。一六六一は難度が頗る高い。言うまでもなく自筆の文書が求めにくく、たとい各方面の叙述をかき集めて一冊の書物にしようとしても、いずれも成し遂げられる見通しがつかないので、しばらくは論じない。一八九五年は台湾海峡の両岸と清日両国にわたれば、甲午戦争と乙未の台湾割譲とを描写した詩文は少なくなく、したがって一八九五の人間が一八九五の事を述べた書物を編集しようとすれば、筆者の考えでは、自筆書簡、詩歌、錦絵、書画の作品を主とするのである。一九四九は現在からさほど隔たっておらず、文物も少なくない上、その解釈権はあまり壟断されていない。一九四九という数字の意味は当然ながらこの年の一二月八日に国民政府が台湾遷移を宣布して、海峡両岸が分割統治されることになったこの事件を指しているが、しかし両岸の分割統治という構造は歴史的過程の産物であり、その構造はある一年という年で包み込めるものではない。私が考えるに、その端緒は国府と中共との内戦に始まり一九五五に国府軍が大陸から大撤退したことで終わり、両岸の分割統治の形勢はそうして定まったのである。したがって文物に関する時点となれば、一九四九を中心として、上下四年とすべきである。一九四九の部分では、自筆書簡に限ろうと思ったのは、自筆書簡の真実性が最も覆われにくいからである。

私は一九四九年の自筆書簡を通して一つの大いなる時代の変遷を見証したいと希望しているが、この思いを抱いてからしばらくなる。二〇〇九年は台湾海峡両岸が分割統治されてから干支一巡の年であるが、台湾ではこれを記念する一連の活動があり、龍応台の『大江大海』と斉邦媛先生の『巨流河』の両書がもっとも注目された。私も自分の力量を省みず、国立歴史博物館と共同して「１９４９——新台湾の誕生展」を行った。もともと

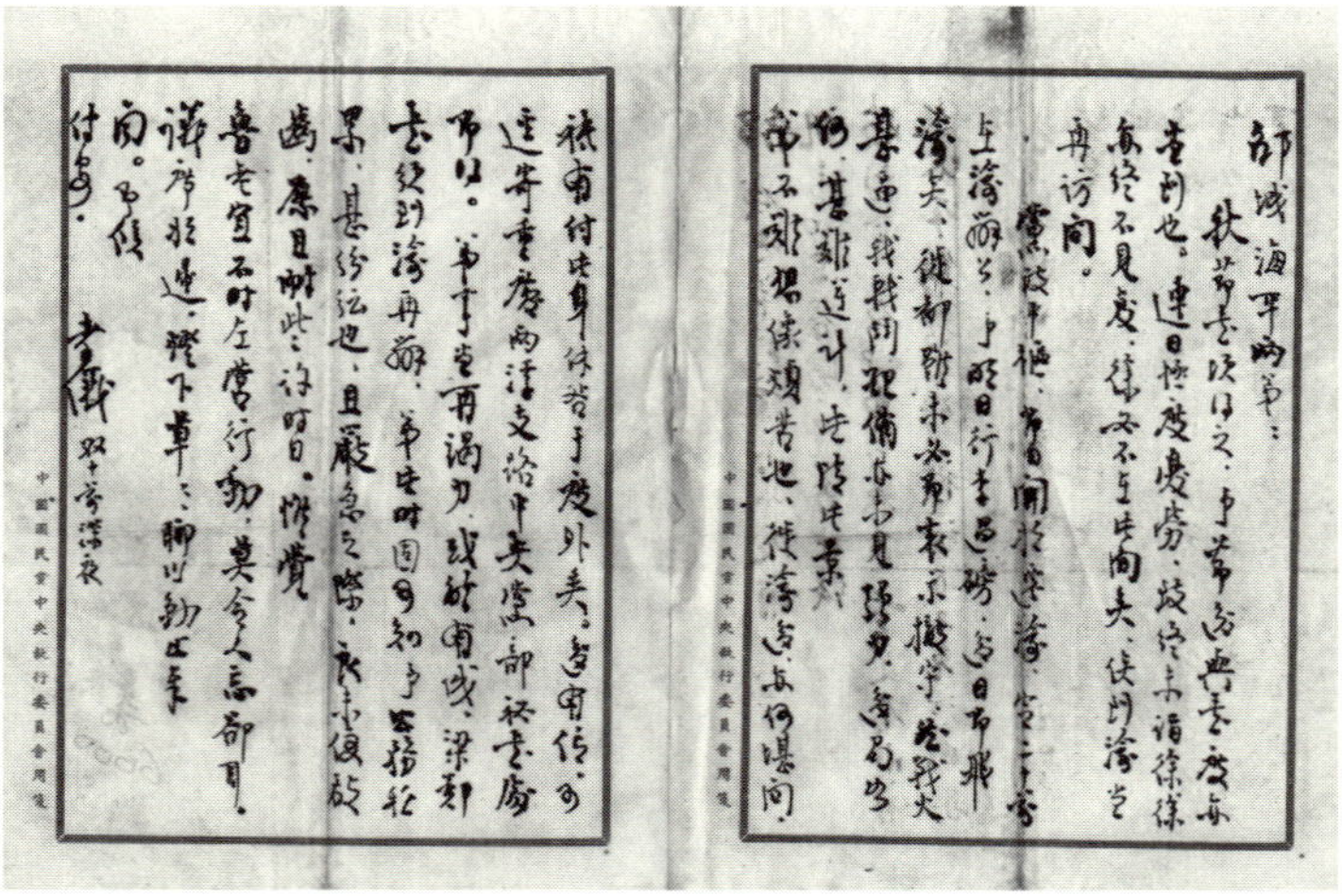

これは前故宮博物院院長秦孝儀が 1949年の双十節の前に友人に書いた手紙である。その時国民政府はまさに広州から再度重慶へ遷都しようとしており、秦孝儀は「この情景は……どうにも尋ねられない。ただこの身に寄せて吉凶を度外におくだけだ！」と嘆いているが、その二ヶ月後、国民政府は海を渡って台湾に遷ったのである。

『1949が1949を語る』というこの書物を同時に出版しようと思ったのだが、しかし著作権問題にひっかかり、出版社の引き継ぎがきわめて難しかった。二年経って、清華大学側が、間もなく文物館ができるし、（そうなれば）私の収蔵品もその後は、当然私の手から離れてしまい、簡単には見るのが難しくなるので、今こそ実施しなければならないということで、そこでまた先ずは「私家版」の書物を編集して教材用とするのを決定した。でなければ三歩歩いては一度うろうろし、五歩歩いては一度躊躇するという次第で、（時が経てば）この書の意義も剥ぎ落とされてしまう。どのみち他日実が熟して自然に落果し、諸縁が成熟するのを待って、あらためて正式に出版すると考えても遅くはない。こうして私はこの書を印行すると決めて、また序言を書き上げた後に、私は二年前にすでに序言を書いていたことを思い出した。時間は今からさほど隔たっていないのに、つまりは書いては忘れてしまっており、記憶の乱れはこのようであって、なんとも情けないことである。二つの序言は同じ調子の異なる曲であり、主軸は変わっておらず、本来、どちらか一つを選べばそれで可いのであるが、しかし人間は値打ちのないものでも自分が造ったとなれば大切にする嫌いがあり、あれこれと見渡し、再三ためらって、やはり棄てきれない、という次第で二つの序言が併存することになった。本書は著作と言うほどのものではなく、また著作とすべきものではなく、それはむしろ苦難の時代に苦難を受けた人民に対する弔問であり、また大きな起伏があり大きな悲喜があり、哀楽がこもごも生じた時代に対する証言である。私は古本屋や骨董屋や古切手屋や競売屋からこれらの自筆書簡を蒐集し、歴史の旧跡を借りて舞台を仕立て、往時の当事者の遊魂が生き返り、姿を現して話をするようにした。この虚構の舞台では、王侯将相も一般大衆も、発言は平等である。これら往時の当事者達は今日すでにその大半が大空へ飛び去ってしまった同時代の受難者達に説き聞かせようとするだろうし、また未来の世々代々の子々孫々に説き聞かせようとするであろう。

（この一文は私家版『1949説1949』の序一、序二と跋語であるが、私人の書簡を用いることの著作権問題のため、短期間のうちに出版するのが困難である。）

Ⅱ

1949と民国の学術

民国の学術は学術遺産ではなく、生き生きと作用を発揮している資産であり、中華民国の学術はまさしく民国の学術である。

「民国学術」という言葉は、「中華民国」の成立の上に根拠をもっている。これは民国元年に商務印書館が作成した開国三傑の葉書である。

1949の大分裂と新たなる漢華人文知識の再編成

一、ゲシュタルト的視座への転向

現代の哲学者馮友蘭（一八九五〜一九九〇）は晩年にその一生の学問思索の歴程を反省した時、感嘆して「もし道術がなんども変遷していることに驚いたなら、どうぞ興亡の中に尋ねてください（若驚道術多変遷、請向興亡事裡尋）」と言っている。こうした言葉は個人が歴史の実際の中で選択している責任をかなり意図的にぼやかしているが、しかし詩の中に含み込まれている政治が文化を主導するという現象は回避しようもない重要課題である。近代中国の歴史の転換はきわめて激烈で、学術文化の進行過程は常に自分ではどうにもならず政治とともに転回し、甚だしい場合、史実の解釈さえも知らぬ間に政治的要求の強烈な牽引を受けたのであり、「一九四九」[註]の意義もまた同様である。

（註）この年数表記は象徴的意味合いを示し、それは必ずしも一九四九年の年だけに限らず、前後数年間移動し得るのであり、主には大遷移の事件を意味する。従って、本文で時に一九四九と表記するのは、「一九四九年」というきっちり特定した時代を呼称するのではない。

筆者の考えでは、私たちがもし民国百年（二〇一一）における台湾の人文学術を了解しようと思うなら、（今から）一干支以前の一九四九におけるこの関鍵的な事件を回顧しないわけにはいかない。私は二〇一一年における台湾の人文学術の発展が理想に富んでいると考えてはいないが、しかし、それは台湾のこの四百年来発展してきた最良の段階であると信じないわけにはいかない。私もまた一九四九年が台湾の歴史上きわめて暗黒であったことの象徴的な年であり、一九四九というこの数字が結局人々に口を開かせず、言おうとして止めてしまわせることを否定しないが、しかし同じように、私は常識からあまりに離れてしまうこともできないのである。私は一九四九が目には見えないが確かに存在する年、台湾四百年の歴史において文化の発展において最も大きな貢献をし

1955年の大陳島（浙江省沿海の島）からの撤退は1949年からの渡海事件の最後の一波で、以後両岸関係は基本的に平穏化した。この写真は台湾にやって来た大陳島の義胞が台北市街を練り歩く盛況を撮ったものである。

た年であると深く確信している。

一九四九は台湾の四百年の歴史の中できわめて重要な分水嶺であるが、この年はほぼ二〇世紀を両分している。一九四九年以前の台湾は、その独特の文化的相貌は少しもはっきりしておらず、オランダ領と日本統治の時期には、台湾は異民族の植民地体制の一環であったし、（その中間の）清領の時期には、台湾は別の異民族に従属してはいたものの、しかし類としては中華勢力の範囲に帰属していた。ただし明代鄭氏の時期の二十三年間と（一九四五年の）光復後から一九四九年（の中華民国の遷台）までの歴史段階では台湾はようやく同族が統治する国家に所属したが、しかしその時期の台湾の政治主体の性格は強くなかった。一九四九年になると台湾政治の属性にようやく質的に巨大な変化が生まれたが、筆者の見るところ、最も関鍵的な要素は中華民国と台湾との一体化にある。中華民国と台湾との一体化があればこそ、もともと台湾社会に埋もれていた新漢華文化（註）の要素が文化接触の融合過程を通して、ようやく合理的な表現形式を捜し出したのである。合理的な表現形式があればこそ、台湾はようやく徐々にはっきりとした文化的相貌を育み出したのである。

台湾と「中華民国」との関係は決して自明のものではなく、両者の交渉はむしろ険阻で長遠な道のりである。台湾が誕生した時、そこには「中華民国」の面など見えなかったし、「中華民国」が誕生した

（註）筆者は現在の台湾の華人文化は漢文化の基礎の上に生長したものであると考えており、そこで「漢華文化」と称している。

時、海峡を隔てて台湾と向き合っていたのである。両者は後に関連を持つようになるが、その関鍵は日本が第二次大戦で敗北し、台湾が中国に返却されたことにある。一九四五年に日本が（連合国に対して無条件で）投降してから一九四九年に国府が台湾に遷ってくる迄の期間、台湾は一般の認知と実質とが連動する中で、すべて中華民国の名のもとに隷属していたが、一九四九年の歳末から後、この両者の関係には変化が生まれたのであり、この変化は構造的な改変である。もともと「中華民国」の実質的内容である大陸の土地と大部分の人民とは（ことの実態について）なにも見なかったのであるが、それは敗残の将兵や遺老や難民を伴って台湾に撤退して来たのであり、台湾の見方からすれば、また中華民国は台湾という島の名に付属すると言えるのである。

聴くところでは、国民党外の老議員郭国基はかつて中華民国政府に気取られぬように「日本敗戦後、台湾は祖国の懐に回帰したが、大陸がひとたび失われた後、祖国は台湾の懐に逃げてきたのだ」と言ったと云う。(註)一九四五年に台湾が光復してから一九四九年の歳末までのほんの短い四年間、台湾と祖国中国とは相互に「懐抱」の関係にあったのである。

台湾が祖国の懐に投げかけた最初の案件には当然ながらきわめて重要な意味がある。ただ（日本が連合国に対して無条件降伏し）戦争が終息したことで、日本は台湾統治を止め台湾は中国に回帰したのだ

（註）陳錦昌の『蔣中正遷台記』（台北・・向陽文化公司、二〇〇五）一九〇頁を参照。元来の出所は不詳。しかし郭国基が「大砲」という雅号を獲たこととその性格とからすると、彼はきっとこうした話をしたであろう。

が、その後にはじめて中国と台湾との間の複雑な感情が出てきたのである。しかしさらに重要で的を射ているのは次ぎに生じた反対方向の思いである。というのは、祖国が台湾の懐に逃げてきてから以後は、政治的意味での中華民国は台湾へと縮小してしまい、干支が一巡した年月の試練を経て、もともとの「台湾」の内容と「中華民国」とは一体となったからである。一九四九年の台湾史、甚だしくは中国近現代史におけるもっとも関鍵的意味は、まさに中華民国と台湾との一体化であり、この一体化は「国家」の内容を台湾の歴史の過程に持ち込んだのであり、その後の台湾の幸運も不幸もみなこうした心の琴線をめぐって展開するのである。

　現代台湾の人文学術に影響している最重要の主軸も一九四九という歴史の紅い線であり、もし一九四九が台湾政治史の脈絡において論争に充ち満ちた符号であって、民主と権威、急激な進歩と保守、現代と封建、核心と辺縁などといった二元対立の概念をみなこの中からその端緒を探し出すことが出来るならば、人文学術の発展もまた例外ではない。しかしここで考えられることは、こうした是非、禍福をあわせもった構造の中で、文化発展の観点から見れば、正面の価値は負面の価値をはるかに超えて影響しているのである。筆者が信ずるところ、二〇世紀後半から目前の二一世紀まで、台湾における人文学術の発展は突発的であり、それは確かにまだ青臭く発育不全で、あるべき高みからはなお隔たっているが、しかしそれが得た成果は既に清朝領有の時代、日本統治の時代、甚だしくは四百年来のいかなる時期に企てられ得た成果をもはるかに超え出ているのである。関鍵となる原因は一九四九にあり、一九四九とは、台湾の外から持ってきた事件だと言えるし、一九四九に台湾に来た政権も外来の政権[註]であるが、だが、この外来政権が伴ってきた外来の事件こそがかえって台湾社会の最も内在的な動力を誘発したのである。

表層の多くの政治的事件の激烈な衝撃に随伴して、台湾社会の内部は、かえって半分は能動的に半分は受動的に、有史以来の最も重要な文化的整合を遂げたのであり、これは一つの静謐な革命であり、台湾内の元来の文化と外部の大陸文化という二つの文化の激流が有機体としての一つのまとまりを合成したのであり、外来と台湾本来という概念は原初から分裂しているという意味合いを次第に失っていったのである。静謐なる革命の成果はついには台湾の迂回し緩慢に進んでいた人文学術研究の本質を止揚したのである。

一九四九の台湾の人文学術に対する重要性はきわめてはっきりしているが、しかしこれほど明瞭なことが結局合理的な評価を得ていないことの、その主要な原因は、人文学術の観点が一九四九の数多の史観の中にその席を得ていないことであり、つまり台湾社会に何度も発生した出来事と同様に、人文はそれぞれの場合にみな失語症にかかり、いつも拉致されていたのである。台湾の人文精神を拉致した最大の現行犯は二人で、一人は科学技術の理性であり、もう一人は政治意識の形態である。前者の理性化はこれまでの党派、人脈、金銭、階級などからの影響を人文学術圏からしだいに失わせてきているが、し

（註）「外来政権」説はかつて島内の政治圏内、とりわけ国民党内部に驚天動地の波紋を巻き起こしたが、「台湾は一九四九年当時は中華民国の一省である」という観点から見ると、政府が台湾に遷移したのは内部での空間的移動に過ぎず、「外来」という問題はない。しかし台湾内部からの観点、或いは事後に遡及される台湾の主権独立という観点から見ると、一九四九年に台湾に来た国民政府はもとより外来政権である。

かしまた意義、価値、使命、正義といった古典的概念を学校内から日増しに衰退させ、近い将来、萎んだ花にしてしまうであろう。ウェーバー（一八六四～一九二〇）の（『プロテスタンチズムの倫理と資本主義の精神』第二章二「禁欲と資本主義精神」に見える）論理的な逆説である「鉄の籠」の喩えが、台湾社会では徹底して体現されたのである。もう一つの拉致犯人である政治意識の形態は、一方ではもともと抑圧されていた声についに発声管を具えさせたけれども、しかしあるべき多くの重奏和声を分裂させ、それぞれの単音独唱に変えてしまったのである。台湾住民の歴史的経験は相当に複雑で、政治意識の形態がばらばらになるのは必然であって、またそうであればこそ、多元的な人文精神の関わりが一層必要なのである。そうでなければ、一旦人文精神が拉致されてしまった後には、一九四九は完全に政治的符号と化してしまい、それはただ各種の政治史観を大声で宣伝する拡声器になってしまうであろう。

私たちは一時政治に焦点を合わせた眼鏡を外し、躊躇せずに、事件の核心的意味から考えることに焦点を転じてみようではないか。ゲシュタルト（全体性的）心理学では人の認知は統合的であり、両眼の焦点と視野の背景とは分割できない統体であるが、もし私たちの視座の重心に転向があれば、またポランニーが言う「焦点意識」あるいは「支援意識」に調整があれば、私たちが見る景象にはきっと大きな相違が出てくるのである。私の信ずるところ、私たちがもし一九四九を更に大きな歴史的背景、すなわち過去に遡っては明末鄭成功以降の台湾史伝承の脈絡に、降っては民国が海を渡ってきてから干支一巡後の発展、という中にはめ込み、同時にまた一九四九を多元的視野の中に置き、私たちの眼光を歴史の長大なる流れに浮かぶ一連の政治的事件の中から暫し移して、事件の構造を構成する知識力、生活方式、文化財の象徴へと転ずるならば、結果はきっと相当に異なってくるはずである。筆者が信ずるところ、別の一種の一九四九には主流の論述を覆してその身上を強化する形象の力が具わっているのであり、一九四九は（これまで大多数が抱いてきた常識的理解から）解放されるのを求めているのである。

一旦それが解放されれば、私たちは台湾がどれほど幸運であったかを発見するであろう。偉大な事件（が本来持っていた意義）はつまりは百年に一見することも難しいことだったのであり、それがひらりとやって来たとき、その様相はその折り、見てもはっきりとは見えなかったのである。しかし時の流れに随って洗い流すにつれ、その様相はしだいにはっきりとしてきたのであって、一九四九とはつまりこのような事件なのである。それは文化的意味の上で、連接器や変圧器を一身の中枢に結合するという役割を演じ、それは東アジア史上ほとんど目にしえないほど大規模な文化的人材と文化的資材とを大陸から島嶼に引き入れるということに借りて、清朝領有の前近代と日本統治の準近代という段階と第二次大戦後の現代と後現代という段階との二筋の歴史段階を通じさせるトンネルとなったのであって、それは潜在していた漢文化の能力を爆発的に引き出すことになり、また「中華民国」の形式でもって、四百年来の伝統的文化人グループがもつ精神が外に現れ出てくる様式を明らかに現したのである。一九四九は数多の零細な可能性を融合して生き生きとした現実にしたのであり、一九四九の意味は一九四九年以後の脈絡においてこそはじめて明らかにされるであろうし、その後干支が一巡した民国百年こそは深思熟考すべき絶好の時点なのである。一九四九の他の領域での成否を公平に評価することは容易ではないが、しかし人文学術の領域ではこれ以外の評価を得るのはきわめて難しいであろう。

二、二種の意識の牽引

私たちは現在一九四九を論ずるに当たって、往々、それは台湾には外在のものであるのに、台湾の歴史の過程を妨害した事件であるのは、「中国」の要素が介入しているからであると見るのであるが、これは一つの観点である。しかし私たちがもし歴史の現場をもう少し移してみる、それほど遠くする必要はなく、（一九四九の）四年ほど前、つまり台湾が光復した一九四五年に移してみると、完全に違った景象を見るはずである。私たちが現在目にする文献的材料はほとんど当時の台湾人民が中国に戻ることに対して狂わんばかりの喜びに満ちており、国際社会が、台湾の中国における関係に対しても、法理上どんな論争があるにせよ、また質疑を提出することはきわめて少なかったことを一方的に明らかにしているのであり、事実、米国が一九四九年に中華民国を放棄しようとした時、「台湾の地位は未定であるという論」ではなく、「台湾の地位はすでに定まっているという論」こそが最も好い口実だったのである。(註)

（註）一九五〇年一月、米国が台湾を放棄することを決定した時、国務長官のアチソンは対華関係についての談話を発表した。その中に、「中国が台湾を管理してすでに四年も経っている。米国或いはその他の連盟国は該項の権利と該項の占領に対してまだ疑問を起こしていない。台湾が中国の一省と改まる時に、法律上の疑問を発する人はいない。皆がそれは合法的だと認めているからである」と言っている。したがって米国は軍事的に台湾に関与できるはずは無く、また中華民国に対する軍事援助を提供できるはずが無い。「台湾の地位は未定であるという論」の説に至っては別に脈絡がある。両説にはみな国際政治から考えるべきところがあり、ここでは細論しない。

台湾人民はなぜこんなに熱烈に光復節を祝ったのであろうか、私たちはためらわずに有史以来最初の光復節の祝典に立ち戻ることにしよう。当時台北の中山堂の式台で台湾大学の文学院院長代理の林茂生博士は情熱溢れた言葉でもって、全台湾の民衆に向かって光復後の歴史的意義を宣揚し、最後にせきこむように「光復はなお成功していない」と（「革命いまだ成らず」と言った中華民国初代総統の孫文の言葉をなぞって）言ったが、かれが言う「光復」には特別の意味が含まれている。同じ日に刊行された雑誌の『前鋒』に林茂生はさらに詳しくこの言葉を説明している。彼は「光復」の意味は三点で大いに明らかになっており、一つ目は、自己が人であること、自然の人であることが明らかになっていること、二つ目は、社会が明らかになっており、光復後にようやく社会正義、社会のあるべきモデルがそなわったものが明らかになっていること、第三は、必ずや最も重要なことであろうが、まさしく国家が明らかになることだとし、「今やまた我が父祖五千年来の国家に復したのであり、明朝を存続させ清朝に抵抗するという鄭成功の国家に復したのである。四億の同胞と心を同じくし徳を同じくし、歴史を同一にし、法制を同一にし、言語を同一にし、伝統を同一にする真の国家こそ、これまた私がこれより後、鞠躬尽粋、努力して仕える真の国家なのである」と言っている。林茂生の話に含まれる情熱は一九四五年の国慶節での話だけに見受けられる特例ではなく、一般民衆に共通の基調であり、公や私のいずれでも、詩や文のいずれでも、類似の声調は反復して響き渡ったのである。しかし、筆者が考えるに、これらの声の中で、林茂生の認識がとりわけ明瞭で、こうした基調は改めて分析する必要がある。

一九四五年の光復節とその後の各節日の祝典は、ある強烈な情緒が台湾の上空に充ち満ちたことを明示しており、人々はみな（覆いかくそうにも）覆いがたい雰囲気の中に浸り、一般的にはみなこれは「祖国への思い」だと信じたのであり、当時の多くの人の証言もみな祖国へ再び返るという情緒が確かに止めようもない勢いであったことを明示している。葉栄鐘先生は光復初期の台湾人の熱狂的な祖国熱はある一つの政党、ある一人の人間の為のものではなく、「この熱情が祈求するのは血が源へ立ち帰る流れであり、五千年の歴史と文化の源への帰還である（註）」とした。

呉新栄は、その日記にまた、かれが後世の子孫に残す祖譜を作ったことを記しているが、中を二部に分け、第一部は「国祖」を記すもので、黄帝以下、各朝の始祖についてであり、第二部は家系、及び開基の始祖以下九代の系図等々を分けて記している。こうした熱狂的な祖国熱とかつての日本統治時代の植民地化現象とは今日から見れば、恍惚たる一場の夢のようであり、甚だしくはいささかの異国情緒であるが、しかしかえって台湾という土地に起こったなんとも劇的な本当の歴史経験なのである。この歴史経験を避けてしまえば、私たちはこの経験の価値を無にしてしまう。逆に私たちがもし一九四五の光復の現象を正視し、またこの現象を日本統治期の歴史の脈絡のもとで考察するなら、私たちはきわめて有意義な歴史的発展の筋道を探し出すことができるであろう。黄煌雄は蔣渭水を検討した著作（註）の中で、

（註）この言葉は『小屋大車集』に見える。葉栄鐘先生は好んで「血」の隠喩を用いており、彼も、祖国への感情はまさしく「血の同盟」であると言ったことがある。

（註）『蔣渭水伝――台湾的先知先覚者』（台北：前衛出版社、一九九二）一九八～二〇二頁。

日本統治期の台湾社会には二つの強烈な意識があったことを提示している。

一つは台湾意識であり、もう一つは漢族意識あるいは漢文化意識である。みずから蔣渭水研究の民間学者であり、また、（国民）党に反対する政治人物であるという二重の身分について、黄煌雄はこの二重の意識の比重あるいは関係がどうであるかについてもとより解説しており、その解説の当否はしばらく措くとして、しかし、彼が指摘する個人におけるこうした二筋の線は確かに存在するのであって、一般の人が日本統治時代の台湾人の著作を読むとき、当然のようにこうした印象を受けるであろう。台湾意識は共同体の意識であるが、台湾住民会が全台湾規模の共同体意識を形成したのは相当に遅く、台湾意識とはまさに現代民族主義の萌芽のようなもので、恐らくすべては現代国家という仕組みの中で、共同の教育、発達した印刷術、盛行するメディアなどの種々の作用に支えられて、始めて強くなってきたものである。（註）

清が領治していた時期、社会が相互に作動する主軸は台湾意識ではなく、規模のやや小さい地方意識であって、こうした区別作用が極めて強い地方意識は、不意に現れる「分類械闘」の現象に反映しており、閩南と客家との間、漳州と泉州との間での集団的械闘は台湾の移民社会が数年を隔てては起こすと

（註）アンダーソン『想像的共同体』にこの説がある。ベネディクト・アンダーソン（Benedict Richard O'Gorman Anderson）著。呉叡人訳『想像的共同体――民族主義的起源与散布』（台北・時報文化公司、二〇一〇）四五～九一頁。

いった芝居である。統計に拠れば、乾隆三十三年の一七六八年から咸豊十年の一八六〇年までの九十三年間にほとんど三年に一度、かなりの規模の分類械闘があったのである。分類械闘の「分類」とは、宗教や文化、あるいは現代的意味での国家、民族を標準とするものではなく、さらに小さい地方的単位を依り所にするものである。「分類械闘」は台湾の共同意識を量る目盛りとすることができるので、この現象が流行する時、台湾社会は基本上、顕かな台湾意識は浮かび上がってこず、台湾住民は一つのただ個人としての共感を抱くだけの移民、社群という雰囲気の下で、一緒に凝集していただけである。一八六〇年以後、台湾社会にはもはや顕かな分類械闘の現象は現れていないが、私たちはこれによって、台湾意識はこの時期にはすでに隠然として形成されていたが、新興の資本主義強国である日本が台湾を統治した後に（その差別的統治政策を推進したことが原因と）なって、台湾人の台湾共同体意識がようやく一層強化したのだと、合理的に認定できるであろう。

もし共同体の台湾意識が、遅れて一九世紀後半になって現れたとすれば、漢文化意識は早くも鄭成功が台湾に進入した時にはすでにあったのであり、「清朝に反抗し明朝に復帰する（反清復明）」というのは台湾の漢人社会に始終潜伏し続けた激情の要素である。しかし台湾意識が日本の統治を原因として強化したように、漢文化意識も日本の統治を原因として強化した。しかし統治者の軍隊と経済とによる二重の管制という圧迫の下で、日本から外れた我が族という意識が光明正大に発展することはきわめて困難であったが、この時、漢文化意識は非常に迅速にまた非常に容易にその位置に取って代わったのである。言語、漢字、詩社、祖先崇拝など、これらはみな漢文化の表現であり、しかし同時にまた台湾意識の表れでもあると見なされたのである。甚だしくは弁髪といった装飾、それはただに台湾人と日本人とを区別できる外見だという理由だけで、大詩人洪棄生さえもがそれを漢文化の象徴としての地位にまで引き上げたのである。弁髪というもともと満洲人に来源する身体様式が、日本統治期には堂々と転化して漢文化の象徴にされた(註)のである。

これは明らかに特殊な例であり、共に好くなければ、よりましな方を取るという考えである。正常な状況の下では、台湾人の要求は、当然ながら「満清」という統治王朝をとうに超え出てしまっているべきだろう。呉濁流は日本統治時代の台湾人の郷土愛、祖国愛を持ち出しているが、この祖国愛が愛するものは絶対に清朝ではない。しかしまた特定の対象をもちにくいものである。かれらはただ「漢民族は必ずや復興し自己の国家を建設しなければならない。老人達はたとい夢の中でも天下に満ちわたる漢軍

(註) 張深切は彼の年少時に弁髪を剪った経験を次のように描写している。「髪を剃らなければならなくなった時、私たち一家は皆声を上げて泣いた。祖先の神位の前で慟哭流涕し、子孫の不肖をとことん懺悔したが、懺悔しきれない気持ちであった。今日、頭を剃って日本の教育を受け、仮に日本国民になるが、しかし願わくは、将来日本の鬼どもを追い出したら、また髪を蓄えて祖国の霊に報じたいものである。跪いて礼拝した後、跪いたまま髪を剪るのを待ったが、母がどうしてもできないでいると、やはり父がやや勇敢に、心を決め、歯を食いしばって、私の弁髪をつかみ挙げ、力を込め、すぱっと剪ってしまった。私は頭が軽くなった感じがして、弁髪がもう頭から離れてしまったことが分かり、わっと声を上げて泣き、父母を亡ったようにひどく泣いた」。陳芳明等編『張深切全集』(台北:文経社、一九九八)巻一、八四頁参照。

がきっとやって来て台湾を解放し救済してくれると堅く信じている。台湾人の心底には、「漢」という麗しくかつ偉大な祖国が存在している」(註)と信じているのである。漢文化の生活様式は既にわが民族の自己凝集であり、また自他を区別するもっとも便利な参照点なのである。

もし台湾意識の本質が一個の政治的概念であり、漢文化意識が一個の文化的概念であれば、日本統治時代、この二種の概念は一緒になっていたのである。一九四五年に台湾が光復したことは、もともと二種の意識であったものが調整されて発展する一つの好機であった。林茂生の当時の確かな言葉に依れば、台湾は明の鄭成功の一六六一年から日本植民地帝国が崩壊した一九四五年までの間の三百年間、台湾人民が過ごしてきたのは一つの自然人がもつべき真正なる社会、真正なる国家の生活ではなかったのであり、日本と満清の統治のいずれもは軽重の不同はありながら台湾人民の発展からかけ離れた軌道だったのである。一九四五年に日本が投降すると、当時の中国は既に二重の外族、すなわち満清統治と日帝の侵入という圧迫から脱して、主権が独立した一つの国家であったから、光復後の台湾人民はそこで同族の国家に加入し、中国の国民になったのであり、したがってそれは同時に三、四百年来の歴史発展の矛盾を解決して、台湾人民の文化的同一性と国家的同一性との複雑なもつれは光復の刹那にすべて解消したのである。台湾の地位は中国の（一つの行政区である）行、省のようであり、台湾文化は一つのよく知られ且つ見知らぬ中国文化の脈絡のもとに置かれて、平行して発展できたのである。私たちが現在、台

（註）呉濁流『無花果』（台北・草根出版社、二〇〇一）七頁。

湾の光復、甚だしくは「光復」という言葉を喜ぶと喜ばぬとにかかわらず、しかし当時の台湾人は光復したことをとても大事にしていたのであり、それは光復が台湾人の三百年以上に及ぶ歴史発展の矛盾を解決するからだ、といったことは事実なのであって、林茂生が説く人の本質の回復としての「自然人」という概念はこうした背景のもとでの産物なのである。

しかしながら、歴史は決してこのように平坦順調には進まなかったのであって、その歩みはひどく曲折を繰り返したのである。歴史の理性は、政治的中国、それは直接的に漢文化を嫡伝するという容貌をもって出現したのであるが、それに台湾を従属させようとは思わなかったようである。戦後、紅色の祖国と白色の祖国とが真正面から引き裂かれたために、台湾の為政者は施政に妥当性を欠き、二年後には早晩きっと起こったであろう二二八事件をついに爆発させ、台湾意識と漢文化意識という二つの意識の発展方向にとうとう激烈な転換を引き起こしたのである。彭明敏は、彼の父親の彭清靠が二二八事変の時、談判の代表となったことで、結局当局側から陵辱を受け、帰宅後に、傷心のあまり「我が身が華人の血統を受けていることが恥ずかしい、子孫は外国人と結婚して、ずっと後々まで自分が華人だと称することが出来なくなるように」と述べたと描写している。(註)

彭清靠の話はきわめて代表的なものである。血統こそ生来具えている標記であり、一般民衆からすれば、それはきわめて容易に同一性を認めうる地標である。陵辱を受けた者がこうした最深部の記号であ

(註) 彭明敏『自由的滋味——彭明敏回憶録』(台北・彭明敏文教基金会、一九九五) 七七頁.

る血統すらも抹殺しようと考えたほど、当時におけるかなりの数の台湾人の同一性認識には急激な変化が発生していたのであり、「中国意識」はすでに「台湾意識」の対立面と見なされているのである。

一九四五年から一九四七年にいたるまで、台湾人の精神構造は大きな傷を受けて、容易には癒しがたい傷跡を残したのであるが、二年後の年末、国府は台北に遷都することを宣布し、続いて、国府は中国という体制の政府として台湾を統治したのであった。その後、戒厳令と臨時の争乱平定条項などの規則違反の措置があれこれと台湾の島に建てられたのである。かくして台湾意識は一種の中国意識と対立する存在としてさらに明らかになっていき、この時、それは二重構造をとった中華覇権体制の下で成長したのであり、上述の一九四九年以後に国府が伴っ

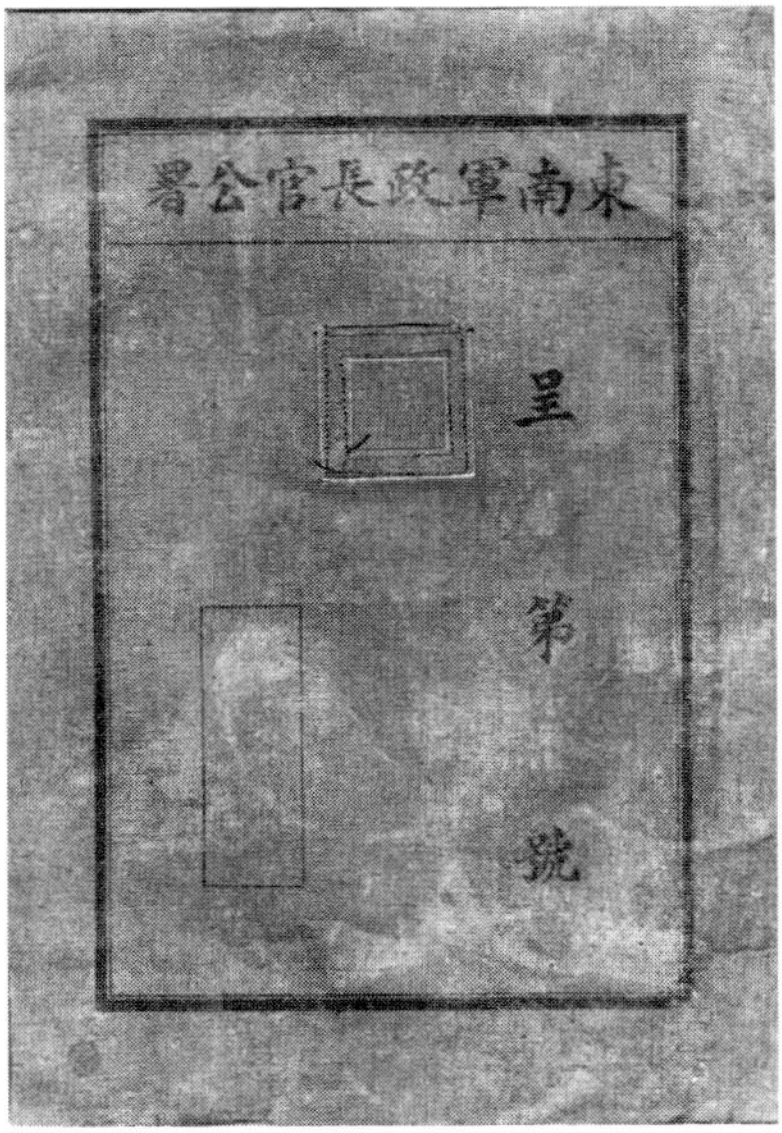

1949年、国民政府が大陸から撤退し台湾に来たとき、東南沿海部はなお少なからざる島々を占有していて、国民政府は「東南軍政長官公署」を特設して経営していた。写真は公署の公の書類ばさみ。

てきた中華民国体制の国家構造と現実の台湾との落差が生みだした不平等構造が一つと、もう一つの別の構造としては、全体の台湾人民が「中華人民共和国」に対して台湾を（是が非でも）解放しようとしているという恐怖感を抱いたことである。この二重構造は歴史的に確認できる根拠があり、第一の構造では、台湾住民は憲法が賦与している多くの権利を喪失して、政治への参与と公務機構方面でも差別を顕かに受けたのである。第二の構造では、本来の中共の社会主義の理想には崇高なところが多くあったのだが、しかし建国が始まるとスターリン式の専制社会主義へと歩み出して、伝統文化は常に悪行をなす重大な犯罪とされて厳重な鞭打ち刑を受けたし、中共が進めている社会主義政策は、まだ政権を掌握していなかった時には明らかに承諾していた「民主と開放と」にもはや見向きもしなかったのであって、台湾人が抱いた恐怖には道理があったのである。中国に対する二種の恐怖に挟まれて、台湾意識はしだいに一種新たなる内容を得たのである。台湾意識はもともと異族である日本の外来政権が統治する中で形成されたのであるが、現在はまた大陸から渡来した同族の外来政権による統治の中で「独立自主」の目標を捜し出したのである。

三、国家という感覚の到来

一九四七年から一九四九年まで、台湾意識と漢文化意識との発展には引っかかるところが無くなっていたのであるが、政治の残酷な本質によって、さらにまたあれほど生き生きとした現実の生存問題においてはなおさらのこと、「中国意識」に対する「台湾意識」が日々に具体化していったのであって、政治の残酷な本質と現実の生存問題というこの線からの影響はきわめて巨大なのである。

しかしもし私たちが目を転じて漢文化の発展という角度から見るならば、一九四九の発展には別に線があり、こうした意義は台湾の歴史の内部の要求から出てくるものである。「漢人は漢人精神を代表する文化をもちたい」という感情、そしてまた伝統が説く一種の文化意義をもった「夷夏の区別」は、夙に明末鄭成功時期に台湾社会に深く根付いていたのである。日本統治時代、日本人の顕著な植民帝国主義と民族蔑視という二重の圧迫によって、台湾人の漢文化への渇望はいよいよ明らかになったのである。日本人は広義からすれば、また漢人とともに漢人の文化的伝統を享受しており、こうした共に漢文化を享受するということはその統治に多少有利であって、私たちは、日本人の統治集団がよく台湾人の文化活動、すなわち詩会や孔子の祭礼などに参与したことによって、その一斑を見ることが出来る。しかし、根本から言えば、民族と経済との二重の矛盾の根本的性質がそうさせたのであって、台湾社会の実質的内容と台湾を統治する政治形式とは衝突しないわけにはいかなかったのであり、これが林茂生に「まがいものの社会」という説がある理由なのである。

もし学術の基礎という文化的風土から考えて、日本時代の統治と台湾社会との間に根本的な矛盾があったとするなら、台湾の現代的学術の始まりとなる学術機構の面において、日本統治時期の体制には相当大きな制約があったのである。日本人は台湾を治めるに当たり、台湾を日本帝国の永久的領土とする計画を立て、そのためにその統治は相当意を用いたのだといえる。知識は現代化を推し進める動力であり、資本主義体系は不断に運転する運転手を需めるのであって、そのため日本人は台湾の教育に多くの投資をしたのである。基礎教育の面では、日本統治期に、台湾人の識字率は周辺の多くの国家にくらべて明らかに突出していたし、高等教育の面では、日本人は（各地に多くの専門学校を立てたばかりでなく、台北に）台北帝国大学を設立したが、これまたきわめて意を用いたのである。台北帝大の機構と施設とは現代の大学たるに恥じないものであった。しかしながら、私たちがもし人文学科、とりわけ漢人精神を最もよく体現しうる漢学の角度から言えば、台北帝大は明らかに不十分であったのである。日本統治時代の台北帝大文政学部の規模は決して大きくなかった。私たちはもし昭和十五年（一九四〇）を例とすれば、その文政学部は二十五講座に過ぎず、その中の教師は大部分が日本人であり、学生の中、日本人は八十二名、台湾人は五名である。一九四四年、すなわち光復前夜になっても、文政学部には日本人は百六十六名、台湾人は三名である。日本と台湾の教師と学生の人数は多くないのに、多くない数の中で、日本籍と台湾籍との学生比率はより隔たっており、しかもかれらの得意とするところと漢学とが関わる比率はまことに少ないのである。非帝大系の職業技術学校、例えば台南高等工業学校（成功大学の前身）あるいは総督府農林専門学校（中興大学の前身）など、その人文領域の研究は基本的に粗略でよかったのである。台湾の光復後、傅斯年が台湾大学を治めた時、台湾の人材を大量に育てることを希望したのであるが、しかし台湾大学の文学院で当時台北帝大出身で台湾籍の教師は呉守礼、黄得時、楊雲萍など数人だけだったのであり、これは傅斯年が意図的に排斥したからではなく、当時台湾大学の文学院が受け継いだ学術の規模がまさしくこの程度だったからなのである。

私のこの文章には、日本人の教育建設の成績をおとしめる意図はない。日本統治期の教育が台湾の現代化に非常に大きな作用を及ぼしたことは疑いがない。たとい現代の学術機構である人文学科の研究からしても、台北帝大が機構と施設の面で非常によい基礎を建てたことを私たちも承認しないわけにはいかない。人文学科の幾つかの領域、たとえば言語学、人類学等々、台北帝大も極めて大きな貢献をしている。しかし日本の台湾での教育文化政策は、つまり帝国植民地主義の本質がそうさせたのであるが、人文学科（とりわけ中国文化と関係する学科）は基本的に極度に発展することができないものである。これと比べて、一九四九以後の国民政府の教育文化政策には、また学術の自由に対して専制するという圧迫があり、台湾本土の文化を選択的に抑圧するという政策があったが、しかし

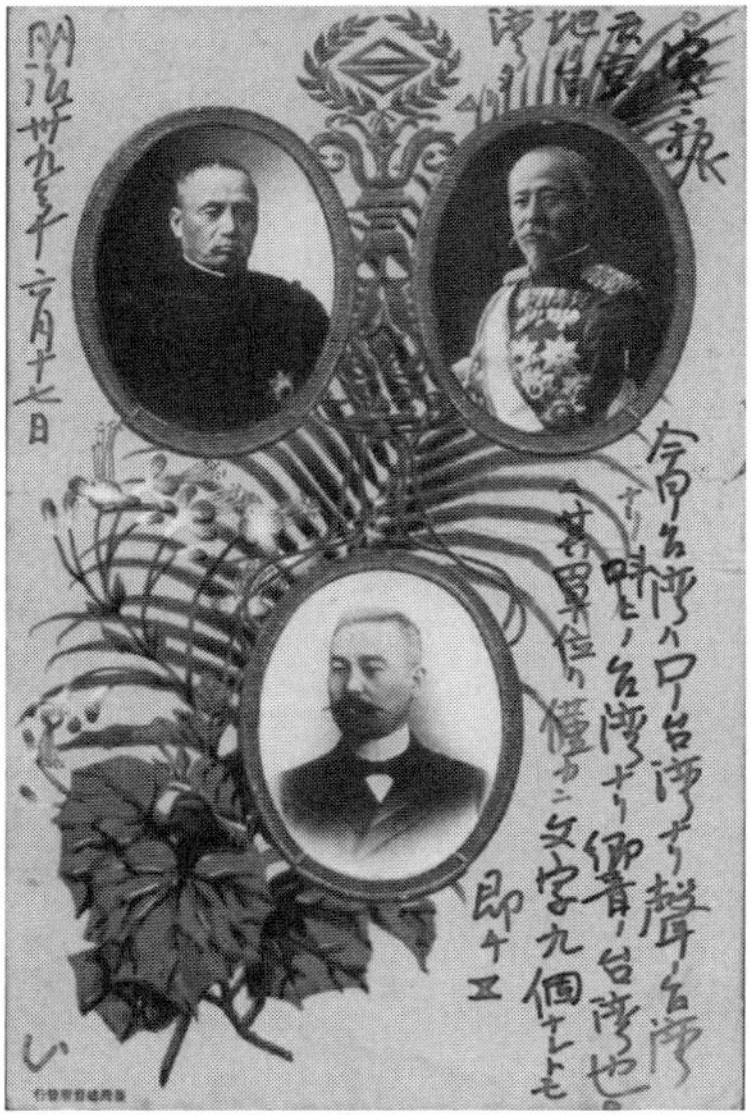

これは明治三十九年（1906）６月17日発行の台湾総督府始政十一年紀念の葉書である。右上は第四代総督児玉源太郎、左上はその年新任の第五代総督佐久間左馬太、下は当時の民政長官後藤新平。後藤新平の肖像は総督と並べられているところに、当時隆盛な声望のほどが窺われる。児玉と後藤との時期は日本による台湾統治の関鍵の時期で、その後、台湾は日本の重要な資産に変じた。

これらのマイナス面の陰影がある外に、より深層の一面があったことを見逃してはならない。その面とは大量の人材がやって来たことが原因となって、学術の規模が拡充し、学術の伝承が確立したという要素である。今日に至るまで、台湾の文化的領土は拡大発展し、これまでのいかなる人も想像しがたいほどの境地にまで至っており、台湾の人文学の力量も五〇年代の国民政府が設けた白色圏内を遙かに超え出ている。一九四九がもたらした文化は同族の文化であり、これが基本であって、たとい当初避難してきた政権の考えがここには無かったとしても、しかし後の発展は確かにこの線に沿って成長した結果なのである。

歴史が長く深く延長されていくにつれて、一九四九の文化と政治とにおける正負両面での影響の比重は迅速に変わってきている筈だと筆者は信じている。私たちは十分な理由をもって考えるのであるが、一九四九という象徴的な年が導き出す中国という局面について、ただ政治権力という角度だけから見るわけにはいかないのであって、台湾の四百年に及ぶ文化史の発展の上に置いて、この局面が台湾に対してどのような機会を伴ってきたのかを判断しなければならない。筆者が考えるに、まさに「中国を台湾に納める」というこの局面の下で、台湾の人文学術の環境にようやく急激な変化が生まれる機会が訪れたのである。細かく分析すれば、関鍵となる要素には以下の三つがある。先ず初めは文化財の要素である。台湾はこの時全世界の歴史及び台湾四百年の歴史において一見することすら難しい珍貴な文化財、すなわち故宮博物院、中央研究院、歴史語言研究所、中央図書館の図書、書画、器物などを大量に受け入れたのであるが、世界のどの博物館と比べてもこれらの文物は疑いなく超一級品であろう。それらは品質がきわめて高いばかりではなく、数量もきわめて大きいのである。これらの文物の効力は単に典蔵品、観光品というだけではなく、ただに一党、一政府が必要とする正統性の象徴というだけではなく、最も重要なのは、それが台湾をして漢文化の最も佳いところを代表する優勢なる位置を取得させ、しかも台湾におけるその後の文化の発展のために連綿として絶えざる文化的創造力を提供したことである。

次は人材の要素である。一九四九というこの象徴的な年に、多くの学者、あるいは重要な文化人、彼らはあるいは国府の学者を救いあげる計画に因り、あるいは各種の公私の要素に因って、転々として台湾に来たのである。かれらは伝統的漢文化の伝播において台湾に根を移し根を生やしたのであり、これらの人々は宗教、哲学、文学、美術、書法などの諸方面において、いずれも台湾四百年の歴史において未だかつて無かった新しい局面をもたらしたのである。私たちは、台湾の書法から于右任を除き、絵画から張大千を除き、仏教学から印順を除き、哲学から牟宗三を除き、歴史学から銭穆を除き、考古学から李済を除く……など、とても想像しにくいであろう。これらの人々の作用が抜き去られてしまったら、台湾はいったいどんな姿になったのであろうか。私たちはまた、もし多くの公教育の人員が適宜に公教育の現場の欠員を補填しなかったら、台湾の中堅の文学や史学の隊伍がどのように組織されたのかを、きわめて想像しにくいであろう。

第三は、学術機構の大量化である。台湾の光復前の人文学の規模は決して大きくなく、人文研究は台湾全体が発展していく中での辺縁的要素だっただけなのであるが、しかし一九四九年が「中国」という想像の局面を伴ってきたことで、台湾社会は短時間の中に学術の規模を拡充し成長を加速せざるをえなくなったのである。非常に短い時間の間に台湾社会は中共の目からすれば多くの偽の文化機構を何もないところから増やしたのである。これらの機構は重要な文化財を受け継いだ故宮博物院、中央研究院、中央図書館（後の国家図書館）、国史館、歴史博物館、党史会などの外、多くの大陸の有名校が次々と台湾で学校を再開したのである。五〇年代に国民政府が基本的に安定してきてから後には、清華、交通、政治、中央、輔仁、東呉、（大陸の各基督教大学が連合して創立した）東海などの大学の名称が続々と台湾で再開されて、縦の継承の中にさらに横の移植があったのであり、後に再開された学校としてはまた中山、曁南などの学校が前後して入って来たのである。これらの再開された学校機構の作用は構造的であり深く根ざしたものであって、それら台湾に入ってきた学校の学生は、一年一年と経つにつれて校風を代々受け継いでいき、しだいに年月を経るに従って、これら台湾で再開された大学の学生は隠然として台湾社会の中堅的力量となり、その学校が醸し出した文化も台湾社会の内在する精神の核心を構成する一環となったのである。

人員、文物、機構の三つの方面において、一九四九は台湾に有史以来未曾有の機会を与えたのであり、このため異なる歴史の段階になると、台湾社会にはいわゆる「漢学センター」といったものを設置しようと提案する人まで現れるようになったのである。こうした提案は一方では当然ながら台湾人にはなお厳重な信心の危機があることを明らかに示しており、従って自ら奮い立つスローガンをもつ必要があったのである。しかしこうした呼びかけが人を大いに赤面させなかったのは、当時の台湾は伝統文化を伝える方面では、確かに鮮明なところがあり、その隊伍も十分に大きかったからである。とりわけ「現実の中国が伝統の中国文化に背離している」という背景の下で、台湾は全体の華人地区でついに特殊な地位を占めるようになっていたのである。私たちは非常に落ち着いて言えるのであるが、中共が改革開放する以前、台湾が世界各国の漢学研究を支援し世界各地の華僑の漢文教育方面に貢献したことは、他の華人社会が比べることができるものではなかったのである。一つの孤島に流亡してきた政権が、気息奄々ながらも、とにかく誰も気に掛けぬ文化復興の事業を片腕で支えたのであり、これは意義深く豪胆な行動だと言わざるをえない。一九八一年に「漢学センター」はついに国家図書館に成立されたのであり、その効果は霊妙であって、この設置にはきわめて象徴的な意義がある。

一九四九に大陸から来た人材と文化財の力は中華民国の体制を通して、結集して一つの巨大な動力になったのであるが、しかしこの動力が動き出すについては、ほかに別の要素が加わらなければならなかったのである。筆者が考えるには、最も主要な要素は、「国家」という想像力である。世俗化した社会において、国家の性格は通常はまた世俗化するのであり、それは或いはウォール街の仲買人の雰囲気を帯び、或いは相場を左右する先物買い商人の消息を帯びており、内閣の会議は大会社の重役会議と異ならないのである。しかしながら、この六十年におよぶ台湾住民の国家への想いはこういったものではまるでなく、朝野のいずれを問わず、台湾の出身かいわゆる外来政権かを問わず、その政治に関わる人間達の国家観はいずれも特殊な歴史認識と文化的使命観とを帯びていたのである。別の人物はしばらく措いて、まさしく一九四九論争の核心人物である蔣中正及びこの二十年来台湾政治の渦巻の核心である李登輝について言えば、かれら二人はその考える国家は違っていても、しかし国家の神聖性に対してはともに信仰を抱いているのであり、またこの信仰には時代的背景があるのである。

一九四九の「中国を台湾に納める」という考えは、常に近代台湾の痛苦の主要な根源だと見られて来ており、中央が民意の代表だとする問題、大学入試における省籍問題から連合国の代表権問題、甚だしくは「台湾省廃止」で設置が予定される政治組織のかさ上げ問題に至るまで、いずれにしろこのバランスを欠いた国家観と関わらないものはなかったのである。しかし筆者が考えるに、もしこの要素を長い時間に引き延ばして見た場合、正負両面の作用はきっと私たちが一寸見た時の情景とは完全に反対になっているであろう。というのは、まさしくこの機縁の下で、「国家」という観念がようやく台湾の歴史過程のただ中に入り込むことができたからである。簡単に言えば、中華民国と台湾とが一体化するに随って、台湾の実質的内容が国家としての性格を帯びざるを得なくなったからである。たとい反対者が「中華民国」という名称を嫌がっても、しかし彼らの反対はなお「国家」という観念の枠組みの中でなされる「彼は取って代わることができる」という代替関係においてであって、国家の実質には少しも変わりがないのである。しかも戦後の長期にわたる危機的社会という雰囲気の中で、「国家」という観念には結局「カリスマ（charisma）」の恩典という性質、あるいはエリアーデの言う「聖なる顕現（hirophany）」の性質を帯びており、こうした「聖なる顕現」「聖寵の雰囲気」を帯びた国家観念は疑似共同体意識を造り出す過程において非常に重要な役割を演じるのであって、結果は必ずしも欲すべきものではなく、すべて反対の例だけだとしても、しかし共同体としての凝集効果は一致しているのである。

筆者の信ずるところ、東アジア地区の人民は現代化の過程において、いずれも近代「国家」を造る過程をもっているが、この過程には通常歴史の屈辱、人民の流離、偉大な祖先に対する追憶、そして麗しい未来への想像を伴っている。中国は現代的国家を造る過程において、その他の地区ではきわめて稀な、伝統に全面的に反対する運動が発生した。しかし近現代の台湾史の脈絡において見れば、「反国家」或いは「反文化伝統」という呼びかけは副次的なもので、主軸はやはり全人民の意志を統合するという共同体意識を追求することに在り、この共同体意識の名称は「中華民国」を最も主とするものであったが、しかし異議申し立ての声はほとんどなかったのである。ただ名称はどうであれ、私はなお考えるに、「中華民国」、「中華―台湾民主国」、「台湾共和国」といったさまざまに異なる名称の背後に、私たちは異なった赤色の線が一本貫いているのを見るのであり、これこそつまりそれらがすべて「国家」に対する追求を表現しており、「国家」こそは全体意志を統合する実体化された超機制であると考えられているのである。国号をどうするかという争いはきわめて重要であるが、しかし二つの争いの矛先を造り出す背後の国家意識こそがさらに重要なのである。国家意識ということに従来希薄であった島嶼の人民からすれば、一九四九が伴ってきた「中華民国」という国家の実在感に、さらに「中華民国が台湾」に合一するという演変過程が加わることで、かれらはついに統合意志の音色を見出したのである。

中華民国―台湾の一体化は台湾の人文研究に始めて主体性のある地位を明白に持たせたのである。この主体性は当然台湾で成長してきたのであるが、しかしそれはかえって一九四九の三大要素によって灌漑されて成長してきたのであり、その後、また「中華人民共和国」との紛争の中で、それとは別種の華語文化の対照的な組み合わせを提供したのである。有意義な否定は精神が発展する上での最大の動力であり、台湾は共産中国と対照的であり対抗的である中で、高度の対抗と均衡とを明らかにしたのであり、（台湾）内部において統一か独立かを争う中で国家形態についての意識が分裂したことによって、「国家とは共同意志が推戴するものである」という理念を強固にしたのである。台湾の文化意識の発展は、オランダ、明末の鄭氏、清朝の領有、日本の統治といった時期には基本的に制限を受けていたのであるが、ただ一九四九年から後になると、それはようやく「中華民国」と一体化し、人文知識階層や文化活動のグループが大幅に拡大されたことによって、人文知識は台湾の歴史の発展と相応した精神的外形を取ることになったのである。

四、一体化した接ぎ木の工程

台湾は、文献の記録が行われるようになってから、少数の原住民を除くと、その住民は、移民、遺民、流民からなっている。共同体としての台湾意識が形成される以前、台湾の精神内容は、基本的に移民、遺民、流民が別々に構成する地方の郷村共同体の中に体現されていた。これら台湾に来た移民、遺民、流民の中で最も中心であったのは閩・粤（という中国大陸南部沿岸地域）の漢人であったことから、きわめて自然に漢文化がその時の台湾の移民社会の共通相であった。清朝領有の晩期になると、全島的な台湾意識が形成された。日本統治期になると、統治階層としての日本帝国が対立的存在としてあることに由って、台湾意識と漢文化意識とはついに明確に主体化され、それらは「為己（for-itself）意識」となって、両者はあるいは分かれあるいは合して出口を探し出そうとしたのである。

両種の意識が出口を探し出そうとしたのは、つまり日本統治期には本当の出口があるなどほとんど不可能だったからである。(註) 林茂生が言うには、日本統治期の台湾人は一種の非国家、非社会、また非自然人として生きるという存在状態であったが、かれのこうした観察はきわめて透徹したものであった。というのは国家は台湾の共同体意識が発展した極致であり、社会は漢人生活と文化意識の総称であるからである。人間は主観の精神生活を必要とするだけでなく、また客観精神の導きとしての作用をも必要とするのであり、これでこそ自然であり、これでこそ人間の本当の生活なのである。かれすなわち林茂生の言葉の脈絡に沿って考察を続けるなら、私たちは確かな理由を持って（以下のことを）認めるであろう。台湾は移民社会であり、その精神内容は長い間漢人の日常生活の意識状態にあったが、一九世紀後半から後になると、それはようやく反省を経て対自存在としての総体的意識となったのである。歴史の進展に伴って、漢文化意識の内容は次第に伝統の形態である儒家、すなわち漢人文化類型(註)から拡充されて新しい知識と新しい社会生活のモデルを引き入れるようになるが、日本人が台湾を統治する時期になると、台湾人の一部分にもともと内在していた知識的要請に意図せずして呼応したのである。たとえば

（註）もし戦前の日本の統治者が帝国植民地主義を採用しなかったなら、公民社会的民主法則による統治原理によって、状況は或いは違ったかも知れないが、しかしこうした前提はほとんど成立しない。

台北帝大が新知識と統治効率をよくするための「文明化」の措置を取り込んだことなどだが、しかし、基本的構造からすればそれはかえって台湾の内在精神の発展を阻んだのである。

「一九四九年に中華民国政府が台湾に遷った」というこの事件には、必然的にそれが発生する理由などは無く、もしいくらかの歴史的条件が変われば、それは必ずしも台湾で発生しなかったのであるが、しかし、歴史はこうなったのである。もし左派の中国民族主義の観点から観れば、一九四九は歴史の進展における逆流であり、中国民族が受けた傷はまだ癒えていないことの象徴であるが、他方、台湾民族主義の観点から観れば、一九四九は台湾の外にいた外部のものが侵入してきた事件である、と視ることができる。一九四九を取り巻く多くの暗黒面を、私たちは「人を激怒させる（令人髮指）」「筆紙に述べ尽くせない（罄竹南書）」といった形容詞で表現しても言い過ぎではないが、しかし、私たちはもし問題の焦点を転じて、台湾人の漢文化意識の発展という角度から見るならば、私たちは一九四九の豊富な内

（註）林献堂は児童の頃の情景を回想して「（まだ年齢がいかず弁髪にすることなく）総髪のままで入塾した頃、学んだことは聖人となろうとすることだった。（總角入塾時、所学皆希聖。「歩鶴亭社長見示原韻」）と詠じたが、晩年日本に避難した時にも、なお「儒生は道が行われていないことを憂えても貧窮であることを憂えず、異国の江山に暫く真を養おう、松柏は幾星霜を経ても変わらず青々としていることは晩節にあきらかである。厳しい寒さでも依然として処身を変えはしない。（儒生憂道不憂貧、異国江山暫養真。松柏経霜看晩節、依然不変歳寒身。「次則生自賦原韻」）と吟じた。林献堂の読書内容と処世の気風には、おおむね日本統治期以前の台湾士族の知識内容が反映している。

容、それが「台湾の漢文化意識」に始めて完全なる構造を得させたこと、それは原初の地域的な文化類型から伝統中国の形態である儒家―漢文化という意識類型に拡充し、さらに伝統社会の儒家―漢文化という類型から現代的意義の漢華人文知識類型へと拡充していることを注意しないわけにはいかない。一九四九を歴史の事件の面から考察すると、それは台湾にとって外在的な否定の力であるが、しかし事件に内在した精神から考察すれば、こうした否定はかえって台湾意識がその本質性を顕彰しようとする曲折した表現なのである。一九四九を取り巻き一九四九を継承して現れ出た大小さまざまの衝突は、それぞれ事件的性質があるが、しかし集合して出来たものの意義はいずれも一種の伝統中国に比べてより中国であるもの、伝統台湾に比べてより台湾であるものを生み出させることに在り、しかも伝統形式の中国でも、或いは台湾でもない、新しい漢華文化としての努力であると言えるのである。六十年来の台湾社会には一定の時を隔てて異なる領域で、「本土」、「郷土」、あるいは「主体性」といった類いの論争があり、統一か独立かの争いも始終止むことがない。私たちは客観精神を凝集した共同意識から考えると、こうした論争は決して悪いことではなく、それにはきわめて重要な意義がある。（しかし、）関鍵は論争内容の是非当否にあるのではなく、論争の前提にはすでに一つの総体としての台湾文化という前提をあらかじめ設定しているということである。

一九四九の大分裂と特殊な歴史的条件があることによって、はじめて今日の台湾の人文研究の環境があるのである。もし一九四九大分裂の情勢が変わり、両岸が対峙することで生まれている正負両面の効果も変われば、台湾の人文環境も変わらないわけにはいかないであろう。しかしどう変わろうとも、私

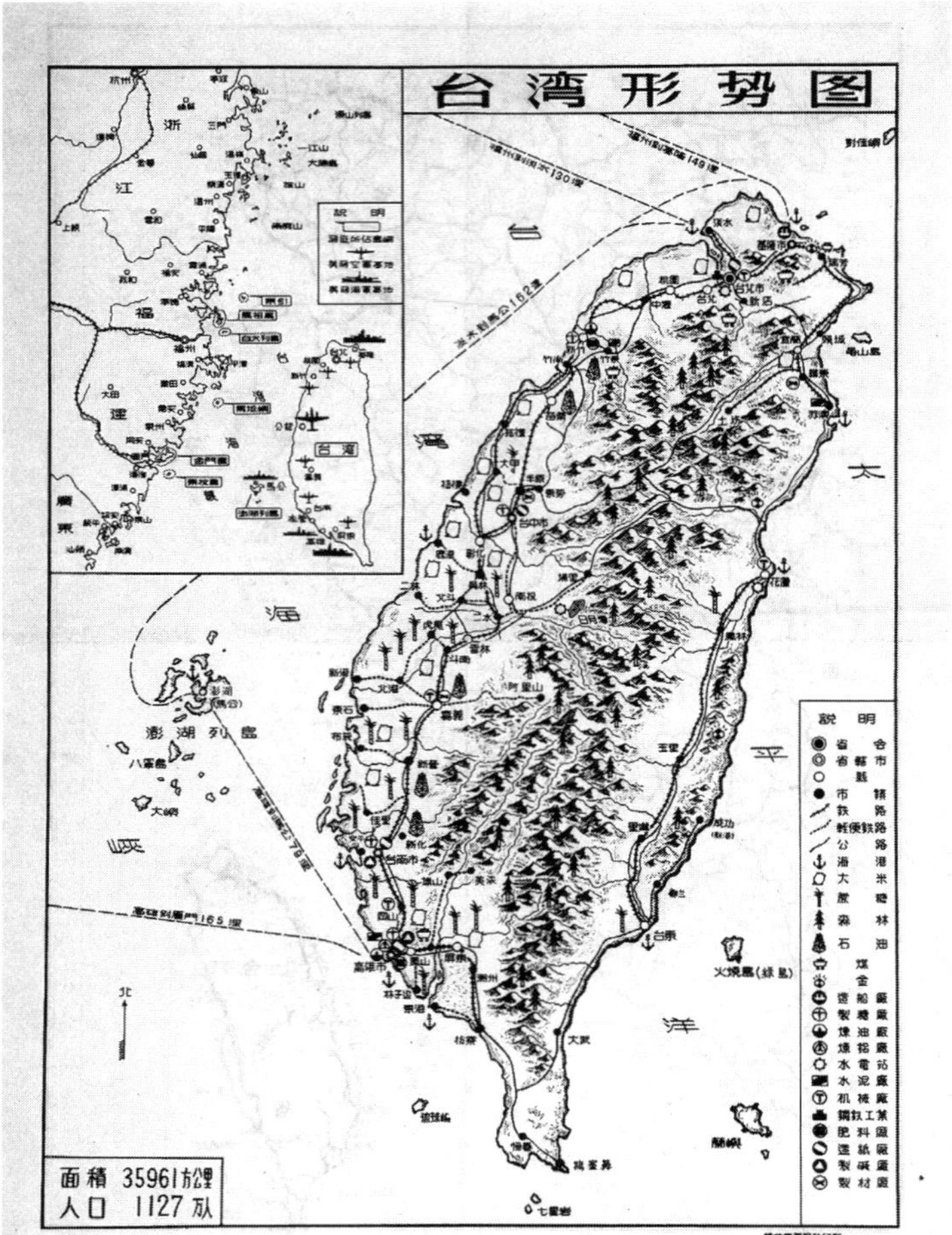

左翼統一派の立場から見ると、台湾は中国民族の受けた傷がなおふさがってはいないことの象徴である。この地図は中共解放軍画報社が 1962年に刊行した台湾形勢図であるが、図に「蔣匪所占島嶼」とか「美蔣空軍基地」と記している。

たちは当然ながらそれは一九四九以後、一干支がめぐる間に展開した文化的基礎の上で転化し、一種の開放、民主、文化的伝統という基礎の上に建立され、文化の自主的発展という特性を尊重し、こうした人文知識は旧台湾意識の新世紀における新たな発展であることを正視することを要求する。意義のある文化類型はなかなか形成されにくく、台湾の人文知識の形態は清朝領有期、日本統治期の統治の動向に応じて形成されてきており、こうした形態の人文意識は歴史がきわめて長く深く、形態はきわめて特殊であるが、それには根本に戻りつつ新生面を開くという特性があり、また日本、オランダの海洋文化と一九四九年の大分裂に伴う顕かな大陸文化との二つの源流をもつ東アジア的性格を帯びており、それは大華人文化圏あるいは東亜文化圏の一つの別類の出現であるとも視ることができるのである。

（本文の初稿は楊儒賓などが主編の『人文百年化成天下――図録・文集』（新竹・国立清華大学出版社、二〇一一）に公刊された。）

東アジアという視座における台湾の人文科学

一

一年半の準備を経たが、国家科学会が成立して五十二年、始めて行われる人文科学の展覧活動である「百年人文伝承大展」がまさに開幕しようとしており、二つの図録もまさに印行されようとしている。一切はすでに緒に就いたのであるが、私はかえって「郷里に近くなると心が臆病になる（近郷情怯）」という次第で、心理はあまり落ち着かない。落ち着かないことの一半は実務に対してよそ者でしかなく、その事がどのように展開するのかを知らないことに基づいており、残りの一半も展覧全体の位置づけに対してなお不十分であると感じていることに縁っており、総じてやはり何かが欠けていると感じている。更に関鍵的な原因は当然ながら心理的な圧力である。この展覧は国家科学会の人文処の歴史における最初の大展であるばかりでなく、国家科学会がまさに科学技術部に改められようとしている時、この展覧は恐らくはまた国家科学会人文処の最後の展覧であり、従ってまた半世紀来、人文処が行う唯一の展覧になる可能性がきわめて高いのである。この展覧に参与する学術部門は少なくなく、人文処の人文領域の七つの部門全部が内に含まれるものとして参与するのであり、宗教領域の学者も学術部門に準ずる身分でもってこの盛挙に共に協力するのである。人文の八部門が一堂に会し、参与する人々は多く長年相知った学界の旧友であり、会を主催する者としては一種特殊な雰囲気の圧力をひしひしと感じるのである。

この「百年人文伝承大展」は、文物によって百年来の中華民国―台湾の人文の発展を現わそうと希望しており、筆者が「中華民国―台湾」といった表記の仕方をとるのは、つまり「中華民国」と「台湾」とは近代史の過程において、関係が複雑だからである。中華民国が成立した時、決して台湾を包括してはいなかったのであるが、台湾が中華民国に融入した時になって、非常に速く、ついには演変して中華民国が台湾に融入することになってしまったのである。「中華民国―台湾」という概念構造の形式は些かハイデッガーの言語の様相があり、到底中国の文章ではないが、しかしこうした異国風の言葉の連結方法はかなりよくこの百年来の台湾の人文研究の来し方を描写できるようである。私たちのこの展覧には明確な歴史の図像がある。すなわち〈中国と日本という二つの水源〉―〈二つの水源の合流〉―〈在地での転化〉という三段階の発展である。この三段階は一九一一、一九四九、一九八七という三つの年でもってその効力範囲の境界線としている。広寛な歴史叙述は漠然たるのを免れがたい。中華民国―台湾の百年来の発展という主軸の線に、上の三つの象徴的意義を持つ歴史の分割線を加えれば、それは疑いようもない、高度に解釈された図像である。異なる解釈の観点は必ずやあり、不足のところも必ずやあるのであって、私の不安の一半もこのためである。

「一九一一」という数字は辛亥革命に由来し、「一九四九」は国民政府が台湾に遷移したことに由来し、「一九八七」は台湾における戒厳令の解除に由来するが、この三つの数字は明らかに濃厚な政治的内容を帯びている。人文学部門の友人が共同してこの展覧の実現を推し進めた時、皆には事実非常に明確な活動原則があったのである。すなわちこの展覧は学術の論理的展開に沿いながら文化伝播の意図を帯びたものであって、私たちは台湾で声を上げているけれども、しかしいかなる政党の発言でもない。しかし私たちが政治的内容を帯びた三つの赤線を選んだについては、実際言わんとすることがある。というのは上の三つの赤色の線は実際象徴的であり、それらはそれぞれ一つの重要な学術過程を象徴しているからである。

「一九一一」の意義は、新旧の知識典範が転移したことに在る。もしさらに精緻な境界線を引こうとするなら、一九〇五年の科挙制度の取り

近代中国の学制は、基本的には欧米の教育制度を模倣してできている。ドイツから来華した著名な宣教師で漢学家であるフェイバー（Ernst Faber 花之安）は1873年に中国文で『大徳国学校論略』という書物を著したが、この書は新学制を建てるに当たって極大な作用を発揮した。

消しがより一層象徴的意義を具えているかもしれない。というのは隋代に科挙が創設されて以来一千三百年もの間、（中国の歴代王朝を中心とした）東アジアの知識階層はこの科挙の文化の影響をきわめて大きく受けたのであり、科挙制度は東アジアの社会的活動を調節する重要な機構であると言えるからである。

「一九四九」が重要であるわけは、国民政府に従って海を渡って来たのは、国民党と政府と軍隊という要素の外に、さらに大規模な文化的力があって、この文化的力が台湾原有の構造に浸透融合した後、有意義な学術的変化を産み出したからである。しかし、この文化の力の南方移転は決して一九四九に限られるわけではなく、また一九四九に始まったり終わったりしたわけでもなく、事実この過程は（帝国日本の連合国に対する無条件降伏に基づいた台湾の中国への復帰という）光復の瞬間から開始していたのである。

「一九八七」という数字が重要なわけは、まさしく（国民政府が施行した）戒厳令の文化に対する迫害がすでに法の表面から消え去ったことを意味するが、しかしこの戒厳令の解消は決して蔣経国の宣布に始まるのではなく、長期の演変過程がもたらしたものである。戒厳令解除の宣布は、台湾の文化的自主性の「原因」というよりは、当然ながら「結果」であると言うべきであろう。台湾は戒厳令の解除が宣布される以前に、すでに相当大きな反対運動の蓄積があったのであり、こうした蓄積には再生のエネルギーが具わっており、蔣経国も半分は受動的で半分は能動的な情況の下で遅まきながら行動したのである。

しかしながらこの三本の赤い線は象徴的なものだとしても、一つ一つの象徴的な赤い線はみなそれぞれの時間の展開に渡る過程であって、ただし疑うべくもなく、この三つの数字の意象がもっとも顕著であり、それらにはそれぞれある一時期の象徴的標識となった理由があるのである。それは、政治には一切の資源を壟断するという特色があり、加えて台湾がもともと政治が過度に動員するという演変過程に在ったことから、政治的事件の意象に人々に共通なものが最もそなわっているからであって、この三条の政治的意味の濃厚な赤い線を効力の及ぶ境界とすることが、ついには便利だとなったのである。

中華民国―台湾の百年間の人文の発展は、時間から言えば、決して長いとは言えないが、しかし内容の激変から言えば、その変化の激烈さはきっと千年来のどの一時期をも超えるであろう。たとい台湾島内の歴史から衡量しても、その振れ幅の大きさは、必ずや往昔の三百年のどの一段階をも超えるであろう。さらに重要なのは、私たちはいまなお戒厳令解除後の情況に在ることで、戒厳令期間の歴史的影響は今なお消えていないのである。もし甚だしく距離を引き延ばすなら、私たちは事実上まだ科挙後の歴史過程の中にいて、新旧の知識典範を転換する過程がなお存在し続けているのである。歴史を回顧して言うにしろ、あるいは未来を展望して言うにしろ、私たちはこの曖昧な歴史に対してよりすっきり認識しなければならないのであって、そうでなければ一切の計画はすべて話しようがないわけである。

上の三本の赤い線の意義は当然相互に貫通しており、どの赤い線も関連の文化的内容を貫けるのであり、科挙―書院制度の崩壊と新式学制の興起といったような、こうした過程には多くの重要なことがあり、かなり広寛な青写真と細かな仕事とが求められ、そうしてこそ始めてどうにか内実を探れるのであるが、しかし、その中に留まって解明されることを待っているものもなお多いことも明らかである。戒厳令が解除された後の人文学術の多様きわまりない発展には、恐らく大いに見るべきものがあるが、しかし明らかになっていないものもなお少なくない。疑いもなく、この三つの時期のどの時期のそれぞれの意義も、みな全体としての構造の中に置く必要があり、そうしてこそピッタリした位置づけを捜し出すことも困難ではないであろう。この三つの時期の意義は互いに連関しているが、しかし私個人としては「一九四九」年を中軸にしてもう二つを貫くという見方に傾いているが、「一九四九」という高度に政治的論争性をもつことから、私の選択はある友人の期待とは明らかに符合しない。しかしいくつかの言葉のもつれを排除すれば、私の信ずるところ、彼我の間の差違など恐らくはさほど大きくはないのであり、私にはそう論ずる理由があるのである。

二

歴史上の一九四九年の命運は呪詛されなければならないものであり、確かにきれいさっぱりとはしにくいものであり、それには複雑な歴史の思いがある。この年の前後にほんの小さな島嶼に短期間のうちに、五、六十万の軍隊とほぼそれと等しい人数の公務員や教員と台湾以外の省の民衆とがどっと乗り込んできたのである。ようやく大戦の災難から身をかわし、また二二八の虐殺の中を歩んできた島嶼の人民から言えば、この百万の人口という負担は重くないとは言えないであろう。これら見も知らぬ祖国から来た敗残の将兵や流浪の民衆が結局何を代表できるというのか？　それは明らかに国民党と共産党との内戦の下での産物であり、当時の台湾社会に外から加わった事件であり、台湾社会はまだ求められてもいない状況の下で、この歴史の重荷を嫌が応にも迫られ担わせられたのである。一九四九の事件は何のせいでやってきたのか？　それはどんな意義を代表するのか？　一切の問題はみなこのような疑問から展開し始めるのである。

疑問は多くの一般の人々の疑問であるが、しかし責任感にあふれた国族論者から言えば、一九四九の意義はかえってまことに明確であり、少なくともかつては非常に明確だったのである。左派の中華民族主義者から言えば、一九四九は（大陸での）革命が勝利した年であり、一九四九以後の台湾は、（大陸での）革命がなおまだ徹底的には成功していない残余物にほかならないのである。マルクス主義史家の定義によれば、一九四九の革命は無産階級が帝国主義、封建主義、資本主義という三つの大きな山を移動した大事業である。一九四九に新中国が成立した国慶の日の後まもなくに、胡風は「時間が始まった（時間開始了）」という大変な気勢の叙情史詩を書いたが、その史詩は別の一人の「詩人」の偉大な貢献を描写して、「中国人民の詩人毛沢東は、中国の新生の時に大門の上に、詩を書いたのだ。……『一切の新生を願う者はここに来た、最も美しく最も純潔に希望する、あなたを待っているよ！』と。今日、あなたが新生するこの神聖なる時に、全地球はあなたに敬礼する、全宇宙はあなたに祝賀している」と詠う。「時間開始了」という詩は政治詩というよりも、宗教の啓示録と言うのが相応しく、毛沢東は「世界精神」という救世主の姿でもって中国に降臨し、かれが領導する中国革命は人類の有史以来最も偉大な革命の一環であり、それはただに中国の革命をもたらしただけでなく、それはまた人類というこの特殊な種族の救済と贖罪とを代表しており、それ故に、全宇宙はみな祝賀しようとするのである。時間は一切の経験が成立する先決条件であり、一九四九というこの時間の基準点の前になされた一切の経験はすべて再評価されるべきであり、一九四九年の革命というこの神聖なる事件が行われた地区によってはじめて聖化されるのである。一九四九より後の台湾は、まさしく国民党反動勢力の根城であり、台湾を開放することはこれによって神聖な意義があるのである。

他方、台湾民族主義者から言えば、一九四九とは、台湾人民が再度外来政権の圧迫を受けた悲痛なる歳月の傷痕の記録である。台湾民族主義者の台湾に対する解釈は基本的に一種の絶対的な台湾内部の観点から呈現される史観であり、台湾人民は底が見えない溝を渡り無数の困難を経て台湾に来たのである。この経歴は、苦難の中国から分かれ、一個の新たなる自由の楽土を追求した偉大な冒険であると視なされるのである。偉大な開拓の過程で、台湾人民は不断に外来者の統治を受け、彼らの主体性は顕彰しようが無かったのである。こうした認識の下、一九四九年に国民政府は大陸から撤退して台湾にやって来て、戒厳令を実行し、「動員戡乱時期臨時條款」を発布し、憲法が人民に賦与した多くの権利を剥奪したのである。この事件は台湾に対する外来者の圧迫事件であると認定される。（台湾人民を統治することにおいて）国民党政府と戦前の日本の統治者とは、さほど大きな差違はなく、差別はただ日本統治が異族の植民統治であるのに対し、国民政府の統治は同族の植民統治であるということだけである。史明の『台湾人四百年史』という書物の中で、史明は、一九四九年に国民政府が台湾に撤退してきてから後、台湾は「植民地的、封建的、商品的」という三重の搾取を受けた、と指摘している。李登輝は「台湾人の悲哀」という一時を衝動させた文章の中で、更に明確に、国民党を「外来政権」と位置づけて、あたかも（『旧約聖書』に見える）モーゼのように、台湾人を伴って「出エジプト」しようとした。李登輝の説法が台湾における異なった族群の間に正負両極の熱烈な反響を引き起こした理由を、私たちは想像するに難くない。

上述した二種の史観はいずれも定説とするに十分であるが、しかし私の信ずるところ、もし見る角度を別の角度に換えるなら、また、つまり歴史をより長く深い目で見る角度に換え、同時に、社会をより深くより広く視る角度から視るならば、一九四九にもまたほかの面貌があるかも知れないのである。歴史を長い目で見る角度から言えば、私は興味津々である。中国という体制を自認する政権が流亡して台湾に来て、それは少なくとも行政機構上かつて一つの国家の局面を維持したのであり、かつまた三十年間、国際的な承認を得ていたし、それが中国を代表する政権であるとの承認を得ていたのである。その後の三十年、それはすでに国際的支持を失ってしまったが、しかしなお少数の国家の認可を獲得しているのである。そのうえ、少なくとも一つの国家と同等の政治的実体であるといった身分はとにかく存在しているのであり、さらにどれほど強権的な政治が実権を握ろうとも、私たちもまた、なんらかの国家が現れて台湾の政治的実体の現実を否認しようと考えているなどとは想像できないのである。この干支が一巡するほどの長期に渡って抱かれた国家意識は台湾史上の新たなる経験であって、明末鄭成功や「台湾民主国」もすべてこうした独特の実験を提供したことなどなかったのである。長期間にわたり国際的には中共と主権問題でもつれ、また長期間、内部では本土勢力と争って国家の属性という意識を定義しようと争ったのであるが、それはまさか、ただ（熱々の）甘蔗にひどい火傷をするといったマイナス面でしかなかったのであろうか。こうした国家意識と台湾の形象とは一様であって分かちがたく、こうした長期にわたってもつれた「国体意識」が台湾の歴史舞台上に現れ、両者は国際政治の実際の操作上、ほとんど一卵性双生児といえるが、それは結局どんな作用を発揮したのであろうか？

別の一つの、一九四九年と関連した社会のより深部にいたる議題は、まさに一九四九年の内容は、敗残の将兵や遺民となった老少年と一連の白色テロ政治の措置がある外に、国民政府に随って台湾に来たその他の人員や物力が、まさか、みな重要な役割など果たさなかったというはずではないであろう。それらの意義と国民政府の領導者の目論見は一致しているのであろうか？　台湾に来た六十万の台湾以外の省の人々の中で、かれらは結局台湾にどのような内容を注ぎ込んだのであろうか？　私たちは経済あるいは社会の角度から衡量することができるほかに、やはりより構造的な基礎的要素を発見できるであろうか？　もし文化的素質からして相当に素晴らしい人々や、さらに中国という体制の下での重要な文教機構を加え、その上また史上前例がない大博物館、大図書館などが同時に一つの地区に入り込んできたのである。この地区が基本的にはまた一千支の歳月にその文化が成長繁育する土壌を提供したと考えられるのであれば、その結果のほどはどのように計算されるのであろうか？　それらは、一九四九の事件を起こした双方、すなわち国民党と共産党や台湾人民であるが、かれらすべてが、事件が起きる前には獲得できるとはまるで想像できなかったほどの豊富な成果に発展させることができたのであろうか。

歴史的事件の歴史的影響と当時の統治者の意図とはきっと相互に関わらないのであり、ヘーゲルと王船山はともに意図と結果とが一致しないという歴史の常識を超えた現象を取り上げている。「天は私欲に仮りて公理を実現する（天仮其私以済其公）」という命題は確かに大いなる歴史の変革中に梟雄や政客が起こした作用を解釈するであろう。通常こうした常識を超えた歴史的反応は、やや長い歴史の過程に置いておいた後に、その構造がはじめて明らかになってくるのである。一九四九の象徴はきわめて複雑で、「ただことの早晩を争うだけ（只争朝夕）」では不十分であって、時間を長く引き延ばして、私たちがもし台湾史上の「一九四九」以前と一九四九との二波の移民の共通の属性、また漢民族という観点から着眼すれば、別の線を引き出すことが出来るかも知れない。

私は一九四九年の政治的難民や移民の潮流を漢民族の南移という論述構造に置いてみたいのである。これはなにも新らしい見方ではない。むしろ反対に、この説き方は中国文化史を論ずるに際しての非常に流行している論述である。この説き方はおおむね中国文化南移説と称せるであろう。銭穆や内藤湖南などといった少なからざる中国史学の泰斗はみなこの説き方をしているのであるが、こうした論述構造において、永嘉五年（三一一）の南移と靖康（一一二六）の乱で南宋の康王（宋高宗）が揚子江を渡ったこととは、通常、時代を画する意義をもった代表的な事件だと視られている。漢民族南移の趨勢は始終存在しており、永嘉の乱と靖康の乱の規模が必ずやその他の時期の移民の数に比べて多くなるかどうかは、事が専門に渉るので、私個人はみだりに一字すら賛ずる資格もない。しかしこの二つの事件の年が特に突出しているわけは、私の信ずるところ、政権を代表する正統の南移とそれの後世に対する影響との間に関係があるからである。（西晋末の）永嘉と（北宋末の）靖康の後に中原の政権が南渡したことは、まさしく南方の開発に非常に大きな作用を引き起こしたのである。

近代中国がこのような正統政権が遷移し大量の移民の潮流を伴うといった事件を発生したのはおおよ

そ二度ほどある。一度は一九三七年に国民政府の対日抗戦における西方移動と南方遷移であり、もう一度は一九四九年に国民政府が内戦で敗北して海を渡り南に移ったことである。馮友蘭は抗戦が勝利した後、著名な「国立西南大学聯合紀念碑」を書いたが、碑文の中で国史上四度の大規模な南渡があったことを挙げて「晋人の南渡が一度目。宋人の南渡が二度目。明人の南渡が三度目。われわれ（抗日戦争時期の中国人民）が四度目の南渡をおこなう」と指摘している。抗日戦争は確かに中国史上少数の偉大な史詩であり、その全体の規模の大きさ、人民の移動の広さ、歴史的影響の長遠さなど、比擬できる歴史的事件はきわめて少ない。とりわけ西遷と南遷の後に、また（抗日戦争に）勝利することに因って北に帰ることができたことを、馮友蘭はさらに称賛してやまないのである。しかしもし漢民族の移民の歴史という観点から考えれば、私個人としては、抗戦の為に西遷したことの影響は恐らく十二年後の海を渡って台湾に入ったことには比べられないのである。抗戦時期、中国の人民、文物、諸機構の西遷は広大で果てのないもので、それらは合して一篇の壮大なる史詩を構成したのではあるが、しかし、時間からすれば、基本的にはやはり暫時的なものであって、抗戦がひとたび勝利すると、もと

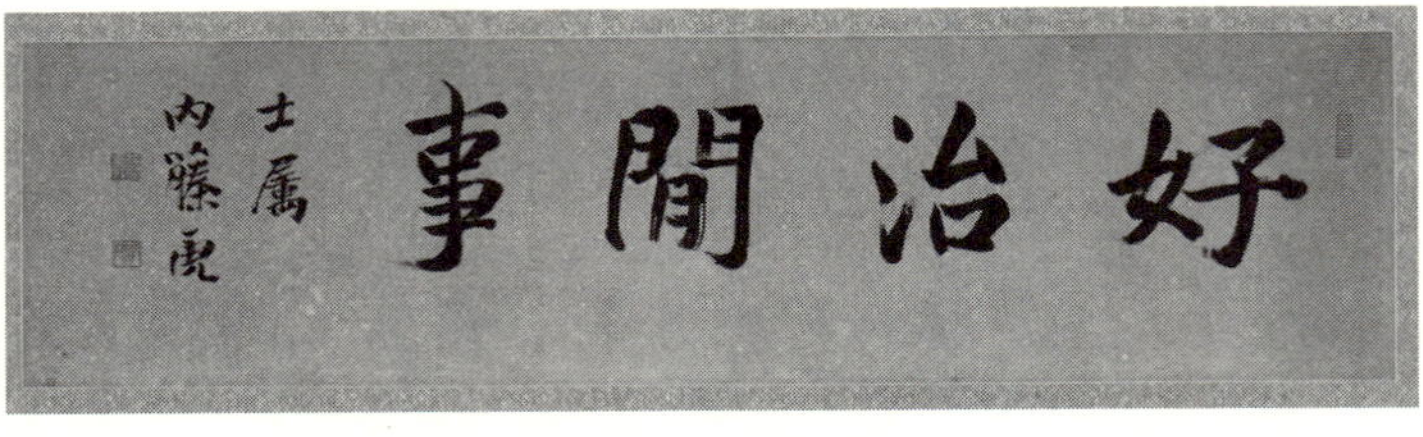

内藤虎（湖南）は日本の中国学の京都学派の指導的人物。彼が提唱した唐宋変革説の影響はきわめて深厚で遠大である。この書跡には落款がなかったが、後に表装する際につけられた。

の人的構成にもどり、もとの配置にもどったのである。

（大陸から逃れ）海を渡って（台湾に）きたという事件はこれと同様ではない。全体の局面を論ずれば、それぞれの故郷から遠く流離したこと、死亡した人数の多いこと、国際政局の複雑なことなど、恐らくは抗戦によって遷移した事件と甲乙を付け難いであろう。国民政府と共産党とが矛を交えた三大戦役において動員した兵力の多さと死亡者の多さとは、言うまでもなく、抗戦という情勢下において衡っても、たとい第二次大戦の全体の戦場という観点の下で定めたとしても、いずれも上位におかれるであろう。しかし遷移した時間の長さと文化が遷移した意義の深さとを論ずるなら、海を渡って台湾に来た事件の影響はより一層深遠であるはずである。というのは、干支一巡という期間における沈殿と醸造とを経て、海を渡って来た事件の要素は台湾にもともとある要素と集合融化して、それはすでに相当合理的に構造化しているからである。一九四九年は重層的で密度の濃い象徴的な年であって、これを災難だとする眼光で視れば、それは確かに政治、経済、軍事における大災難であって、（国民政府に対する）反対党の長期にわたる批判には拠り所があるのである。しかし私が信ずるところ、文化の観点から看れば、（国民政府が）一九四九に台湾に来た要素は、大災難をもたらした中にも天空ほどにも広大なプレゼントを伴なったのであり、禍と福とは相依るのであり、しかも禍福の両者を同じく観ることはできないのである。というのは災難は事件的なものであって、それは必ずや次第に淡薄になっていくのであり、（長い年月を経た）ある日、（国民党の）藍色と（民進党の）緑色の子豚達が互いに包容する中では、もう主要な政治的議題にはならないであろう。しかし一九四九がもたらしたプレゼントは構造的なものであり、私たちは故宮博物院、国家図書館、歴史博物館、中央研究院などを引き離した後の台湾の文化や地理の様相はとうてい想像しにくいであろう。私たちはまた張大千、溥心畬、于右任、銭穆、牟宗三、徐復観、李済、梁実秋などの人々の影響を取り去った後の台湾の文化界を想像しにくいであろう。私たちは同様に（大陸から退去して）台湾で再興された学校の（旧来の）同窓生達の清華大学、交通大学、政治大学、中央大学、輔仁大学、東呉大学などの学校に対する特別の感情がとても深いことを想像しにくいであろう。上述のこうした要素はいずれも一九四九年以前の大陸を示す符号であり、それらのいくつか、たとえば故宮や清華などはやはり現在の中国の有名商標の代わりなのである。しかし（台湾の本来から見て）本物か偽物かを争うことにどんな意義があるであろうか、また、区分できないものでもないが、現在それらを台湾の要素ではないと認めるべきだと考える人はほとんど無いであろう。

もし干支一巡の時を経て既に根を生やし土着しているなら、上述のこれらの文物、文教組織、文化上の巨人などはすでに台湾内部の成分であって、現在そうであり、以後もそうであるとすれば、私たちも別の角度から一九四九と台湾の現代の人文学術との関係を定めることができるかも知れない。もし中国文化が南移しているという説の角度から着眼すれば、漢人の台湾移住を長期に渡って進行している事件と視ることができるのであって、四百年というのはただその概略を取るだけなのである。この移民の過程には、当然いくつかの歴史の転換点があって、一六六一年の鄭成功の台湾進入、一九四五年の台湾光復、は当然ながら指標となる事件であるが、しかし人文の興隆に加勢した実際の力ということになれば、一九四九の体勢こそがやはり最大なのである。台湾移民の歴史は潜在する内容を不断に広げ並べた集大成の楽章であり、すべての音が調和し、前後し回転しているのであって、台湾史上、異なる段階における漢人移民はみな一つの楽章の中の異なった音符なのである。台湾は異なった段階における苦難の渡来者を包容しており、包容する主体は台湾の大地と連綿として絶えない大地に生きる人民であるが、島嶼上の異なる段階、異なる方言の住民は、ただ相互に包容しあうという了解を持つことができるだけで、そこには誰が誰を包容するという問題など具わっていないのである。

一九四九の歴史的災難が、歴史の変遷につれて漸次淡泊となり、甚だしくは有意義なものに転化する時に当たって、一九四九の文化の加勢作用がかえって台湾の文化風土に融合し、歴史的深まりと広がりとにつれて土着化したことに因って、土着化した結果は私たちに一九四九年の大陸国民政府系の軍、官、民が南渡してきたという要素が台湾内部の成分に転化したとする理由を獲得させ、この渡海事件の価値の高低を評価することがかくして台湾内部の自己評価と見なせるようになったのである。私が信ずるところ、この土着化の構造性という要素はしだいに明らかになってくるはずであり、この土着化は私たち台湾の次なる人文学術の発展においてしだいに重要な意義をもってくるはずである。

三

一九四九年の歴史の内容は極めて複雑であり、明快に評価するのはきわめて難しい。歴史の叙述と歴史の判断は、ともに私の得意ではない以上、素人はもともと複雑な歴史現象の解釈には介入すべきではないのであるが、しかしこの展覧を行うために、筆者は別に選択することもなく、ただ渦の中に飛び込むほか無かったのである。筆者は台湾の近百年の人文の発展を反省し、この肝腎のことがらについての諸々の論争に介入せざるを得なかったのは、まさに一九四九という象徴的な年がそれ以前の歴史の発展とそれ以後の歴史の展開とを結びつける枢紐の役割を果たしていると考えるからである。

本展覧の位置づけによれば、「一九四九」の意義は二つの源が合流しているところにある。台湾というこの島嶼では、東西が合流し、海陸が交叉し、因縁が寄り集まって、思いもよらないことが多く産まれている。私たちは常に悲劇的に始めつつ逆に喜劇的に締めくくったり、また始めには及びも付かなかったような驚愕に偶然因りながら、しかもまた始めには及びも付かなかった驚喜を収めてきたのであるが、（こうした反省の中で）私たちは知らず知らずのうちに結局近代日本―近代中国の学術制度を集め合わせることになったのである。現代の学術制度は現代国家がその力を精錬した産物であり、全体としての国力の展示場であるが、台湾人民は現代の人文学術に参与する過程で、当初はいずれも主動的に起こしたのではなかったが、しかし後における発展はかえって受動的に協力するというものではなかった。こうした異なる流れを合流するという特性に由って、台湾の人文学界は東アジアの他の地区に比べて、より一層独特の位置を占めているのであり、それは一種の総合的で異質的な内容を具え、その植民地的現代性はかえってそれに更に多量のエネルギーを蓄えさせたのである。「一九四九」が蓄積したエネルギーは一九八七年の戒厳令解除以後、その作用はしだいに明らかになってきたであろう。私たちの展覧の一九八七年に対する位置づけは台湾自体からのものであるが、その特色は（台湾だけからする位置づけである）本土化、（台湾と中国大陸との関係からする位置づけである）両岸化、（世界全体からする位置づけである）国際化という三種の見方が同時に発展していることである。以前の戒厳体制は同時に台湾本土からする論述、現実中国からする論述を抑圧し、欧米から吸収することに対してもかなり選択的であって、それは全面的に人文学界と敵対していたのである。一旦この高圧的な規制が除かれた後、予想されたことは、もともと抑圧されていた要素が必ずや飛び出てくるということであったが、しかし、「本土化」「両岸化」「国際化」という三種の「化」が明らかになるという構造の外に、私たちはまたさらに奥深く隠れていた要素を見つけたのである。これがつまり一九八七年以後の人文の発展であり、知らず知らずのうちに第一期の二源である近代日本の学術と近代中国の学術との作用に呼応し、また各区域の特殊性を考慮した東アジアの論述が再び起こるであろう。

戒厳令が解かれた後、「本土化」「両岸化」「国際化」は一緒になり浩浩たる流れとなっているが、この巨大な流れの中で、「本土」「両岸」「国際」ということの内容も恐らくはゆっくりと定義し直される必要があるであろう。私個人の見方としては、未来の歳月の中で、中国語は必ずや一層重要な国際語となるであろうし、華人の人文的伝統は「中国の興起」あるいは「東アジアの興起」を体現した解釈力を大いに賦与されるであろう。この「中国」を中心とした秩序の再構築は、一九世紀末から第二次大戦の終結に至るまでに日本が演じた役割に再び呼応するものである。京都学派の学者がその内部で参与した「近代超克論」は、東アジアが近代世界史の流れの中で外部の他者から定義されることに甘んぜず、共に秩序を構築する渇望を持っていることを深刻切実に反映しているが、私は台湾の人文学者が七十年前の日本の学者が演じた役割を再び演ずる機会を持ち、ただし、有意義にそれを超克する機会を持つであろうと信ずるものである。なぜなら、私たちの歴史の堆積には強烈な東アジア的性格があり、台湾の本土化の内容も同時に東アジア化と国際化の要素を帯びており、深層の構造から視ると、台湾近百年の人文研究の歴程が、東アジアの要素がこの島嶼で整備醸成されてきた歴程であると見なすことを妨げないからである。

私たちの展覧会では、図録一部、文集一冊、展覧作品集一冊を出している。この二冊の図録は（国立清華大学）人文学院が推し進めてできた最初の展覧図録であり、そして又、恐らくは最後のものとなるであろう。私たちの図録の内容と筆者である私が構想した青写真とは完全には同じではない。どの学問分野にもそれぞれ思いがあり、やり方もそれぞれ違いがあるわけで、そのため、たとい極近い大きな括りの中でも、なおはるかに隔たった解釈が出てくる筈だからである。私は国家科学会人文学部門の友人達の助勢に大変感謝しており、そして（この仕事に）一緒に携われることが愉快きわまりないのである。これらの友人達は当意即妙の智慧と理解とに加えて、それぞれ手腕にすぐれ、逼迫した条件の下で、悠々として百年間の文書や書画の断片を切り取り、燦然として人を感動させる歴史絵巻に仕立て上げてくれたのである。本図録を編集した元来の目的は台湾社会に献呈したいというものであるが、ただ私個人が思うには、もし留めておけばみんなの共同の記憶としての切り抜きとなり、また（これを材料にして）大いに過去を語りうるのである。

（本文の初稿は『人文与社会科学簡訊』一三巻一期、（二〇一一年一二月）に公刊された。）

まだアンコールを求められてもいないのに　アンコールに応える言葉

「中華民国百年人文伝承大展」の台中会場と台南会場が前後して閉幕し、中華民国一百年と百一年とに跨る年度の盛大な事業もここで一段落を告げることになった。海外にいてこの文化の饗宴に与ることができなかった人々はまことに遺憾との思いを免れないであろう。この一年有余を回想すると、学界の友人達がこの盛大な事業に共に協力してくれたこと、（台湾の）北部、中部、南部の三会場で事業に携わった人々の甚大なるご苦労に対して、また満腔の感謝の念を抱かないわけにはいかない。

この百年間の人文学術の業績はもともと存在しているものであり、この一百年の各時期に累積されてきたものの総体的成果の中に存在している。このたびの「大展」に関わった学界の友人はみなこの大いなる歴史段階の中で成長してきたのであり、みなこの人文伝統から恵みを受けており、またみなこの歴史の最近の時期の形成過程に参与しているのである。しかし、その中に参与しながらその中の含義について、観ても了解できず、在っても具体的に思いにくく、思っても存在させ得ず、構造が無形である中に、私たちが反省思索する領界を設定するのである。私たちは自分の学問の成長過程に対して、知るところは実にきわめて有限である。現在、「百年」という数字が支える機縁があることで、私たちは堂々と胸を張り、従容として迫られずに、この反省思索をなす機会を得て、ようやく我が国百年間の人文学術の発展が結局これほどに曲折していることをかなり具体的に領解できるのである。

一九世紀中葉、欧米の帝国主義者が招かれもせずにやって来た時、清の朝廷の中の有識の士は、これは千年以来無かった大変な局面だと、深い感慨を抱いたのであるが、李鴻章は更に時間を引き延ばし、「三千年」と言ったのである。政治の方から見れば確かにこうであるが、文化面からすれば、一層こうなのである。文化面からする変局をちょうど私たちの百年間における人文発展という脈絡の中におくなら、私たちの現在の学制、学科、学問といった術語はみな百年前ごろに樹立されたもので、この百年の発展はこうした新しい学術体系の成長期ということができる。千年来まるで無かった変局の、政治、経済、軍事各方面における作用は、その大半は変じて歴史的意義となり、或いは構造化してしまっているが、しかし、人文科学の変局は、まだまだ進展中であり、私たちがこの百年来受けている文化の衝撃の大きさは、歴史上のいかなる一時期よりも遙かに超え出ているのである。仏教東漸の影響は非常に大きいのであるが、しかしどれほど大きかろうとも、それらがすべて深層にまで及んで、学制、学術用語、思惟モデルの層までをも動揺させることはなかったのである。殷海光先生は生前常に「五四以後」の時期の人物だと自称されていましたが、というのは彼は五四運動への強烈な思いを抱き続けておられたからです。私たちがもし範囲を広くし、局面を大きくとれば、なお「厳復後」甚だしくは「曽国藩後」の年代に生きているのであって、伝統知識の現代的転換はやはり重要な学術の議題であると言うことが出来る。

台湾は他の華人地区に比べると、百年来の政治状況はとりわけ複雑である。構造面から見ると、日本による植民統治と国民党による台湾統治という二つの時期がこの時期の歴史をほとんど等分している。日本の統治技術はまさしく一流で、現代化という物質面から考えると、台湾もなんとも奇妙なことに植民地としての現代性を持っている。それゆえ、今に到るまでなお正面からする研究価値がある程度あるし、また植民地時代の歳月を懐かしく思う人々もいて、このような思いにはとにかく幾分の道理があるのである。しかし人文科学の角度から着眼すれば、日本統治時期の貢献が結局は多大であったということについては、恐らく仔細に考察する必要があるであろう。植民帝国がもし植民地にかなりの学術を打ち立てたというのであれば、それらの学術は通常植民地（経営）の利益と密接に関連しており、日本とて例外ではないのである。

台湾における百年来の人文発展の重点は、当然ながら、一九四九に国民政府が台湾に遷移してから後の時期においてであるべきであって、質的にであれ、量的にであれ、みなそうなのである。たとい、「中華民国百年人文伝承大展」の重点から見たとしても、恐らくはまたそうであって、一九四九以後の中華民国における人文学術の発展をそれ以前の大陸段階の発展に比べると、必ずや多くを譲らないであろう。「中華民国」という概念には、憲法上の意義と現実の政治状況との間には深刻な落差があり、そのため、論者にはそれぞれの解釈があるであろう。しかし、私たちは広範な華人の政治的実体という観点から見ると、私が信ずるところ、一九四九以後の台湾地区における人文学術の発展は、以後の歴史評価ではきっと非常に高い位置を占めており、その成果は歴史家の評価が高い六朝期の河西や五代時期の呉越にしても比較できるものではないであろう。二〇世紀のまるまる後半に、全世界の大部分の漢学研究と地球規模の華人文教事業を支援した国家は、中華人民共和国では決してないし、シンガポールや香港もそうした考えをもっていなかったのであって、それはまさしく（台湾と既に一体化した）中華民国なのである。筆者は幸いにマレーシアにしばらく滞在したことがあったが、そこの学徒が大マレーシアの華人学校と華人教育の艱難辛苦や、台湾の教材と教員の支援、台湾に来て教育を受けることなどの種々の経過をとりあげるのを聴いたことがあったが、言うものも聴くものもほとんど涙を流さんばかりであった。マレーシアの華人文学は、台湾と大陸という両岸の華人とは異なった歴史経験をもつ華人の心の声を反映しており、彼らは自分が熟達している母語を十分に使用して自己独特の生活経験を描写しており、これらの成果が全体の華人文化に対して及ぼした貢献は多大である。台湾はこの関鍵の時期に、我々の海外華人に対して時宜に適った援助を提供できるなら、その作用は恐らく第二次大戦後にアメリカの援助が多くの国家に及ぼした威力を下らないであろう。台湾にも華人文化のマーシャルプランがあるのである。私たちは一九五〇年代以後の台湾の地位に思いをめぐらす時、もし具体的な華人文化という観点から着眼できるのであれば、筆者が信ずるところ、かなりの新たな視野が開けてくるはずである。

私自身展覧会開催の提案者でありながら、私は友人と展覧会開催部署に対してこんなに多くの迷惑事を増やしてしまい、感謝と陳謝をするだけでよかったのに、実にこんなにも話をしてしまったのですが、しかし香港や大陸の少なからざる友人達が私たちの展覧図録を見て反応したのを目にして、いささか感動せざるをえなかったのである。一人二人の海外の友人が「一九四九以後に、幸いにも台湾があるんですね」と言うだけではなく、また「幸いにも香港、台湾があるんですね」と言う人がいるのである。

もしそうでなければ、世界がどうなっていたかはわからないのである。もし一九四九以後、台湾が別の海南島に変わっていても、世界はやはりいつも通りに動いているであろうし、ハリウッドの映画とパリのファッションとはやはり一様に全世界の人々の想像を征服するであろう。しかし華人文化の損失は想像できないほど巨大であり、たとい共産中国であってもそれを彌縫できないほどであろう。それが最も有意義な反対の力を失うからである。

友人は私に「君は現在もなお一九四九に国民政府が渡海南遷したことについて、その意義は永嘉や靖康の南渡と比べられる、と信じているのかね?」と問いかけるだろう。私は彼が台湾の現在の人文学術が直面している事態を心配していることを知っているが、しかし、実事にもとづいて是非を求め、歴史によって歴史を論ずるならば、どんな懐疑好きも決して問いかけなどしないであろう。

(本文の初稿「アンコールに応える言葉(謝幕語)」は『人文与社会科学簡訊』一三巻三期(二〇一二年六月)に刊行されている。)

羅大佑の歌の中に「鹿港小鎮」がある。鹿港の小さな町には決して歌詞に説くようにネオンが無いわけではない。鹿港にはただネオンがあるだけではなく、なお非常に堅実なその地の文化的伝統があるのである。大体のことを言えば、鹿港という地方だけにあることだが、龍山寺というお寺が九二一の地震で壊された後、その地の企業家が集まって資金を調達し、元来の場所に、元来の姿で、元来の材料で、まるまる七年を費やして再建したのであり、龍山寺は鹿港人の永遠の誇りである。また鹿港というこの小さな町では民選の町長と全体の町民とがかれらの生活様式を保護するために、杜邦設廠（の建築）に反対する運動を起こし、綿々として絶えることのない台湾の環境保護運動の幕開けをしたのである。羅大佑が鹿港を選んで現代化を批判する象徴としたのには、独特の眼光があったのである。強者が統治していた（国府統治時代の）晩期、「鹿港小鎮」の歌は、粗暴な声色で大空を焦がすような訴えを叫び上げたのである。

しかし鹿港は博物館ではないし、鹿港の小さな町は偽骨董屋式の観光で町並みを造ったのではなく、鹿港は頑強な生命力で非常に風格のある現代的な都市を生み出しているのである。この台南や（台北の）艋舺と併称される古都は全台湾であまり見かけない密集する詩社、書社、南管、南音などの社団を持っているほかに、それはまた香鋪、糕餅、絲繡といった伝統的産業を保存している。このほか、さらにまた台湾企業家の現状をまさしく代表できる宏碁、和信、華碩、宝成などの大企業をも持っている。鹿港の伝統は活きた伝統であり、活きた伝統は新旧両時代の産業と生活様式を貫いており、また新旧両時代の市民運動を貫いている。鹿港は台湾の環境保全運動を華々しく始めたばかりではなく、鹿港はまた首長の補選で（国民政府を支持する）藍党や（国民政府を批判する）緑党の指導者を引きつけて、全国が属目する焦点となったのである。

鹿港というこの地区があるだけで、私たちは伝統文化の分厚い基底が現代の社会実践とほとんど縫い目も見分けられないほど緊密に結びついていることを見出すのであり、洪棄生から粘錫麟まで、陳懐澄、陳培煦父子から荘太岳、荘垂勝まで、櫟社から構社までの鹿港人の市民運動が通俗でありつつ高雅であり、さらに重要なのは力があることである。

鹿港は華人の民主実践のショーウインドウと視ることができよう。鹿港の文史方面の活動は数十年来の台湾の社会運動の中でこれまで席を外したことなど無かったが、それはまさに、生き生きした実践がその土地から成長しまたそこに足場を置いたことで、彼らは都会型の知識人とは大いに異なり、伝統と現代の接触にとりわけ敏感であり得たからである。二〇一三年の秋、鹿港の文史方面の活動者たちを主軸とした鹿耕講堂の成員が、文開書院の庭園を借りて「台湾で中華文化を語る」と名付けた青空文化論壇を行ったが、単に文開書院と鹿耕講堂という名称だけで大いに象徴的意義を具えているのである。文開書院は台湾の文献の祖である沈光文（字は文開）を記念するために設立されたものであり、鹿耕講堂は鹿港で有名な一人の文化人鄧伝安（字は鹿耕）を記念するために設立されたものである。鄧伝安先生は長期に渡って文開書院を支持され、鹿江の風雅を扶助され、鹿港の地方人士に大きな功績があったのである。鹿耕講堂を設立する宗旨は漢学文化の延命継続にあったと位置づけられているが、しかしその視角はかえって非常に現代的なのである。

鹿港の人文学方面で活動したこれらの人々の長期に渡る社会運動は、漢文化の生命力に対して非常に切実な体認をしたのであり、かれらの仕事もきわめて自然に伝統の要素を現代の実践のただ中に入れ込んでいるのである。豊富な歴史の堆積がある文化風土の上で成長してきたこれらの文人たちは、かれらの伝統がいかなる政党に壟断されることも安易に受け容れようとはしなかったのであり、台湾の文化資産はまさに台湾のあらゆる政治団体に共有されるべきなのである。台湾の社会では常に文化の論理と政治の論理とが一緒にされてしまうことを考慮し、彼らは国内の人文学者と反対党とが対話するように要請することを決めたのである。これらの友人達と反対勢力との相互の働きかけがやや頻繁になり、相互に信任するようになって、蔡英文主席の視野もまたかなり広くなったのである。こうしてこの論壇が、蔡主席と哲学領域のドイツ人学者ホーベル（何乏筆）と筆者という、三人による鼎談をしつらえ、並びに二人ずつ相手を代えての対談を行ったのである。

「中華文化」という言葉は現在の台湾社会ではきわめて過重な意味合いがある。この言葉は第二次大戦後の複雑に累積してきた歴史的記憶を引きずったまま、よろよろと現代までやって来ており、（国民党の）藍色と（民進党の）緑色の両陣営の人々のこの言葉に対する記憶と感情的反応とは南轅北轍であると確定することができる。もし鹿港の友人がこの言葉を使わず、「華人文化」或いは「漢文化」という表現を用いれば、問題はきわめて単純になるであろう。私が思うに、反対党側の友人とて漢文化が台湾文化の重要な内容であることに反対する筈がないであろう。鹿港のこれら文史事業に従事する友人は機を見るに敏であり、考えを回らすに霊妙である以上、彼らがこの古びた題目を選んだのにはまさしく道理があるはずである。

私は後になってこの題目の意義がやや分かるようになり、この言葉の無用であること或いは反作用というものがまさに無用の大用でありうることを知ったのである。鹿港のこれら文史事業に従事する人々の政治的立場は相当に台湾本土的であって、一般的に言えば、反対党の主張にきわめて同情的であり、かれらはこの言葉を

2013年の秋、鹿耕文化論壇の宣伝ビラ。論壇の内容は雑誌『思想』第25期に掲載。

使用する効果を当然知っているのである。かれらは当然また次のことも知っているのである。「中華文化」という言葉は近代史の産物であり、「文化」とはもともと一九世紀以後に日本で造られた翻訳漢語で、この「文化」に「中華」を加えたものであること、「中華」という言葉がきわめて早くに出現していたとしても、「中華文化」という複合名詞は必ずや「中華民国」「中華民族」という言葉と一緒に興ってきた新しい概念なのであり、現代の国体とか民族という概念が興る前、「中華文化」という言葉の内容は曖昧で空洞なるものであったし、この概念が明晰になってから後、島嶼である台湾と大陸との歴史的命運にはかえって急速に生じた断層が存在することになり、「中華文化」は百年以上もの歴史的内容をおのずと含まされるようになったのである。

しかしながら、「中華文化」という言葉は、使用することを回避しようにも回避出来ないものである。先ずは、民進党が「台湾前途決議文」を通した後、たとい民進党の人々の認識に依るとしても、中華民国はすでに台湾と一体化しており、「中華文化」と「台湾文化」とはすでに相互に絡まり合い相互に浸透しあっている関係なのである。たとい四百年来の台湾における漢文化と中華文化との実質的な関係を問題にせず、ただに光復以後、とりわけ（国民政府が）一九四九に海を渡って台湾に大挙遷移してきて以後だけに限っても、「中華民国」という政治的実体が浸透させた「中華文化」はすでに台湾文化の実質的要素になっており、「中華文化」は決して（国民党という）一党や（蔣介石などの）一族が専有する利益ではないのである。反対党の人々は現在きわめて自在に「中華民国」という言葉を使用し、きわめて情熱的に青天の白日が大地一面に輝きわたる旗を振りまわせるようであり、かれらが明朗磊落に「中華文化」についての叙述を使用できない理由などはもはや無いのである。

台湾と大陸という両岸関係の現在の状況に目を向けてみると、私たちも中国の崛起が必ずやもたらすであろうことの世界史的意義を正視しないわけにはいかない。中国が崛起し、アヘン戦争以来、東方世界の挫折と東方世界の反抗とがまさに歴史の転換点に立っている時、私たちは注意しないわけにはいかないのである。中国を代表とする東アジアの現代性はまさにその出口を探しあぐね焦眉苦慮しているのである。反右派闘争や文化大革命の中国はすでに過去のものになっており、古なじみの共産党の言葉（たとえば「階級闘争」とか「無産階級専政」など）は早々に死んだ漢語になってしまっている。中国は現在確かに途方もなく大きな難題に直面しており、政権の性質は特に辣腕であるが、しかし中国は上下すべての人々が一生懸命有意義な「中国性」の現代的な出口を探し出そうとしており、その趨勢は非常に明らかなのである。両岸は政治と経済とが複雑に絡まりあい相互に動かしあっていて、その関係はもはや後戻りできないのである。「中華文化」という言葉の内容は浮動するものであって、その現代における動きはすでに文化大革命の時期と同じであることはできなくなっており、台湾人民がもし現代の中国社会と対話しようとすれば、この言葉を用いないではいられないのである。

しかしまたさらに積極的な理由があるであろう。台湾の歴史には断層が特別多いために、断層が断裂をもたらしているのであるが、しかしまた豊饒と多元的な歴史の堆積をもたらしてきているのである。とりわけ台湾における漢文化の伝統と一九四九以後に海を渡ってきた中華文化との間にはかなり良好な整合があり、いくつかの主要な華人社会においては、その別種の現代的転化がとりわけて明らかなのである。となれば、両岸の関係は緊張した「内部の主権関係」という論述から「外部の文化方面の発展」という論述へと転回できるであろうし、台湾もいま到来しようとしている新しい東アジアの現代性という大いなる過程において、いっそう重要な役割を演ずる機会を持つかも知れないのである。簡単に言えば、「中華文化」が台湾にもたらしているものは百年に一度も遭遇できないような希有なる機会であるかも知れないのであって、共産中国に併呑される危機ではないのである。

「中華文化」という言葉とその内容とが回避できないとすれば、この言葉がもたらす感情的問題は徐々に消え去るであろう。台湾の近代の歴史における混雑性によって、「台湾における中華文化」と各種異文化との対話能力は相対的に言ってかなり高いはずである。「中華文化」ついて何度と無く論述しようとも、その結果は必ずや表面に現れた現象と正反対になるであろう。「中華文化」は民族主義的色彩を落としていくはずであり、その相貌はしだいに台湾本土風になり、同時にしだいに国際的なものになっていくはずである。鹿港の友人達がこの言葉を選んだについては、必ずしも考えに考えてのことではないようであるが、かえって奥深い意味が蔵されているのである。

（本文の初稿は『思想』第二五期「在台湾談中華文化」（二〇一四年五月）に公刊された。）

台湾の創造力と中華文化という夢

一

どの言葉もみなそれ自身の生命があり、異なった段階ではその内容は一様ではない。現在のこの段階では、「台湾で中華文化を談ずる」ということは恰好の時機ではありえない。というのは第二次大戦後数十年来、「中華文化」という言葉を国民党政権が反覆して操作してきたこと、それに台湾の在野勢力が反覆して反撃してきたこと、加えて対岸の社会主義政権が国家の機構を掌握して干支が一巡する間、その前半は粗暴愚鈍で残酷に対峙し、その後半は粗暴愚鈍で有耶無耶に擁護してきていて、「中華文化」ということの言葉はすでに心穏やかに静謐に語ることなどできにくくなってしまっているからである。しかし事物の本質に立ち返るならば、華人は言語、文字、歴史伝承、社会風俗によって形成してきた文化様式をもっており、この文化様式は華人、それ以上に両岸の華人が共同に享受する要素であって、このように言うことはまさしく常識に符合するであろう。常識には普通、構造的な要素があって、長期的に視るなら、なんの証拠も無しに構成することは出来ないのである。民進党の指導的人物も非群衆運動の少なからざる場合においては正面からこの問題に応答してきたのである。

しかしこの常識的な議題がまだ提示するに値するのは、常識が目前のもつれを解きえないからであり、私たちは「中華文化」にはなぜこうした運命があるのかを正視する必要があるからである。明らかに、「中華文化」が窮地に立たされることになったのは、戦後の台湾政局が産み出したもので、日本統治時代や、光復してから一九四九年まで、少なくとも二二八の時期までは、こうした現象は存在しなかったのである。一つの権威を持った政権が「中華文化」の解釈権を壟断した時、政治的見解を異にする人々は、この言葉の内容を権威ある政権とは異なった受け取り方をしようと思わなかったのは、中共が「中国」という言葉の解釈権を壟断した時、「中国人」という言葉が台湾では歓迎されることなどできなかったのと同様である。意義は語意の差違の中で産まれるのであり、も

鹿耕論壇の一景。榕樹の背後が鹿港の文開書院。文開書院は台湾文献の祖である沈光文の字である文開にちなんで命名された。写真は右から何乏筆教授、蔡英文主席、筆者、頼錫三教授。

し（仏典の『中論』諸品の随所で繰り返される）龍樹の言葉を用いて言うなら、なにものかと対照する中で産まれるものだと言えるであろう。共通認識ではない一つの「中華文化」とか「中国」とかが島嶼に入ってきた時、それらと対照されるべき一つの「台湾文化」とか「台湾」とかが産み出されないわけにはいかないであろう。中国と台湾という二元的対立は不幸な発展ではあるが、しかし政治的言語が産み出す機制から見れば、かえって必然性がある。混乱を避ける為に、私はまた「漢文化」あるいは私自身が以前用いていた「漢華文化」という言葉で代用することにはこだわらない。しかし目前における両岸の状況のもとでは、「中華文化」というこの中国民族主義的色彩を帯びた言葉を使用するのは、まだ必ずしも不都合ではなく、それは台湾社会の（「中華文化」とか「中国」とか「中国人」とかの表現を受け容れることに）「弱腰」の人々に衝撃を与えることができると思うのである。

「台湾における中華文化」というのは、認知するかどうかという問題ではなく、集団としての感情の問題であって、この集団的感情は集団的記憶の形成と歴史が展開する過程とに深く影響するのである。「集団的感情」という問題であるからには、私たちにはこの歴史の凝りがどのようにして形成されてきたのかをほじくり出す必要があるが、しかし現在というこの時機はさほど好くはないけれども、またひどく悪くもない。というのは、戒厳令が解かれて以後、中国国民党と台湾とはすでに結びついて一体となっており、そのいかなる主張も台湾の現実から離れられなくなっており、このため、中華文化と国民党との天然自然つまり当然至極の結びつきはもはや存在しなくなっているからである。スローガンを離れた「中華文化」は国民党にとってこれまで不都合であったわけではない。というのはそれが台湾の現実に直面しようとし、もし「中華文化」がまだ有意義であるなら、「中華文化と台湾」の関係が議論の場に浮上しないわけにはいかないからである。戒厳令の解除は反対党にとってもいいことである。というのは「迫害を受ける」という光輪（すなわち護符として）の加勢が無くなったことに困って、それは「台湾文化」の実質が指すものは何かを必ずや正視しなければならなくなったからである。「文化」とはあまりに大きすぎるであろう。それはカントが批判する「時間の起源」「世界の辺際」と同様、ほとんど認識の対象にしようがないのである。しかし、私たちが「台湾文化」ということを説く時、通常採用するのは地理モデルにおける「属地」という概念であり、それはまた台湾が活動の基地を提供し、この島嶼上に発生する事物が文化の内容を構成しているのである。政治に関わる人物たちがこうした思考を採るのは決して誤りではなく、台湾がおかれた政治の現実から見れば、このような立場は非常に政治的に正確である。それは選挙の票は台湾島のあらゆる公民が投ずるものだからである。曹永和院士は政治に対して敏感すぎる人では決してなかったが、しかし彼が提出した「台湾島史観」は、またまさに「土地によって人を属させる（以地範人）」という概念であり、その作用と政治上の属地、属国の理念と一致しているのである。領土は走り去っていくことはないが、容易に切り裂かれ、また「大いなる地母神」への帰属感を引き起こすことができる以上、領土の隠喩はどうして用いないわけがあろう。

しかしながら、「文化」を語る場合、焦点を空間に据えるという、この想像には制約があるのであって、たとい政治の観点からするだけでも、またそうなのである。政治にかかわる人物たちが文化を語る場合、通常「主権」と「地理的空間」との結合をあらかじめ設定しており、そのため文化は「一国の文化」となってしまう。こうした考え方は「政権は人民に由る」という正当性をあらかじめ設定しているのであるが、しかし「人民」の内容はかえって領土の概念で限定することはできないであろう。人民の本質は「文化」であり、「文化」は人民の創造物であり、人は言語、文字、伝統をもつ存在であって、その内容は主権国家の政治上の公民に比べてそれ以上に遠大なのである。ヴィコやヘルダーなどが主張して以来、「文化を了解することと自然を了解することとは同様ではない」というのはすでに文化を解釈する場合の前提となっている。私たちがもし台湾の住民を構成するという角度から見るなら、台湾文化の多元性を否認することはできないが、しかし同様に、漢字、漢語、漢文化が主導的な力を持っていることを否認することはできないのである。漢字、漢語、漢文化には絶対的な本質などは無く、それもまた流動するものであって、「漢族」という概念とは必ずしも重なり合わないのである。閩南人（すなわち福建地域の人間）の血液は（往古のままではなく）結局のところ流動しており、「往古の漢人」の成分がどれだけあるか、非常に疑わしい。台湾社会に焦点を据えて言えば、漢文化はより一層、直接的に漢族に引きつけるべきではないであろう。私たちは原住民の地位と新住民の声とを尊重しないわけにはいかないのである。そうであっても、漢字、漢語を乗り物とする漢文化はやはり台湾の主導的な力であって、それはまた比較的容易に台湾の非漢族が共に恩恵を受け、また通い合える成分となるのである。漢字、漢語、漢文化には歴史の長さと深さがあり、また族群を跨ぎ越えるものであり、それははるか以前、両岸が分割統治される以前から存在しており、その存在はまさしく漢民族の区域を越えたものであって、台湾文化の内容はこの族群の区域を跨り越え、歴史の長さと深みとを豊かに具えた性格と離れられない関係をもっているのである。

一旦、漢字、漢語、漢文化という角度から着眼すれば、私たちはそれがもつ創造力の潜在能力を正視しなければならない。漢字、漢語、漢文化は豊富な文化的伝統を継承し背負ってきていること、これは事実なのである。漢字、漢語、漢文化は日本統治時代に台湾人民が民族としての同一性を自ら確保する上での最も重要な精神的武器であったこと、これは事実なのである。漢字、漢語、漢文化が近代の東アジア世界の構造において、きわめて豊富な文化交渉力の歴史的蓄積を帯びていること、これもまた事実なのである。台湾住民の大部分が漢字、漢語、漢文化によって思考するということ、これは一層事実なのである。言語、文字は精神の具体的現れであり、創造力の源泉であり、主体の構成要素であること、これまた事実なのである。(中華民国と中華人民共和国というように)主権は自ら保持し、切断し分割できるものである。しかし漢文化は東アジアが共に享受し交流し合える要素であること、これはやはり事実なのである。これらの事実の基礎のもとでは、「漢字、漢語、漢文化は台湾人民の創造力の最も重要な来源である」という説に反駁することはきわめて困難である。台湾住民以外のほかの華人あるいは東アジアの人々が私たちとこれらの資源をどの程度共に享受できるかどうかにかかわらず、また私たちが台湾以外の他の地域の華人社会を歓迎するかどうかにかかわらず、この構造的事実は改変するはずがないのである。

筆者の信ずるところ、台湾問題を考える時、論者がもし政治の視野を文化創造力の角度へと転ずることができるなら、台湾の漢字を媒体とした漢文化には非常に強い競争力を具有しているという、この論断はあるいは非常に大きな挑戦（すなわち批判なり反対なり）を受けないはずである。どうして「台湾の漢文化」という表現を「台湾の中華文化」という表現に改めたときに、反応が同じではないのだろうか？　原因はやはり恐らくは語感の背後にある政治的連想であろう。如何にすれば「中華文化」という言葉を意識形態化しうるか、あるいはそうすることこそが問題解決の関鍵なのである。

二

「台湾における中華文化」という言葉は複雑な集団感情の反応を容易に引き起こすのであり、「漢字文化」とか「漢文化」のような単純なものではないが、しかしこの言葉の最大の取り柄はそれが未来の東アジア世界の形成に介入できることである。「台湾の中華文化」は歴史的意義があるだけではなく、それはまた台湾社会の構造の要因であり、さらに台湾が未来に非常に大きく進展することを推し動かす歴史の動力でありうるのである。文化の観点から考えるなら、台湾と中国、台湾と東アジアの関係は疑うまでもなくいささか曖昧なのであるが、しかし創造力は曖昧なるもの――たとえば言語、技術の創新性に由来しているという、この現象は非常にはっきりしているのである。台湾の現代の中華文化は明らかにもはや帝制中国で展開したようなものだけではなく、近代、すなわち西方が引き起こした歴史の波浪にも由来する豊富な歴史の堆積を受け継ぎ担っており、また東西文化の翻訳地点である〝日本橋〟を通過してきた文化資産を承け継いだのである。現今台湾の中華文化の伝統の中には既に古典的華夏世界の部分を含んでいるばかりではなく、また近代の東西夾雑の成分も包み込んでいるのである。このような混淆性は何とも整理分別しようがなく、これこそが痛苦の来源であり、もし筋道を捜し出し、柳暗花明（と陸游が眼前に新たに開けた農村風景を詠ずるように、美の新たな境地が展開するよう）なら、台湾の創造性の基礎は一層広がり深まるであろう。

中国を核心とした東アジア世界はもともとそれ自体の歴史過程をもっていたのであるが、工業革命、資本主義帝国が興った後には、グローバル化の情勢が東アジアの歴史の歩みを破ってしまったのであって、東アジアの現代化は圧迫された現代化であり、また外から加えられた現代化である。しかし東アジアは本来それ自体の歩みをもっており、近頃中日両国の現代性についての研究が日増しに豊かになり、考察の視点も次第にはっきりとしてきて、（中国の現代性を問題にする時、その発展開始の時点を定めるのに宋代か明末かに照準をあわせるのが最も注目されている説である。それらがどう言おうとも、東アジアにはかなり安定した堅実なる歴史の伝統があるのであって、ためにそれがもともとあった歩み、甚だしくは秩序に至るまでが乱された後は、「東アジアの反抗」あるいは別種の意義を持った「東方論」が醸成されるのである。この「東方論」はサイード流のあの帝国主義の目に凝視された類型、それは反帝国主義の自己肯定であるが、それではない。東方社会は、ほとんど一期間を隔てるごとに「東亜価値論」「近代超克論」「儒家資本主義」「郷土文学」といった類の運動の発生を見たのであり、そのうえ、単に中国だけではなく、日本、韓国、シンガポール、マレーシアなどの諸国にみなこうした声が挙がったのである。単に政治の領域だけではなく、教育、文化、芸術などそれぞれの領域で別々に反響があったのである。この千篇一律の現象は、規模が十分に大きく、時間も十分に長いのであって、「東アジアの反抗」は歴史の拠り所があるのであるが、「東アジアの反抗」にはまた当然陥穽があって、日本が第二次大戦で犯した誤りは最も明らかな踏み外しであるが、有意義なる反抗であろうとすれば、(単純な)民族主義と結合しがちな危険を必ずや正視しなければならないのである。

乱された歴史の過程がある以上、反抗しないわけにはいかないし、反抗の成果も上がらないわけにはいかない。筆者が見るところ、一九世紀末から第二次大戦前まで、日本は「別種の東方論」の実行者を演じていたのであり、二〇世紀末以降は(中共が専権を握る)中国が日本に取って代わって「新東方論」の機関車役を演じているのである。中国は政治の中国、経済の中国以外に、それは現在きわめて明らかに別種の価値の提供者を演じているのであり、少なくとも現在の社会主義中国にはこの強烈な企みを持つ心があるのである。いかなる帝国であれ、ソフトパワーの支持から離れることはできないのであって、近代の帝国であるフランス、イギリス、アメリカ、ソビエトなどみなそうなのである。自由、平等、博愛、人権、革命、階級闘争、反帝国主義などといった語彙を離れれば、私たちは途端に近代社会を了解出来なくなってしまうし、これらの帝国もそれ自体として存在できなくなってしまうのである。中国は現在唯一「人民」を呼号し「国際」を呼号する要素を用いることが出来るのであるが、それは大体、共産主義ということにおいてではなくて、一種の「文化の中国」という想像なのである。

中国が「文化の中国」を必要とするだけでなく、世界もまた「文化の中国」を了解したいと思っているのだが、しかし歴史はこれ以上無いほどに常識を超え出ているのである。どういうことが「文化の中国」なのか。どうすれば（政治と経済の）中国を「文化の中国」に変化させることができるのか。「文化の中国」というのは実を言ってきわめて曖昧模糊であり、中国ではその姿形はとりわけ曖昧模糊なのである。しかし、世界における中国の役割は疑うべくもなくいよいよ重要になっており、「文化の中国」という要求もいよいよ切実になっているのであるが、この趨勢は目にしうる時間内には改変できないであろう。こうであるからには、もし中国が真正なる中国の夢を体現することが出来なければ、天下はまさしく天下の人々の天下であり、両岸は悠久なる文化の伝統を共にそれぞれ享受してきているからには、もし私たちが一九世紀以来の強烈な主権思想の枷から離れて、「中国」や「中華」ということに含まれる多元的内容の結び目をほどくことが出来るのであれば、どうして台湾が（中国に代わって）中国の夢を実現することができないであろうか。台湾のため、中国のため、また世界に普遍的な文化理念のために、台湾の漢文化は十分なる伝統の力を積み上げてきているのであり、また無数のものが混じり合った異質の力を混淆しており、それらはすでに推されて第一線となっているのであるから、どうして禅宗の勧めを採り上げないのであろう。「懸崖で手を放し、力を奮って一躍する（撒手懸崖、奮力一躍）」である。どうして私たちは自らの資産を活用しないのであろうか。

私たちが現在の中国を喜ぼうと喜ぶまいと、両岸の華人が共に継承してきた華夏文化は人類史上まことに燦然と輝く文化の一つであり、それが含んでいる現代性的資源は、最初に満清が中原に君主となってから後の政治的弾圧に挫折させられ、さらに一九世紀中葉以来の西洋現代性による東アジア地区の席巻によって全面的に挫折させられたが、しかしながら、この外から加えられた現代性は現今確かに隘路に直面しており、中国の伝統が提供する文化資源に新たに接続することは既に教室で討論する議題ではなくなっており、生き生きとした現実問題になっているのである。そして台湾における中華文化には、底層の伝統文化と一九四九年の中華民国の中華文化との接合があり、またあまたの歴史の断層がもたらした異文化の積み重ねがあるのであって、この混雑しまた協調的風格を具えた文化は、新たな両岸関係の構造の中で、非常に大きな作用を発揮できるはずなのである。

台湾の文化の前途は、ホーベル（何乏筆）が説くように、外から加えられた現代化が台湾本土の現代化に接合して、別種の現代化を産み出す可能性が大きいであろう。中国の夢がもし意味あるものであれば、その内容は絶対に単に政治的なもの、あるいは経済的なものだけではないはずであり、「中国の夢」は「中国文化の夢」という観点から視ることを妨げないであろう。台湾は台湾の文化によって中国の文化を実体化し、中国の文化によって中国の夢を実体化できるのであって、こうした選択は豊富な歴史的動因を持つはずである。もし本当に台湾が内側から参与しうる中国の夢というものがあるなら、台湾の政治的しこりはかえって鋭利な刃があればかなり堅牢な物も容易に切り裂いてしまうように手易く解きほぐされるかもしれない。台湾政治にしこりとなっている「主権」という概念はもとより西洋の現代性の産物であり、両岸情勢の特殊性がきわめて特別であるからには、私たちが回り道をして別の解答を求めようと思うことも出来るかも知れない。しかし、どう説こうとも、今後は、いかなる意味の政治理念であれ人民の決定を離れるわけにはいかないし、また民主、自由の枠を離れることはできないということ、これは儒家の知識人の台湾に対する最も基本的な約束であり、また清末以来のあらゆる政治勢力の人民に対する約束であって、現在はまさにそれらが実行される時期なのである。

両岸関係が発展してこの段階まで来た以上、文化の相互浸透は免れ得ないのであって、「中華文化」という名目と実質とは日ごとに台湾人民に受け入れられるであろう。台湾の中華文化はさらに別種の現代性を創造することに参与するはずであり、その構造は方向を決定するのであって、この趨勢は人間の主観的意志によって変更されないであろう。私が信ずるところ、「中国の文化が引き起こす台湾の夢」と「台湾の文化が引き起こす中国の夢」とがこの正確な歴史地点の指標の処に立っていれば、別種の現代性へ向かう歴史のバスが直接迎えに来てくれるであろう。

（本文の初稿は『思想』第二五期「在台湾談中華文化」（二〇一四年五月）に刊行されている。）

中華民国において「民国学術」を考える

「民国の学術（民国学術）」というのは中華人民共和国の用語であり、それは中華民国の成立から中華人民共和国の成立に至るまでの期間における学術を指している。この用法は中華人民共和国の脈絡において使用するのは便利であり、また、その解釈の特殊な意義もある。しかしこの人民共和国政権が転移し導引する学術の論述はただ一つの角度からの論述に過ぎない。「民国の学術（民国学術）」の内容は既に早く大陸中国の空間的境域を超え出ており、また一九四九の歴史的時間を超え出ていて、台湾から「民国の学術（民国学術）」を見れば、視野も判断もみな中華人民共和国と同じではない。というのは「台湾」は「中華民国」と特殊な関係があり、政治上こうであるだけではなく、学術の意義からは一層そうであるからである。

「民国の学術（民国学術）」は本来各歴史段階での学術分類の一つで、「民国の学術（民国学術）」は「先秦学術」「東漢学術」「明清学術」といったもろもろの断代史の学術と同列なのであるが、しかし「民国の学術（民国学術）」という言葉は明らかに各断代史の学術の隊列から突き出てしまい押しも押されぬ学術となっており、それは「民国ブーム（民国熱）」という社会文化現象と緊密に呼応している。中華人民共和国の「民国ブーム（民国熱）」は発生してからすでに相当に長い時間が経っているが、おおむね鄧小平がそれまでのやり方を改め対外開放政策を採ってから以後、内に向けての歴史的反省も共に始まったのであり、この長期間続いている民国ブーム（民国熱）と「文化ブーム（文化熱）」の時間は重なっているのである。目にできうる将来、中共の政治体制と社会との間の矛盾がたやすく調整できるかどうかは必ずしも定かではないので、従って「民国ブーム（民国熱）」はまだ一定期間持続するはずであるが、歴史に対する熱狂は本来まさに現実に対する不満の代替物なのである。ある種の学術的熱狂がこれほど長期にわたり、これほど熱さを維持している以上、一時の風潮であるはずはなく、構造的要素があるはずであろう。

構造の肝心要のところは、一九四九の共産革命によって中共が大陸中国を席巻して以後、毛沢東がすぐに政権を掌握し、また文化的発言権を掌握してしまったことである。政治的権威を取ってしまった以上、道徳的権威も取ってしまったことである。一九四九の共産革命は近世中国における全体的な反伝統、反西洋の産物であり、また政権掌握後にこの二方向の反対運動を継続的に発展していく推進力であり、それは、学術上に最大の影響力を持ち、まさしく共産思想を一尊の地位に置き、その他の中華民国の学術の内容をすべて批判され編成し直されるべき地位へ置いたのである。

大雑把に言えば、中共が改革開放する以前、共産中国の学術の宴席に社会主義以外の思潮の席を設けるなど決して無かったのであるが、きっちりと三十年、伝統的な言い方では一世が経つと、中華民国の学術は元来在った土地に根拠も不明なままに現れ出たのである。

（共産中国の下で）中華民国の学術が蒸発し姿が見えなかった三十年は、また歴史に前例のない革命実験の三十年であり、中華民国の学術の主要思潮を代表する文化伝統主義と自由主義とはみな呼吸し成長する空間が無かったのである。この断層の三十年は、学術と社会のそれぞれの領域の極めて劣悪な結果を造り出したのであり、新中国の「新」は相当程度ひどく残酷な暴力が造り出したものである。大陸地区の政治がその締め付けが解かれ始め、学術が甦生し始めてから後、中華民国の学術の内容に関する検討が逐一行われるようになり、(現在の処)収まる気配はない。共産革命以前の中華民国の学術の主流が、もし簡単に区分けできたとして、文化伝統主義と自由主義、そして社会主義の三つの大きな塊になるとすれば、近三十年の新中国の大地には、旧来のままであればこの三つの大思潮が相互にぶつかり合っているのである。しかしながら、歴史の断層はまさに程明道の詩に説かれる「隔断紅塵三十里」のようであり、今日の三大思潮がいかに着実になって中華民国の三大思潮を継承しようとしても、それは到底継承できないほどの重さであろう！

民国の思潮を反省熟考する立脚点は、中華人民共和国に立てることができるし、また中華民国の土地にも立てることができる。中華民国で民国を回想するのは、既に筋が通っているが、またいくばくかの有為転変の感がある。台湾で民国の学術を思索するのは、つまり中華民国の学術が一九四九の後、台湾海峡両岸の命運がはっきりと異なったことに因るのである。戒厳令の解除前、政府見解に対する異議申し立て者達の目には、一九四九の後の両岸それぞれの政権の性質は常に程度が異なる二種の悪であり、兄とも弟とも決められないものであった。しかし事実はそうではなく、まさに儲安平が言うように「自由は国民党統治下では多いか少いかという問題だが、共産党統治下ではすなわち有るか無いかの問題となった」のである。この「有無」と「多少」の差はつまり質的相違であり、つまり学術が発展できるかどうかの最小の空間なのである。一九四九年から後の共産党は国民党の海を隔てた最有力の反対党となり、それは思いがけずも国民党に堕落しすぎないようにと促す力になったのである。台湾では、白色テロの恐怖があり、報道の禁止、結社の禁止、があったけれども、しかし国民党の「独裁無胆」「民主無量」（これは多くの反政府側の人々が戒厳令時期の国民党に対して付したレッテルである）という統治の下で、中華民国の学術を代表する主要思潮は狭い隙間の中ながら依然発展していたのである。

民主政治の建設は、第二次大戦後に台湾社会が発展した一本の主軸であり、その輝きが四方に向かっていることは、見たくないとしても見ない訳にはいかないであろう。しかし民主政治の建設は単に政治力が力を発揮した結果だけではなく、それもまた「学」と「力」とが結合してもたらしたものである。現在、戦後台湾の学術的論述と政治的発展とは密接に関連しているのだということについて、常に学界で等閑視されているが、来し方に回顧すれば、私たちは、この一千支来の台湾政治の発展が基本的に、胡適、雷震、殷海光などの文章に示された処方箋に沿って歩一歩と完成してきたものであることを容易に発見するであろう。おおよそ戒厳令の解除、総統の直選、国会の全面改選の後、自由主義は現代の華人社会において既に初歩的な成果を得たのであるが、これは（清末に）厳復が新思潮を引き込み、康有為、梁啓超、孫文、黄興がグループを作って奮闘して以来、未曾有の成果である。おおよそ同一の時間に、文化伝統主義は、銭穆、唐君毅、牟宗三が前後して一生の代表作を完成し、前後して逝去した後に、また終止符が打たれたのである。新儒家は道徳哲学と文化哲学において打ち立てたところがあったばかりではなく、張君勱、牟宗三、徐復観などの儒者は加えて自覚的に民主政治を儒家の内在的要求だと見なし、学術的論述において二つの伝統間の接合方法を完成したのである。一九五八年、唐君毅先生が主筆となり上述の三人が連署した「中国文化の為に敬しんで世界人士に告げる宣言（為中国文化敬告世界人士宣言）」という重要文献の中で、新儒家の学者は、民主政治と儒家の価値とが固く手を結ぶことに対して力強く承諾したのである。周知のように、中華民国の早期の段階では、自由主義と儒家思潮とは深刻な摩擦を経験していて、科学と玄学の論戦こそがまさに重要な指標であり、歴史語言研究所の成立の際には「仁義礼智」をとりあげないことを趣旨としたことも、また重要な宣言であった。しかし二つの思潮の代表的人物は一九四九年の後、（中華人民共和国を独裁する中国共産党という）共同の政敵に直面したことに因って、ついに昔日の論敵がかえって新段階では相互に支援すべき友軍であることを発見したのである。かれらは最後にはほとんどみな、民主、自由の思想がもつ「本体」の枠組みとしての効力を同時に肯定し、同時にまた文化伝統の実質的価値を肯定したのである。傅斯年が出向して台湾大学を治めるにあたり、特に『孟子』と『史記』との文化的修養の意義をとりあげたのは、まさしく象徴性を具えた転向である。徐復観と殷海光との晩年における和解は儒家の価値と自由主義との融合が既に基本的に完成したことを明らかにし、また中華民国の学術の発展が新らしい段階に進入したことを明らかにしている。

台湾の人文学術の一大特色はまさしくそれが体制上日本の帝国大学と中華民国の国立大学との二つの源流の伝統を継承していることであるが、しかしこの二つの源流のはたらきは同日には語れない。私たちがもし哲学科を例にとれば、台北帝国大学が創立された昭和三年（一九二八）から第二次大戦までの十八年の期間、台北帝大の哲学科は全部で学生三十九名を収めただけであり、その中には一人の台湾籍の学生もおらず、その他の人文科学の情況もまた〝そんなところに行かないよな（好不到哪裡）〟、といった状況であった。一九四九年以後になると政治経済の局勢が急変したことで、台湾の高等教育は勃然として発展し、復校した大学にせよ新設の大学にせよ、その規模はみな遠く日本統治時期の教育者の想像を超えたものである。もし今日の台湾人文学界の全体情況を論ずれば、人類学、言語学などの少数の科学でやや明らかな日本帝国大学の業績を見ることができることを除けば、（一九四九以後の）中華民国の国立大学の影響は遙かに遠く日本統治期の帝国大学を超えているのである。

写真は並んでカメラにおさまる殷海光と徐復観。殷先生の逝去後、徐先生の弔辞に「心底から我が敵を弔う！心底から我が敵を弔う！（痛弔吾敵！痛弔吾敵！）」とある。両人の好敵手に対する爽やかな心情は一時代の思潮の変遷を反映している。

一層独特なのは、相当長期にわたって、中華民国の学風を継承した者は中国本土にはまるで存在せず、海外の香港や台湾には存在するということである。台湾は土地の面積が広く、政権の転移がまとまっており、渡海した学者が多く、文教機構の数量も大きく、その「学統」のイメージは非常に明晰で、中華民国の学術を継承した全体的情況はとりわけて広やかであった。

一九四九以後の中国共産党は、新たな天地に合わせて日々の生活を換えさせようとし、人々は多大の度胸が求められ、学問はそれに応じて多大の苦難が求められたのであり、その時、共産党治下の中国では、中華民国の学術はまさしく中華民国の国号と同様、すべて永遠に再来することのない歴史、かつさほど光り輝くことのなかった歴史と見なされたのである。これに反して海外や孤島に流亡した中華民国と中華民国の学術は、曲折した歴史の遭遇を経由したことで、国家と学術はみな新生することができ、またみな成長する土壌を獲得したのであるが、この干支が一巡する間の台湾の学術こそ中華民国の学術の延長と言うことができる。最近世界情勢が大きく変わって漢学が広い地域で花開き、中心の多元化が非常に明らかになってきた。中国大陸では（世界における中国の）政治経済的地位が大きく変わったことで、学術人口と学術機構とが急速に増大し、国家と対抗する社会の力がひそやかに形成され、その発展の動力は一層人の目を見張らせ心を驚かせる。しかしもし中華民国の学術との親和性を問題にすれば、（台湾における）中華民国の学術の性格は依然として特別顕著であって、もし中華民国の学術から離れた場合、台湾の学術の内容は想像しがたいほど空っぽになるであろう。

「中華民国が台湾に在る」といったこうした論域で「民国の学術」を論ずることは、当然ながら欠くべからざる視角である。中華民国の学術をもし一九四九で等分するとした場合、前期の中華民国の学術と後期の中華民国の学術との接合は、一路順調で、人を遺憾ならしめる要素など無い、というわけには当然いかないであろう。きわめて明らかなように、なによりも社会主義が一九四九より後の台湾では基本的に声を失った情況に在ったことである。社会主義が声を失ったというこの情況は一つ前の歴史段階における日本の植民統治の左派思潮に対する残酷暴虐な鎮圧と結びつき、社会主義の思潮は（中華人民共和国と敵対した国民政府が支配した）戦後の台湾の発展において、隠微卑屈になり、思いやりの心が寸断されて、ほとんど伝承されていない。社会主義と同時期の二大思潮との整合は明らかに展開されたことがなく、新儒家と自由主義との整合に遠く及ばないのである。

　儒家と社会主義の精神は本来相当に緊密であって、康有為、梁啓超から熊十力、梁漱溟に至るまで、私たちはみな彼らの思想の中にきわめて濃厚で強烈な社会主義思想の要素を探し出すことができる。だがひとたび現実の場面になると、両者にはついに一層

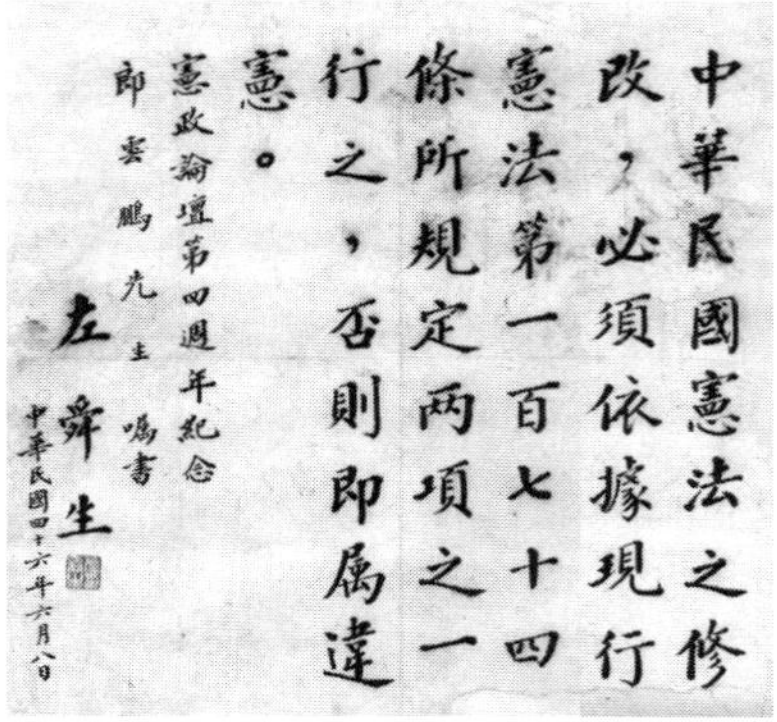

中華民国憲法174条は憲法修正の条件を規定している。戒厳令解除以前の台湾は野党において常に「便所の中の花瓶」と譏られていたが、しかし左舜生は在野の青年党の主席として、憲法というこの肝心なカードを守り抜いた。「憲法の修正」は、その後ずーっと台湾の朝野の神経を動かし続ける呪文となっている。

有意義な結合を発生する方法が無かったのであり、その主要な原因はまさに政治が残虐暴戻に介入した結果である。左派の思潮が現代台湾社会で席が無いのは疑いなく島嶼の人々の一大損失である。左派が大陸で（文化こそが人間の歴史を発展させるという）「人文化成」の精神的エネルギーを生み出すすべが無かったことが、すなわち全体の中国人をして一九五〇年代以後に筆舌に尽くしがたい苦難に遭遇させたのである。前後両期の中華民国の学術の伝承も、また不可解で変化の多いものである。

中華民国で民国の学術を反省し思考することは、また台湾で民国の学術を反省し考察することである。「中華民国」と「台湾」という二つの名詞が民国の学術史の脈絡の下で互換できるということは、現代台湾の学術の内容がまさに民国の学術の転化であることを顕示している。この転化は中華人民共和国では見られず、中華民国では見られるのであるが、これにはきわめて特殊な歴史的淵源がある。民国の学術は飛び越えることができない歴史的段階であり、その内容はとうの昔に過去になってしまったものではなくて、現在進行形のものなのである。このような学術資源がまさしくまた華人社会の骨髄に内在するものであることは、それは本来華人文化の土壌の中から成長して来たものだからである。たとい台湾が日本統治時代には中華民国の学術を構築する活動に参与する機会が決して大きくなかったとしても、しかし（一九四九における）歴史的接合を経て両者の連結はむしろ自然に発生したのである。民国の学術はつまり台湾意識に血肉化された核心の要素なのであり、「中華民国」から外れた「学術としての他者」などではないのである。もし歴史的淵源の意義からして（日本統治時代には）かつて他者であったとしても、（一九四九以後）少なくとも現在ではすっかり融合しているのであり、かくなる上は、他者と自己との分別はもはや無意義なのである。

　中華民国と民国学術史との一体化を反省思考することは、私たちが現代中国の思潮にどのように向き合うかということに対して、非常に大きな助けになる。というのは社会主義の中国が民国学術の伝承に新たに直面する時、気づいてみれば解放前に戻っていることを発見するであろうからである。五四運動の呼び声はまだ有効であり、文化の伝統からの呼び声を代表する新儒家の呼びかけはまだ有効であり、自由主義者の呼び声はまだ有効である。現在、その呼び声の切迫していることは、甚だしいことに一九四九以前の中国に比べてなお一層切迫しているのである。一九四九以後における台湾の経験は、私たちが現代中国における中国文化、西洋文化、マルクス主義という三つの関係、あるいは未来の中国の学術の前途を理解するに当

林彪は孔子の信徒であろうか？　紅衛兵はこのように説くし、文革時期の政権担当側でも決まってこう説いていた。かれらは「林副主席」の不利な材料を収集して、林彪が「正真正銘の現代中国の孔老二」であることを見いだした。この書物も文革の一情景である。「儒家と社会主義」の関係は21世紀以後では当然大きく異なってきているが、しかしどのようにすり合わせるかはなお進行中である。

たって、まさに重要な鏡とすべきであり、その親和性はほかの地区のそれなどではない。一層重要なのは、台湾内部における民国の学術を反省することはただに中華人民共和国に有益であるだけではなく、それはまた私たち自身が回り道できない核心の要素を了解することなのである。

新中国における（中国、西洋、マルクシズムという）三統の関係を反省思索することは、またまさに、旧中国の民国学術の伝統に再び入ることなのである。一旦、私たちは「台湾」という地理的名詞と「中華民国」という政治的名詞とを互換するならば、知らず知らずのうちに、一九四九年の大分裂と両岸対峙とを跨ぎ越える通路を探し出せるかもしれない。もはや甲午（一八九四年）、乙未（一八九五年）の際に島嶼で新しい三統説を思考したことに比べることなく、より一層、時期も地域もともに好都合になっているのである。

（本文の初稿は『鵝湖月刊』第四七七期（二〇一五年三月）に刊行されている。）

儒家の現代性？

一

張君劢、唐君毅、牟宗三、徐復観の四先生は一九五八年に連名で「中国文化の為に敬しんで世界の人士に告げる宣言（為中国文化敬告世界人士宣言）」を発表した。文章は唐先生が起稿したが、彼ら四人の文中における個別の論点の考え方は明らかに一致しようがないもので、たとえば徐先生など、形而上学への興味が高くないことは予想できることで、かれは宣言の中で形而上学の内容に触れると多くの場合かなり保留しているのである。ただ基本的には、この宣言の論点は四人の共同の見方を代表している。この宣言が発表されてからすでに半世紀が経ったが、それは現代中国思想史の重要文献であり、その論点は時を限らず取り上げられている。「宣言」を研究したもので筆者が閲覧した多くの文章の中で、ホーベル（何乏筆）先生の文章は挑戦的性質が最高であり、またもっとも現代的意義を具えた一篇とすべきであろうが、この文章の論点もまだ十分周到ではないようである。「宣言」後の発展がこの文章の基本的論点を確認できるのかどうか、その中の変数もまたやはり多いのであるが、しかしこのことはこの文章が議題を引き出す爆発力であることにとって少しも障碍にはならないであろう。問題は解答と同様に重要であり、重要な質問と重要な論述とは相関連して起きるものである。

ホーベル先生の文章が「中国文化の為に敬しんで世界の人士に告げる宣言（為中国文化敬告世界人士宣言）」に対して下した判断で、もっとも重要でまたもっとも論議を呼びやすい論点は、まさしく作者がこの宣言は現代性が最も強く、その実質的な内容は現代西洋でもっとも批判性を具えたフランクフルト学派よりもさらに強いと認めていることである。作者は学問に淵源があり、その源はフランクフルト学派から出ており、思考方法も濃厚なフランクフルト学派の色彩を帯びており、かれの断言もそのために等閑視できないのである。周知のように、宣言を発表した四人の先生は現代学術研究の学派の分類からすると、通常、文化保守主義に区分されている。かれらはあの時代の知識人の中では西洋文化をかなり了解している代表であるが、しかし、かれらの了解はやはり（時間的にも空間的にも）制約のあるもので、一般には、彼らが了解する西洋文化はおおむねドイツ理想主義の系統に限られ、ドイツ哲学以外の広大な西洋文化の範囲に対して、彼らの了解はおそらく相対的に制約があると考えられている。この文章の作者は現代新儒家に対して相当了解しており、上述の一般に流行している既定の印象には合理性があることを、知らないはずがない。しかし彼は「系譜学」と「比較文化哲学」の立場から出発して、新儒家の「宣言」の現代性を主張しているのであり、私はかれの論点は重視する価値があると考える。

問題は「誰の現代性か？」あるいは「どのような現代性か？」というところから語り始めなければならない。現代性とは近代的かつ世界性という議題であり、近代世界におけるそれぞれの古い文明はそれまでどれだけ関所を閉じて自己の伝統を守っていたとしても、最後はみな選択の余地も無く、全部、欧州文明が引き起こした近代化の過程に引き込まれたのである。相当の程度で、近代世界では伝統的社会が無くなってしまっており、あらゆる文明はみな西欧の近代性に滲透された文明であって、世界はしだいに同質化し、「他者」はしだいに少なくなっているのである。しかしながら、もし現代性はただ欧州型の一種があるだけで、その他の世界は全く扁平化されてしまうのだというなら、このような趨勢は以下のような問題を必ずや付帯するであろう。欧州は必ずや（自己を）対照し反省するに足る参照者を欠いてしまい、それ自身の現代性の盲点あるいは流弊を是正しようが無くなるであろう。疑いもなく主流である現代性は欧州内部に発した要素であるが、後に資本主義体系の拡張に随って、それが世界の各地区に遍く行き渡ったのである。しかしながら、それぞれの古い文明には本

台湾を動かして植民地的現代化へ進ませた主要な人物は後藤新平である。纏足、弁髪、アヘン吸引は三大悪習と見なされた。現代化（文明化）への出発は弁髪を切り、纏足をやめ、アヘンを戒めることから始まった。写真は後藤新平が小脚図と題したものである。後藤新平は医学の出身で、解剖に精しかったので、この図が後藤新平が描いたものだと考えられないこともない。

当にみな対応する能力が無いのであろうか？　現在の世界は本当に西風が東風を圧倒してしまい、一種の（欧州の現代性を）複製した現代性だけがあるのだろうか？　私の見るところ、問題はまだ必ずしもこうではないのである。東アジア世界とアラブ世界の現況は、西洋現代性に対する吸収と反抗とが同時に併存していること、この張力十分の歴史劇がなお上演中であることを顕示している。

現代性に対する反省思考といった問題意識は（ホーベル先生が「文化間際」と称している）「間文化」の論述を引き起こしたのであり、この問題意識は、フランス現代の漢学者ジュリアンを代表とすることができる。ジュリアンは現代欧州の代表的な漢学者であり哲学者でもあるが、かれの仕事はつまり現代欧州思想の基礎の上に立って、中国思想、とりわけ古代中国を一つの対照すべき他者とし、それを藉りて欧州自身の特色や限界を突破することである。「間文化」という論述の下での中国哲学はまさしく欧州哲学にとっての対照者という役柄で歴史の舞台に出現するのであって、それは決して欧州あるいは世界性をもった現代性の範囲内に在るのではない。ジュリアンの自我の定立は欧州のジュリアンであり、彼が理解する中国は古典中国であり、古典中国は欧州の外部要素なのである。ジュリアンが理解する中国は、基本上、封鎖的で自足的なもの、永劫なる宋元の陶磁器であり、この神秘的な国柄は、内在性の循環方式で、欧州からの伝教士と商人とが東来する前の時代に安らかに存在していたのである。

ホーベル先生の文章は「間文化」という論述を取らずに「跨文化」という論述を取っているが、先生から見ると、「間文化」は結局本質論の影を帯びていて、その論述は二種の文化間の関係の中で生まれるものである。厳格に言えば、「跨文化」は異なった文化を跨ごうとする以上、それも類型が異なる文化の存在を承認しないわけにはいかないのであり、そうでなければ、「跨ぐ」手立てがないのである！「跨文化」と「間文化」の違いは、後者が異文化が直面する共同の問題から手をつけ、共同の問題意識の中で、違った文化が相互に比較しうる対照点を採取するところに在る。彼の文章の「跨文化」の論述は知識類型を重視し、その理論があらかじめ設定していることの一つはフーコーの「系譜学」の方法である。「系譜学」が「考古学」の方法と異なるのは、まさしく「系譜学」の重点がその学問の成立根拠を後からさかのぼって追求するところに在るのではなく、共通の情況の下で学問の類型を探求するところに在る。そして現在の歴史的情況の下では、もはや比較の対照にできるような純粋な異文化（たとえば中国文化あるいは東洋文化など）は無くなっているのである。

ホーベルの文章が「（中国文化の為に敬しんで世界の人士に告げる）宣言」を「跨文化」という視野の下において位置づけているのは、見かけは特別のようだが実は不思議ではない。筆者は非常に深い理論的興味があると考える。ホーベルの文章は、新儒家と批判哲学とを比較し、新儒家の西洋理解は批判哲学の中国理解に比べて遙かに勝っていると考えている。ホーベルの文章のこの判断はおそらく反駁するのが容易ではなく、欧州や大陸の近現代の一流の学者、ヘーゲルからウェーバーに至るまで、その著作中の中国像は人の心に叶わないのである。相対的に見れば、新儒家の西洋理解は、彼らの理解に多少の制約があるにもかかわらず、かれらの学習する態度における謙虚さと知識を吸収する際の開放的であることにおいて、かれらの欧米の同業者を超えており、こうした現象はおおむねとても反駁するのが難しいのである。この現象は必ずしも東西双方の学者の知識に対する心のあり方の問題ではなく、体制的な要素があるものである。ホーベル先生は別の文章の中で、現代の中国哲学者が比較的開放的であるのは、「現代漢語」が非常に重要な役割を演じていると提示している。というのは、少なくとも、一九世紀以来、中国の学界は非常に自覚的に新しい漢語を造って、外国の思想を大量に吸収しようとし、翻訳し、解釈してきたのである。その規模の大きさと深さとは、欧米の学者が東洋の思想を消化しようとしたものの遠く及ばないものである。

文章の作者ホーベルの意図はこう言えるであろう。現代漢語はもはや伝統漢語ではなくなっており、それは事実上近現代の欧州の意識を中に溶け込ませている。そのため現代の創造的な中国哲学者が現代性の問題を反省する時、極めて自然に、かれらの思考はまさに跨文化的思考であり、彼らの思考の中に、すでに欧米の要素が存在しているのである。現代の中国哲学者の思想が欧米の同業者に比べて力があるのは、立脚点が一様ではないからである。そして新儒家はまさしく現代中国の学派の中で最も想像力に富んだ一派である。かれらは混雑した漢語の情況に立脚しつつ、中国と西洋を融会しており、これによって、彼らの思考には一層周縁的な洞察を提供する可能性がある。言語と工業生産とは類似しており、往々後発の者が優勢になるという事情があるように、後発の者がかえって先に到達するのである。

本体を載せる言語に「現代性」がそなわっているという問題に関して、筆者は現代漢語が演ずる役割について注解したいと思う。子安宣邦先生が訪台した折の講演で、現代日本語の「倫理」という言葉は実は日本固有の皇国史観と西洋の ethic の二つの起源があり、これによって、「倫理」という言葉に論及する時、両者の内容が常に一緒に絡み合ってしまうということを指摘したのであるが、筆者が思うに、子安先生のこの観察はきわめて成立可能ではあるものの、しかし「倫理」という言葉がただ一つの例ではなく、日本もまた唯一の一字二源に出会う地区ではないのであって、さらに徹底した意味から言えば、漢字を使用する地区ではみなこうした困境に向き合っているのである。漢字は数千年も使用されその使用が断絶することが無かった文字であって、その一字一字はみな伝統の重さを担っており、たとい認知的意義がきわめて希薄である感嘆詞ですらみな純粋な白紙であることはできないのである。ところで現代中国語であるが、漢字が現代世界で用いられる言語ではあるものの、筆者が思うに、漢字の重要な学術用語にはみな二つの起源があるのである。一つは漢字自身が継承している文化の伝統であり、一つは一九世紀末の全体の学術構想（学制から分類へ、分類から術語へ）において承襲されてきた近代西洋の学術的枠組みである。新造の学術用語、たとえば哲学、知識論、形而上学、現象学などは、もとよりそうであるが、たとい古い学科の用語である文学、歴史、宗教、理性なども同じように「両頭の蛇」であって、ともに中国と西洋の語義変遷の歴史をもっているのである。私たちは現在、現代の重要な学術用語を理解するに際して、全く自然ながら、前世紀初めの学者たちとは大いに異なっているのであって、それを使用する者が願おうと願うまいとにかかわらず、私たちはすでに新しい言語形式を用いて思考しているのである。たとえば、「形而上学」という言葉を使用する時、私たちは同時にこの言葉が『易経』から出ていることを知っているが、しかし、私たちはまたそれが metaphysics という言葉の対訳語であることを知っているのである。現代の言語形式は伝統的な語義の歴史を継承しつつまた新しい概念の枠組みを添加しているのであり、これによって、学者がこうした言語を使用する時、東でもなく西でもない現代性の論述にきわめて自然に参与するのである。

思想は言語を離れられないが、しかし言語の効力を誇大に評価してはならないのである。わずかに現代中国語という要素だけでは、現代中国語を使用できる学者に異文化を統合する能力をより一層期待できるかどうかはわからないであろう。しかしこの意味が一つとは限らない「語義雑交」の言語である漢語が、一文字で複数の発音があり発音が異なれば意味が異なるという「複声岐義」の効能を具えていることで、その「互文性」すなわち相互に入れ換えできる性質がさらに強まり、異質性に内在するもつれが引き起こす創造力にもいっそう爆発力が具わる可能性はあるであろう。つい最近中国の学者は中国の近現代の文化を反省する時、常に「失語症」あるいは（西洋の概念で中国伝統の思想概念を説明するという仏教伝来時に仏教語彙を中国の伝統的概念や語彙で言い換えるという「格義」の方法を採ったのとは正反対の方法である）「反向格義」の問題を提示しているが、このような問題は確かに非常に留意するに値しよう。「失語症」と「反向格義」という現象が、古典漢語と現代文明との交渉を顕示していることは、まさしくその元来の語義の中身が不断に曲げられ、掘られ、空っぽにされ、補填されるのを待つという歴程であり、またそれが新たに定義されるという困境に陥るということであるが、交流史とはつまり恥辱を受ける歴史なのである。しかし病を知ることはつまり薬となることなのであって、一旦私たちが現代中国語の「反向格義」の様相を察知した時、私たちは同時に又「反向」することが唯一の方向ではないことを了解しており、現代中国語は当然ながら「両義互格」つまり両義が互格に成立するという作用を具えているはずなのである。この「両義互格」とは、古でもなく今でもなく、古でもあり今でもあり、中国でもなく西洋でもなく、中国でもあり西洋でもあるということである。その作用は構造的なものであり、新儒家の仕事はこの「互格」という困難な事業を行うことであったと言えるのである。

二

新儒家の現代性に対する反応に、もしも貢献があることを要求しようとするなら、「漢字」という本体を載せるものの上にその立場を建立するだけでは駄目であろう。その明らかな立場は儒家が本来持っている基礎の上に建立した反応であり、新儒家が用いる語彙は「根本に返りつつ新生面を開く（返本開新）」なのである。「本」とは隠喩であり、本に由って末が有ること、本に由って根幹花葉という現れが有るということであるが、この隠喩はきわめて容易に儒家の体系を本体化するものであり、少なくとも相当程度固定化するものである。新儒家が中国の現代化を論ずる場合の二大指標、すなわち民主と科学とは、みな「根本に返りつつ新生面を開く（返本開新）」という思惟モデルから展開したものである。民主と科学とは儒家に内在する基本的要求と見なされ、唐君毅先生は改めて「格物致知」を論じ、牟宗三先生は「民主開出説」を論じたが、両人の言論の背後には、みな儒家の「原本」すなわち根本を発展させることが即ち意図して「民主」と「科学」とを導き出すことであるという意味があるのである。（新儒家からすれば）明末清初の大儒顧炎武、黄宗羲、王船山は儒家の現代化を探索した先駆と見なされるのであり、彼らが失敗したのは、思想の本質上何らかの欠点があったからでは決してなく、彼らに欠けていたのは、わずかに的確な形式及び適切な時機を探し出せなかったことだけである。中華民国の新儒家は改めてこの仕事をしたのであり、かれらはかれらの「新らしさ」は実は儒家が元来持っている思想の基因の中にもともと潜んでいたと考えていたのである。牟宗三先生はずっと「新儒家」の「新」という字を嫌っていたが、かれは徹頭徹尾、ただ儒家があるだけで、新旧の儒家などは無いと考えていたのである。かれのこのような反応を、私たちは一種の本質論の観点から探索できるであろう。

民国の新儒家の「開出説」は哲学の論証及び現実の情況からする解釈において、いずれも相当多くの議論を引き起こしている。民国の新儒家の学者の長所は社会史には無いことからして、その解釈は濃厚な思弁哲学の傾向を常に帯びており、説得力も相対的に減衰している。しかしながら、新儒家のこのような解釈は、実は内在する論理と歴史の現実の発展からすれば、みな説くに十分な論述をそなえているのである。私たちは躊躇無く一つの平行する例を参考にすることができる。この例は日本の同業の学者による同様の現象に対する解釈である。中国の現代化は複雑な歴史現象であり、日本の同業者の解釈は当然ただ一つの調子というわけにはいかないが、少なくとも島田虔次先生から溝口雄三先生に至るまで、かれらはみな内藤湖南の中国の現代性についての啓示から示唆を受けており、ただかれらはよりいっそう晩明すなわち明末という段階における表現を重視しているだけである。島田と溝口の両先生の間では、中国の現代性の内容に対して議論があり一様ではないが、しかしかれらはみな、儒学の東アジアでの発展には一筋のすっきりした赤い線がはっきりと示されていることを発見している。個体の自由、四民平等を重視する理念、合議的協商制度、ならびに合理的な認知精神などといった現代性の要素、この赤い線が晩明時期にはすでに存在していたのである。ごく大まかに言えば、日本のこれら定評ある儒家思想史研究の専門家の解釈は民国の新儒家の理解とほとんど隔たってはいない。かれらの理論の着眼点は（民国の新儒家のそれとは）必ずしも一致せず、日本の学者は泰州学派などのいわゆる左派王学に対してもより高い評価を加えているのであるが、しかし両方の学者は同じように、儒家思想の内部には相当充満した現代性の蠢きがあることを見出しているのである。

宣言中の強烈な「根本に返りつつ新生面を開く（返本開新）」という説はただに連名者の共同の立場を代表しているだけではなく、民国の新儒家の学者の論点はおそらくみなその右に出ないであろう。梁漱溟は晩年ずっと、中国共産党はソ連共産党に優っていると強調し続けたが、中国文化の浸透力において、その説はこの筋道から出ているのである。宣言は（欧州内部で成長した）唯一の現代性を受け入れず、（中国で成長した）儒家の現代性（が存在すること）を主張している。この立場は儒家の立場と見ることができるが、しかしもしただ単に儒家の立場だけであれば、その意義はさほど大きくはない。しかしながら、理論は現実に先行するが、現実はかえって理論を検証できるのである。「宣言」が発表されたその年が直面した最大の障碍は、まさしく共産中国の発展と儒家の現代性の論述とがほとんど連結する手立てを失ったことである。中国の歴史上、中共のように赤裸々に且つ大いに乱暴に反伝統であったものはきわめて少ないが、これは赤裸々な現実であり、赤裸々なことは新儒家に対する嘲りと見ることができる。しかし新儒家の学者は中共がもし発展しようとし、あるいは有意義に発展しようとするなら、それは中国文化の内部の脈動に回帰する必要があるとひたすら信じ込んでいたのであるが、思いがけないことに、後の歴史事実の発展はまさしくこのようになったのである。もともと反伝統が最も強かったが、同時に又反伝統思潮の結晶である中共が、革命が成功して三十年後になって、ついに改革開放し、広く門戸を開けたのであり、中国の転向は「宣言」を支持する現実の確証を時宜にかなって提供したのである。中共の中国における六十年の執政経験は、中国が儒家の伝統に立った現代性、中共の用語では「中国の特色を具えた社会主義」と呼ばれるもの、を必要としていることを明示している。中国の現代性がもしモデルとしての意義を具えようとするなら、それは疑いなく近代西洋が持ってきたものとははっきりと違ったモデルを提出しなければならないが、儒家の伝統は比較的妥当な発展のモデルを提供できる思潮なのである。

相当長い期間、およそ現代性の項目で「中

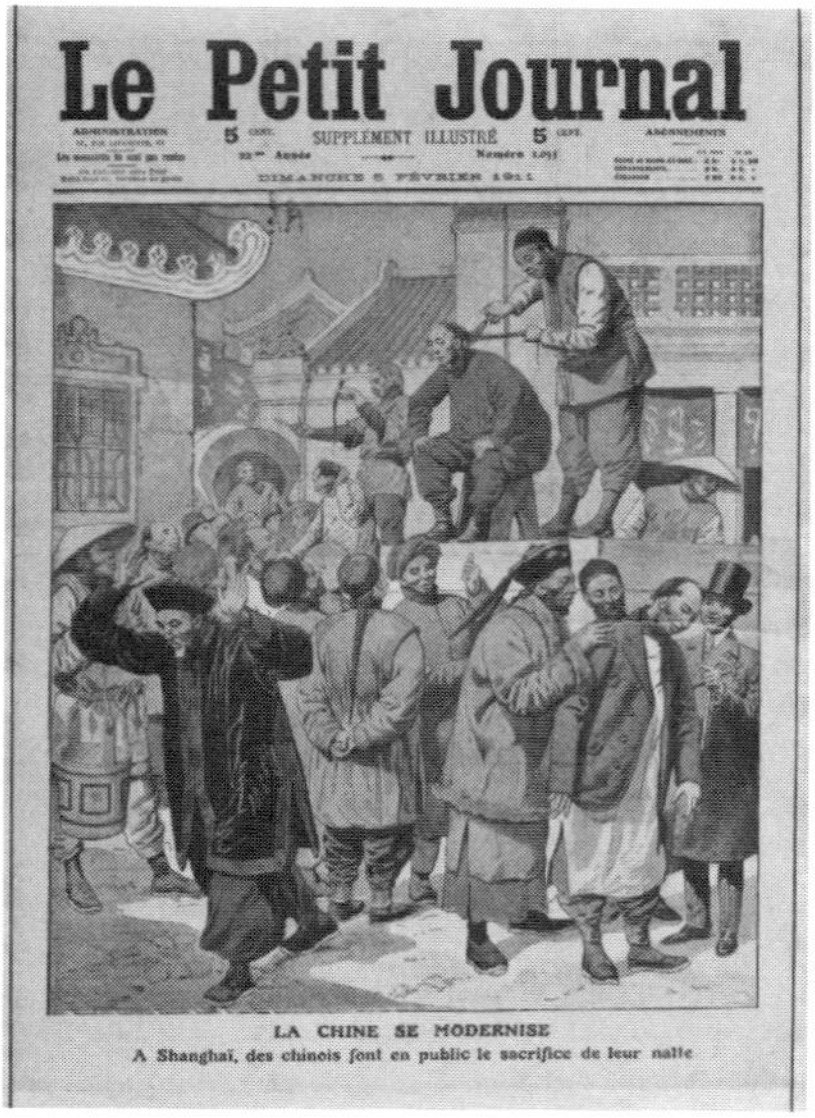

「頭髪」はずーっと濃厚な政治的象徴であり続けた。これはフランスの雑誌が辛亥の年（一九一一）に上海の路上で起きた大々的な弁髪切断の情景を載せたものである。「弁髪を切る」ことはきわめて独特にも、両岸が同時に現代化を始めた象徴である。

国」あるいは「東洋」を加えた名詞は、往々、負の意義であった。「東洋式の民主」「中国式の科学」「儒家式の性別」など、おおむねみな嘲りの意味合いを含んだものが多い。このような現象は私たちを幾分用心させるであろう。別種の現代性が存在することを伝達する時、民族主義の影に注意しなければならない、とか、また文化本質主義が帯びる反西洋文化という良くない反応に注意しなければならない、とか。もし私たちが異文化を吸収することを健康なことだと信ずるなら、ならば、私たちは普遍的意義の価値に違反した行動を精一杯避けなければならないであろう。しかし多元的な現代性が日一日と受け入れられていくにつれて、私たちはより一層の理由を持って、一種の有機的で、複製ではないモデルを堅持してこそ、この土地で発芽成長させることができるのである。世界が私たちに求めるものも、内容が一層豊富な東アジアの「現代性」の中身の要素であって、西洋の現代性に対する無意味なコピーではないであろう。新儒家の宣言が外見は保守ながら内実に激烈な進歩を含んでいるのは、ここにその理由があるのである。

（本文の初稿は『文化研究』第八期（二〇〇九年六月）に刊行されている。）

Ⅲ

1949と両岸の儒学

儒学は政治を超越する。儒学によって両岸を規範するのであり、両岸によって儒学を規範するのではない。

梁啓超と櫟社社員の写真。前列左から五人目が梁啓超で、二人目は林献堂。1911年は新旧時代の転換の年で、政治から或いは両岸の儒学から言ってもすべてこうであった。

台湾在住の儒家と台湾に渡来した儒家

一

台湾で「この百年間の人文」という角度から台湾の儒学を語ろうとすると、私たちはすぐにいくつもの批判や攻撃に直面するでしょう。なぜ一九一一から計算を始めて、今年（二〇一一）でちょうど百年になるとするのか？　なぜ一九〇二の林少猫事件から計算を始めないのか？　もしそうでなければ、なぜ起点を遅らせて一九一五年の噍吧哖事件にしないのか？　一九一五年の噍吧哖事件とその後の一九三〇年に発生した霧社事件、及び霧社事件の後の一九四七年に発生した二二八事件も同様に台湾史上の重要な分岐点なのに、なぜこれら三つの歴史の分岐点から論を立てないのか？　と。

もし私たちが「台湾」に代えて「中華民国」にすれば、問題はすぐにも明々白々でしょう。この百年は辛亥革命や民国建国という一大変革と一緒になっているのです。百年前（の一九一一年）に発生した辛亥革命は秦の始皇帝が（紀元前二二一年に）中国を統一して封建を改め郡県としてから後の大変革で、その影響は制度から派生して価値規範（たとえば君臣といった一つの倫常関係はこの後消失して見えなくなった）にまで至ったのであり、この革命は当然記念されなければならず、国家科学会の「百年人文」という言い方も「民国が肇めて建てられた」という観点からの立論です。しかしここの講演では以下について指摘しようと思います。たとい純粋に非政治的な意義での台湾という観点から視ても、「百年人文」というのはなお格別語るべき価値があるのであり、台湾の儒学史にもまた百年の脈絡があるのです。国家科学会主催の「百年人文伝承大展」は一九一一及び一九四九という二つの時点を中心軸とするもので、この二つの中心軸は、また中国現代史の歩みを変えた転折点とされなければなりません。まことに好都合なことに、この二つの点はまた私たちが本日、この百年間の台湾の儒学史を論ずるに当たっての二つの非常に重要な時点でもあるのでありまして、この二つの時点とはまさしく一九一一に梁啓超一行が台湾に入り、また一九四九に新儒家が台湾に入った年なのです。

なぜ台湾百年の儒学発展の中で、一九一一と一九四九の二つの時点が特に重要なのでしょうか？　この二つの時点が特に重要なのは、まさしく上述の二つの重要な儒学の事件が発生したことによるのであり、この二つの儒学の事件はみな島内と島外の儒学の要素が加乗した結果がもたらしたものです。事件は何もないところに起きるはずがありません。一九一一と一九四九という時点は偶然だと言えましょうが、しかし言及すべき主導的原因が必ずしも無かったわけではありません。事件は多くの機運が集まった結果ですが、先ずはじめは、まさしく一九一一と一九四九の台湾は、いずれも〝大雨が降り出そうとする時、まず風が楼台に満ち亘る（山雨欲来風満楼）〟（と許渾が「咸陽城東楼」の詩に詠う）といった緊張した時期に在ったことに因るのです。一八九五年の「馬関条約」締結以後、地図は（清から日本へと台湾島嶼の）所属を改め、台湾の土地は中国の棄地となり、台湾の民衆は中国の棄民となったのです。台湾の民衆は無罪の身でありながら全中国に代わって（日本に所属が改められるという）咎を受けるというわけで、内心は当然不服でしたから、そこで（新たに主権者となった日本に対して）武装して不断に反抗したのですが、しかしいずれも失敗してしまいました。一九一一年の時、島内にはどうしようもなく、ただうろうろするだけといった気分が瀰漫したのですが、対岸の中国も、また（清朝という）帝国が爆裂するという危機にしばしば直面するという引火爆発の時に在り、台湾（による日本への反抗）を支援する力など無かったのです。一体どうしたらいいのでしょうか？　台湾島の上空に黒雲が立ち込めましたが、厚い雲が立ち込めながら雨が降らないのです。台湾の知識人はじりじりと焦慮しながら未知の命運が歩一歩と近づいてくるのを待っていたのです。一九四九年の情況は更に明瞭で、台湾は世界史的意義を持っていた共産革命の最前線に直面したのです。私たちは以下、すぐにもこの事例に遭遇するでしょう。

次ぎに、儒学の事件が発生するには、とにかくその事に当たる人間がいなければなりません。台湾の漢人は三百年の発展を経て、清末の時期には、すでにゆっくりではありながら「士族」階層を出現しつつあり、これらの「士」が後の知識人の前身なのです。清から日本へと所属が改められる前後、島内の知識人はみな基本的に儒家の基礎教育を受けており、かれらは広義の儒者でしたから、かれらの行動には儒家の価値体系を新たに位置づけるという用意を伴っていたのです。一九一一と一九四九という天地がひっくり返えるという時期、かれらはみな重要な選択をせざるを得なかったのです。

第三は、当然のことながら、時宜に適った引火爆発という時点があったからこそ、事件ははじめて形をとることができたのです。一九一一及び一九四九という二つの時点に、いずれも大陸からの儒者が台湾に入って来て、台湾内部に小さからざる反応を引き起こしたのであり、この反応はそこで方向づけの作用を具えた思潮を形成したのです。一九一一年に台湾に来た儒者は梁啓超、湯覚頓、及び（梁啓超の）娘の梁令嫻などの人ですが、一九四九年（に台湾に来たの）は規模が更に大きな儒家の人々です。哲学者について言えば、唐君毅、牟宗三、徐復観の三人を代表とすることができますが、もし広義で言えば、この名簿には銭穆、陳大斉、于右任、溥心畬などの儒家に同情する知識人を包みこむべきでしょう。

第二点の台湾知識人として指すべき主要な人々は、櫟社の成員を代表とする知識人です。櫟社は日本統治時代に台湾を代表する詩社、すなわち詩作を志す人々の会で、その成員は初期の林朝崧、頼紹堯、傅錫祺、陳懐澄、林幼春、林献堂などの人々から、それを延長した第二世代の荘垂勝、葉栄鐘、張煥珪、洪炎秋、許文葵などまでの人々です。櫟社は文人の組織で、この形式の組織は明末の東林党、復社、幾社に遡ることができます。櫟社の人物が台湾儒林の代表だと見なせるのは、かれらが思想的に深刻で著述が林の如しといった儒教哲学者であることを意味するからでは決してありませんし、事実、かれらの中には一人として現代の大学教師の標準に符合する者などおりません。しかし、私たちはより広い漢文化という角度から着眼して、かれらは儒教文化圏の雰囲気の中で成長し、生涯の生活ぶりにおいて濃厚な儒家の価値体系を担っていたと認めるのです。林献堂の「歩鶴亭社長見示原韻」に詠われるいわゆる「弁髪にせず必ず総髪のままで入塾した頃、学んだことは聖人になろうとすることだった（総角入塾時、所学皆希聖）」なのであり、櫟社のこれらの詩人たちの教育の背景はおおむねみな類似したものなのです。

私たちは台湾で儒学について論ずるとき、台湾は新興の移民社会であるという基本的性質を正視しないわけにはいきません。この百年より以前、台湾は晩清の劉銘伝による現代化の改革と日本帝国主義が帯同してきた「文明化」の措置とを経たことで、台湾は経済的に、(中国)内陸の各省より先駆けていたところがあったはずです。しかし台湾は中国の各省、甚だしくは沿海部の幾つかの大きな島、たとえば海南、崇明、舟山、廈門などの島々に比べると、その開発はひどく晩かったし、台湾が文字の伝統的記載に載せられるようになった歴史もまたひどく晩かったのです。オランダ人がはじめて台湾に有効な統治権をうち建てて以後、つまり一六二四年以後ですが、台湾が中国史、東アジア史、甚だしくは世界史に介入する速度が非常に速くなり、介入の仕方も非常に深くなったのです。またオランダ人が台湾に礼拝所を建立して以後、台湾には言うに足るような文教がようやく存在するようになったのであり、その後の明末の鄭成功や清朝領有の時期になると、台湾の文教事業はほとんど発達していないなどとはもはや言えなくなったのです。しかしながら、結局台湾という島嶼が開けた歴史は短く、移民が台湾に東渡した時期や性質も、(西晋末の)永嘉年間に大世族が北中国から南中国へ南遷したのや、あるいは第二次大戦時にユダヤ民族が大規模に欧米に逃げ出したのとは同じではなかったのです。清朝領有の晩期以前における台湾社会が、基本上、一定規模の士人社会を形成しなかったのは、それに応じた物質的条件が欠乏していたからなのです。

台湾社会には有力な士人文化が欠乏していたために、多くの移民社会と同じように、移民社会内部の思潮は、通常は外から引き入れてくるもので、内発的なものではなかったのです。南洋の華人社会が一九世紀末二〇世紀初に比較的明らかな現代性をそなえた文化運動をもったのは、基本上、黄遵憲、康有為、孫中山などの人々が新らしい思潮を持ち込んだ結果なのです。その前の南洋華人社会には、かなり評判のよい学者、詩人、画家などは探し出せません。しかし、別の角度から見ますと、外来思想の力が移民社会内部で根を生やすことができたのは、疑いもなく移民社会にもそれが成長するに適した文化風土があり、両者相まって事業が成就したのです。台湾と南洋とは同じくやや遅く興った新移民社会であり、（福建省地域である）閩、（広東省地域である）粤の移民がほぼ同じ時期に別々に海外の二つの地区に遷移したのですが、しかし二つを互いに比較すると、台湾の累積した文教の力量はかなり雄厚で、それが化学反応を引き起こす成分はかなり濃密であって、私が台湾百年の儒学の発展を見ようとする場合、まさにこの観点から着眼するのです。

（台湾中部に位置する）霧峰の林家は一九一一年の儒学事件の主要な参与者であり、かれらはこの年、当時中国で思想が最も先見性に富んでいた梁啓超を迎えて応接間に招じ入れたのですが、これによって台湾民衆の運動方向を改めることになったのです。林献堂、林幼春を代表とする櫟社グループは近代台湾における儒林の代表であり、かれらが属した霧峰の林家は近代台湾史の縮影なのです。かれらの先人林文察は（清朝末期に）福建の陸軍提督となりましたが、当時の台湾人で仕官した者としては最高位者であり、勇将でありまして、私は左宗棠直筆の書冊の中に彼が林文察の能力を非常に賛美しているのを見たことがあります。台湾史上著名な林文察と丁日建との争いにおいて、かれ左宗棠は明らかに林文察に加担しています。林文察の部隊には、聴くところ、台湾原住民が少なくなく、かれは後に漳州の万松関で戦死したようです。かれらの家族にはまた林祖密がいますが、孫中山の革命同志です。また林朝棟がおり、かれは中国とフランスとの戦争や乙未（一八九五年）の抗日初期には多くの戦費と助力を提供しました。霧峰の林家は一九世紀末にすでにゆっくりと「残忍なことをなくし殺戮をやめる（消残去殺）」というようになり、儼然として書香世家、すなわち代々の知識人家族といった気風がありましたが、霧峰の林家には現在もなお林寿宇、林明弘といった出色の芸術家がおります。

家族の伝統から見れば、林献堂などの人が民族自救の路を歩むようになることは、非常にはっきりしていたことです。清華大学文物館設置準備室には日本統治時期に北島殖産局長が台湾総督府に返信した秘密文献がありますが、その内容は昭和十年（一九三五）四月に台湾で発生した大地震に関したことで、殖産局長が総督府当局と島内外の日本人に勇躍献金することを要求するもので、これを免罪符にして林献堂、楊肇嘉といった台湾の民族主義者の口をふさごうとしており、当時林献堂などの人が植民政権に多大の圧力を与えていたことがわかります。しかしながら、林献堂といったこれらの台湾の儒林人物が台湾の歴史に特殊な地位を占めていたのは、一面で（彼らの言動に）民族闘争（の実質がそなわっていること）にありますが、しかしより重要なのは、必ずやかれらが新たな抗争方式として代議政治を捜し出したからでありましょう。一九一一年の農暦二月二八日のその日、梁啓超が台湾に来て、台湾の（日本植民地）反対運動の人物と頻りに会合し、かれが勧めた議会路線がその後台湾政治の主流となって、日本統治期から国府の白色テロ期、そして戒厳令の解除を経て現在へと、台湾はゆっくりと議会民主制へと向かい、またまともな局勢へと歩んできているのです。一九一一はただに大陸中国での意義がきわめて重大であるばかりでなく、この年はまた台湾の政治運動史上における関鍵の年なのです。

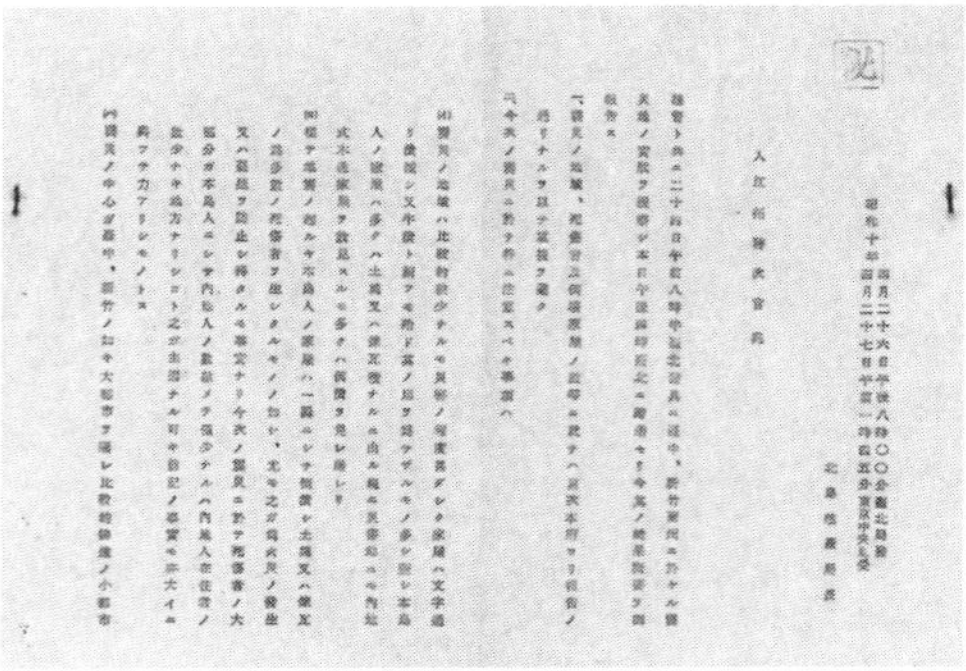

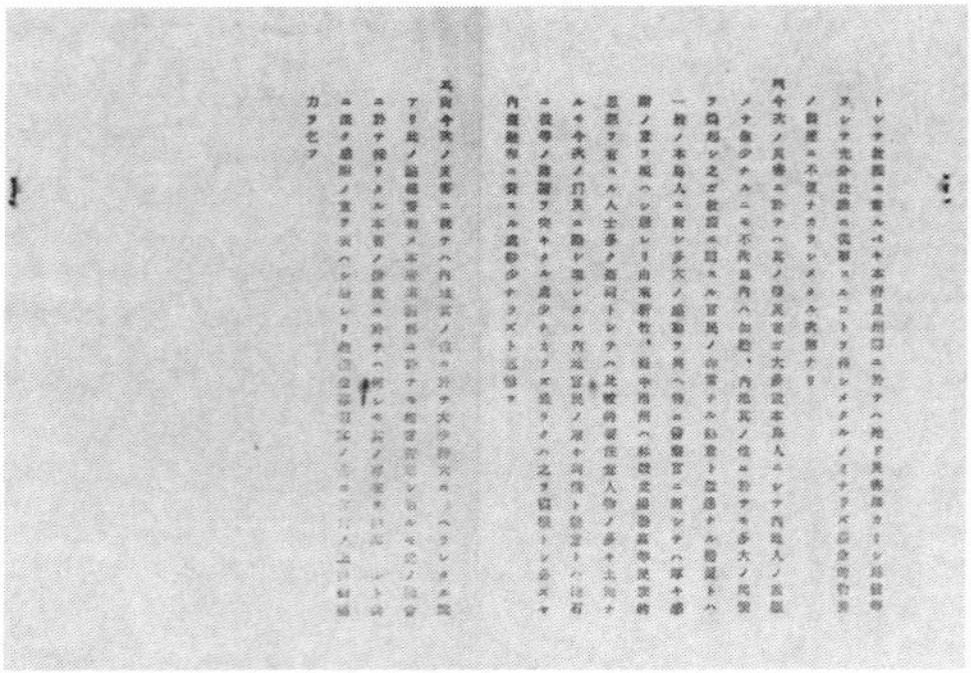

昭和十年（1935）4月21日、台湾中部の新竹、台中に大地震が発生した。写真は豊原墩仔脚のある名望家の住宅の罹災状況である。二部の公文書は日本当局が日本人が勇躍罹災者を助けて「林献堂、楊肇嘉」などの民族主義分子からの批判攻撃を招くことがないようにと要請していることを示している。当時、林献堂などの台湾の紳士の影響力が窺われる。

梁啓超の台湾での行跡は台湾史上のひとつの伝奇であって、非常に多くの書物がみな林献堂や甘得中などの人々が（日本の）奈良の旅館の中で、いかに梁啓超に遭遇しえたか、を記載していますが、こうしためぐり合いは小説の筋書き以上に人を感動させるでしょう。私は奈良に何度か行きまして、ずっと梁や林などが面会した旅館を捜し出そうと思いましたが、しかし春に桜が満開の時節であれ秋に楓が紅葉を舞わせる時節であれ、始めから終りまで、糸口を捜し出せませんでした。梁啓超が人々を感動させたのは、わずかにかれらが奈良で口にし筆談した話、すなわち「（中華民国と台湾とは）もともと同根だったのに、今は異国になってしまった、滄桑の感、まことに同情あり、……今夜の遭遇は、まことに偶然ではない」というだけではなかったのです。梁啓超は農暦の二二八（別の一つは一九四七年の二二八事件）に基隆に上陸してから後、かれが詠じた詩歌に反映された満ちあふれんばかりの情感はいっそう聴く人を落涙させたのです。極めて多くの年輩の台湾知識人たち、たとえばすでに故人となった台湾大学中文系教授の黄得時先生などはみなその詩を暗誦出来るのでありまして、その影響の深さが窺われましょう。

もし論者の中に梁啓超の台湾旅行の作用を疑う人がいるのであれば、黄宗羲の『明夷待訪録』、唐甄の『潜書』、王船山の『黄書』を参考にしてはどうでしょうか？　これらの書物が辛亥革命以前の知識人に与えた影響は極めて大きいのですが、これらの書物も儒家の政治哲学が発展した極致であって、それらの専制政権に対する批判、人民そのものに対する呼びかけは、たとい今日に至ってもなお意義があり、その書の一字一句も、すべてなお理論的熱度を保っています。だが、どうすればいいのか？　どのようにすれば合理的な政治形式を捜し出し、中国を秦漢以後の大一統政治の窮状から抜け出させることができるのか？　これら偉大な儒者達はここで窮地に立ってしまったのです。この「窮まる」という文字はその後なお二百年連続し、心ある人士達はずっと出口を捜し出せず、林献堂などの人々もこうだったのであります。おそらく異族統治（である帝国日本の植民統治）の下にいたために、これら台湾の儒者が受けた圧迫は二重であり、かれらの内心には更なる苦悶があったでしょう。梁任公の議会民主という発言は、出口を捜していた台湾の儒者からすれば、「空を覆った雲をどけて青空を見れば、我が空っぽの胃腸を満たし慰む（披雲見青天、慰我飢渇腸）」（林痴仙の詩）という思いに異なりません。葉栄鐘の巨著『日治時期台湾民族運動史』は、梁啓超が台湾に来た年を自救運動の元年とし、全書をこの事件から構成し始めているのですが、有識者の多くはその着眼点がきわめて卓越しており、歴史的見識に非常に富んでいるとしています。

二

一九一一年から後の台湾の民主社会運動は当然ながら代議政治だけで概括することはできませんが、それは、植民統治者が設けた議会という殿堂が台湾人民に開いた門の隙間は非常に小さい上、その狭い門をどうにか通過できる人は幾人もいなかったということで、その時代の代議政治には重大な制限があったからです。（そのため）街頭運動、群衆動員といった左派運動の方法が起きざるをえず、林献堂から蔣渭水、そして謝雪紅に至るまで、台湾の政治運動にはしだいに左派になっていく趨勢がありました。しかしながら、正常な状況の下では、私たちは代議政治の路線に取って代われる別の運動方式があるとはとても信じ難いでしょう。台湾社会が日々成熟して来るにつれて、梁啓超、林献堂などが主張した議会路線の作用がいよいよ明らかになってくるわけです。一九一一から一九四九に至るまで、その中間を（一九四五年の）台湾の光復と（一九四七年の）二二八という重大な歴史的事件が隔てており、その間には仔細に研究すべきことがらが少なくありません。しかし台湾儒学史の観点から視れば、私の見るところ、最も重要なことは、一九四九年に国民政府の南遷に随って幾人かの重要な知識人が台湾にやって来たということでありまして、とりわけ牟宗三、徐復観、于右任、溥心畬、傅斯年、梅貽琦を代表とする一群、その中、牟宗三、徐復観を核心とした新儒家が一層重視されるのであります。私の信ずるところ、一九四九年が台湾儒学史上にもつ重大な意義は、まさにこの年から始まるのであり、儒家の伝統と自由主義とは民主政治上の実践においてその整合を初歩的に完成したのであります。晩年の傅斯年と晩年の殷海光の思想的転向こそその明らかな指標でありまして、かれらはすでに仁義礼智を主張する学者を論敵とはしようとしなかったのです。ただにこうであっただけではありません。かれらはまた古い儒家道家の伝統の中に民主、自由の要素を発見したのです。殷海光は癌の病気に罹って生命の末期に至った時、荘子の自由精神を礼賛したのですが、このことはとりわけ人々を吃驚させたのです。次ぎに、島内の儒家の伝統と大陸の儒家の伝統との整合をも完成したことでありまして、新儒家は台湾に着実な立脚点を見出し、台湾の儒家の実践伝統も大陸の新儒学がその伝統を注ぎ込む中で、儒学の内容を深化させたのです。

一九四九に海を渡って台湾に来た儒林の人物の中で、徐復観先生はきわめて独特な役割を演じました。徐先生は大陸にいた時期、ほかでもなく最高当局の幕僚の仕事に参与したことがありましたが、台湾に来てからは、国府の周辺人物となってしまいましたし、学術上でも、かれは権力を握った米国在留の知識人達とも相当距たることになったのです。政治上あるいは学術上にしろ、当時の台北は（台湾における）すべての中心でしたから、かれは選択の余地も無く、ただ台中に落ち着けただけでした。しかし、台中に落ち着き、長期間権力の中心からはずれたところにいたことで、かれはかえって歴史的作用を完成することになったのです。まさに台中にいたことで、一人の島外における政治的失意の人間（である徐先生）が群島内における政治的失意の人間（である台湾の人々）に遇うことができ、かれらは共同の感情を抱き、文化の伝統と民主政治の結合に対しても共同の承諾をもつことになったのであり、（こうして）民国新儒家の潮流は非常に奇特にも冷戦期の台湾の思潮に流れ込んで、当事者すらも思いもよらなかった整合を完成したのです。

徐先生が台湾に来たその年は、もともと台湾で民族自救と民主自救と（の活動）を演じていた島内の反対人物達の運動がちょうど空前の低調段階にありましたが、かれらの挫折は、光復後の国民党政権の施政に対する一連の失望に根ざしていたのです。この台湾における反対運動の中心で相当大きな部分は中部台湾に集まっており、かれらは林献堂を中心として、一つの独特の歴史的位置をもった団体を形成していました。すなわち櫟社から台湾文化協会、そして台湾民衆党に至るものですが、かれらの結社は旧時代の文人と新時代の知識人とを跨ぎ超えた組織形態であり、かれらは異なる歴史段階を接合するという仕事を完成したのでありますが、その運営には特に留意する価値があります。日本統治期の半世紀の間、かれらの奮闘は、始終結社と縁を絶つことがなかったのです。かれらの結社は、形式から言えば、明清時期および清代台湾時期の多くの文人が（同好の士が集う）「社」を作って詩を吟じるという情況と異なるものではなかったのですが、ただ、櫟社の人々の政治意識は非常に強く、文人の結社が政治性を帯びるということから言えば、櫟社は明中葉以後の東林党や復社の性質と一層接近しています。事実、明末の鄭成功時代に台湾に来たり或いは台湾と閩越とを往来した徐孚遠、沈光文、盧若騰などの人々と当時の復社、幾社とはみな密接な関連があったのです。櫟社は滅亡した前朝の遺老を自認し、かれらが継承した典範はまさしく徐孚遠や沈光文などの「海外幾社」の前賢であり、櫟社の精神は明末に大陸東南部に偏居した（清朝への）反抗運動を継承していると言えるでしょう。早期の台湾銀行が台湾の文献を編纂した時、その中に黄道周、翟式耜、張蒼水などの明末抗清運動の中堅人物の文集がありましたが、これらの人々は台湾に来たことはなかったのですが、しかし、かれらが奮闘した意義はかえって明末鄭成功政権の存在意義と密接に呼応しているのです。南明は何年に滅んだのか？という問題は、政治的立場によってそれぞれ異なった答えがあるでしょうが、しかし私が認めるところ、台湾の観点から視れば、私たちは永暦滅亡（一六六二）後二十一年の永暦三十七年（一六八三）に施琅が台湾に入ってきたことで、南明の僅かに続いてきていた命脈がようやく断絶を告げたという事実を堅持しないわけにはいきません。これ以前、明代の遺民、遺臣はなお明代の年号、紀年を使用し、なお明代の衣裳や冠を着けていて、（実質的には滅亡してしまったとは言え、わずかに命脈を保っていた明王朝は）なお天地の間に清の朝廷に服従しない領土を保っていたのです。大明はどうして滅んだでしょうか？滅んではいなかったのです。台湾銀行の諸君子の選択には見識があると言えましょう。

林献堂などの台湾の先賢と明末の反清人物の心境と行為とにはいささか相応するところがあり、かれらは始終南明への思いを抱いているのです。しかし結局は歴史的境位が違っているし、かれらの心境はいっそう凹凸があるはずで、黄道周、翟式耜、張蒼水のように道を履んで従容とし、最後は従容と義に就くといったものではなかったでしょう。これらの明末の大儒はたとい苦難を受けようとも、その人格はなお直立した絶壁のようであり、少しも卑屈なところがありません。福沢諭吉は江戸の日本と明治維新期の日本に身を置いた明治の知識人を「一身で二つの生を経、一人で二つの身をもつ」と称しましたが、かれら林献堂、林幼春などは「一身で三つの生を経、一人で三つの身を兼ねもつ」と言えるでしょう。かれらは選択の余地も無く、大清の臣民から大日本帝国の臣民に変わり、さらに中華民国の国民に変わったのです。大清の臣民から日本帝国の臣民に変わったことは、かれらの境位があるいは黄道周らの人と近似していますが、しかし日本帝国（の臣民）から転じて中華民国国民へ変わるという進退窮まった境位は、それこそ明末に清朝統治に抵抗した人物が直面したことがなかったものでしょう。というのは光復が成功した後になって、彼らと同じく漢民族政権である国府との衝突が爆発したからです。衝突の最高頂は当然二二八事変にあり、また（国府の台湾接収長官である）陳儀（の施政）にあります。陳儀と二二八とは、一つの複雑な過程における二つの特別目立った符号であり、問題は当然単純化することはできません。それは一つのまとまりをもった構造なのです。

徐先生は三生三身の経歴を持つ林献堂と相互に影響し合える機会はあまりなかったのですが、しかし、櫟社第二代の二生二身を経た反対運動のあの人々、たとえば、荘垂勝、張深切、張煥珪、葉栄鐘、郭頂順、林培英、楊逵などとはかなり往来があり、中でも、荘垂勝と、葉栄鐘との関係はもっとも深厚でした。徐先生が当時大台中地区の知識人との往来に熱を入れたことは誰も予想できないことでした。私は葉栄鐘の一九六七年から一九六九年の日記に目を通したことがあるのですが、総計すると、三年間の日記の中に、直接徐先生の名を提示しているのは六十四度で、その大部分は多くの人の集会の際のものです。徐先生と中部台湾地域の知識人との集会の規模は小さくなく、徐先生は常に同一地区の外省知識人、たとえば孫克寛、陳定山、彭醇士などの人々と一緒に参与していたし、その地の台湾知識人には上述の人々が含まれていました。徐先生の学生であった洪銘水教授が言ったのを聴いたのですが、徐先生は、（台湾の知識人たちに対して）兄弟のような、（国民政府が台湾に対して犯した）過去の過ちを彌縫するような心情を抱き、言語が異なる二つの語族を通い合わせようという感情を抱いていたのです。二二八事件の後、台湾の住民が心の持ち方において一国両制ともいうべく、雰囲気が始終落ち着かないところがあった時、徐先生は当時とるにたりない職などには就かず、国民党の施政の失敗の責任を引き受けようとは求めなかったのですが、しかし彼は感情としてはこのようにする必要があると思っていたのです。徐先生の一生の出来事を見ると、私は洪教授の語り口は事実に接近していると信ずるのです。

五四、甚だしくは五四以後の（早期の殷海光に代表される）あの世代において、儒学は常に封建的意識形態の擁護者、甚だしくは創造者であると見られていましたが、こうした絶叫の荒波は現在、当然ながらほんの僅かになりました。それは、主に台湾政治の転換が大体成功して以後、文化的土壌がすでに違ってしまってからです。しかしながら、私たちがもし台湾の角度から見るなら、別の角度から儒学と民主の関係を見る理由が私たちには完全にあるのです。日本統治期の台湾海峡の両岸、甚だしくは当時の中国本土と海外の華人との間では、儒学の形態と効能とは大いに違っておりました。五四（運動）の時期、反伝統の英雄呉虞（一八七二～一九四九）などの人物が片手を突き上げて孔家店を打倒しようと叫び、虎が風を吹き起こすといった勢いであった時、台湾の林痴仙、洪棄生、林献堂などの人々はまさしく漢文化によって大和民族の文化統治に抵抗し、さらに僻遠の海外にいた陳嘉庚、林文慶などの人々はまさに孔孟文化でもって英国植民統治下における文化的共同性を擁護したのです。人民革命軍が中国を占領した後も、（五四の時期に燃えさかった）反伝統の炎は燃え続け、文化大革命の段階で、燃えさかる炎が最高点にまで達した時、迫られて海外の香港や台湾に流離した新儒家は、文化の

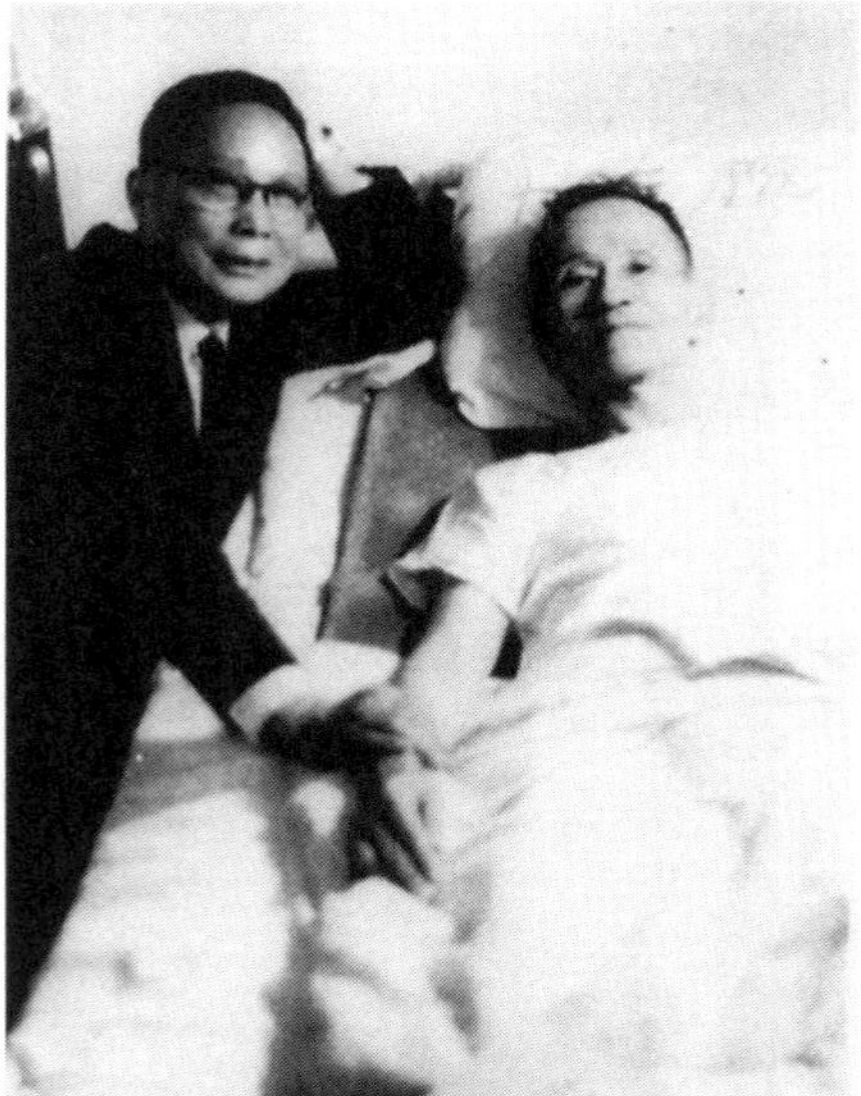

徐復観が臨終前の荘垂勝を見舞った時の写真。荘垂勝は有名では無かったが人品が極めて高く、徐復観がもっとも親しくした台湾籍の友人の一人である。かれら二人の交友は台湾文化史上の一佳話である。（この写真は徐均琴が提供してくれたものである。）

道統を受け継ぎつつ、民主の新しい政治的伝統へ接続することを自己の任務と考え、新しい局面を切り開いたのです。

海外の新儒家の哲学上の貢献は、すでに現代哲学史における疑うべくもない一章ですが、しかし新儒家の民主政治に対する貢献はかえって当然払われるべき重視を受けておりません。民国建国百年の時に際し、私たちは自信を持って言えるのですが、徐復観、牟宗三先生の民主の理論に対する貢献は、絶対に自由主義者より下ではありません。儒家の政治理論は、『学術与政治之間』と『政道与治道』とが前後して出版されたことで、それまで二千年も絡まり合っていた政権と治権との区分がようやくはっきりされたのです。正直に言って、もし民主という理念の伝播について論ずるなら、胡適、殷海光、雷震などの人々の貢献は他に比べようもないほどですが、しかしもし政治理論上に打ち立てたものを論ずるとなれば、私は新儒家の貢献が一層大であると考えるのです。たとい新儒家の学者の民主政治に対する実践について正直に論じたとしても、新儒家と自由主義者との貢献は当然ながら半々だと私は信ずるのです。一九四九年から後の台湾において、自由主義の文化に対する新儒家の解釈には常に批判的なところがありましたが、しかし、自由主義の政治に関する主張に対しては終始強力に支持していましたし、西洋的現代性に反対する「東洋的民主論」は新儒家内部でも終始関心を持たれなかったという次第で、新儒家の政治上の開放性は台湾儒学における最も珍貴な資産の一つなのです。私たちは張君劢による憲法の作成を忘却してはなりません。また徐復観が台湾の反対陣営内で演じた役割を忘却してはなりません。かれらの事績の重要性は、他の文化陣営内に比肩できるものを見出せません。とりわけ徐先生が台湾本土の文化人士と新移民の大陸知識人との間の距離を縮め通じさせようと努力したこと、また戦前の台湾と戦後の台湾の文化的転換と民主的実践とを連結する過程において、その影響がいかに大きかったかは、言葉では言い表せません。台湾の政治が日々成熟していくにつれて、その作用も日増しに顕著になっているのです。

百年来の人文学術の発展を語る場合、私たちは（古来大陸の政治的中心と意識される）中原の観点だけをもつことはできません。まさに台湾の文化的脈絡を正視しなければなりません。一言で蔽うなら、百年来の儒学が台湾において終始演じたのは、抗議者であるとともに創設者をも兼ねるという役割でありました。日本統治期には、それが抗議したのは（植民地的差別政策を推進した）大日本帝国政府ですが、一九四九から後では、それは両面からの（圧政に対する）抗議です。すなわち一方面でそれが抗議したのは、当時ひたすらマルクス、エンゲルス、レーニン、スターリンに傾倒していた中華人民共和国政府であり、もう一方面で抗議していたのは、戒厳令を実行していた中華民国政府です。日本統治の時期、儒学が要求したのは代議政治（を実現すること）であり、一九四九年から後、儒学が要求したのは以前の儒学が従来ずっと行い得なかった民主政治を完成することでした。この百年来の台湾の儒学は明らかに抗議的な民主性の性格を具えており、それは非常に頑強な草の根としての性格をもっていますが、しかしこの草の根としての性格はかえって非常に大きな開放性をそなえているのであり、それは台湾在住の儒者と対岸から台湾に来た儒者とが共同して形作ったものなのです。

（この文章は二〇一一年五月四日、台湾師範大学で挙行された「民国百年文化省思論壇」での発言草稿である。）

両岸の三つの地域——新中国と新台湾

一

中国共産党は、一九四九の後には新中国がある、と言っています。共産党はこのように言い、世界もこのように言い、共産党は一九四九以後の華人地区の歴史の図像を定めたのです。しかしこの図像は実は正確ではありません。共産中国（の図像）は一つのまとまりを持った中国と等しくはありません。不完全な知識の図像は、安易に、一部分で全体を概括して物事に現わしてしまう（という不正確な認識を導き出す）だけでなく、さらに容易に、単なる偏差から大きな誤差へと導いてしまうのです。

一九四九以後、確かに新中国が存在しているし、新中国の社会の様相は旧中国と画然と違っています。しかし私たちは同様に堅固な理由をもって言うのですが、一九四九以後には、また新台湾が存在しており、一九四九以後には、また新香港が存在しているのであって、一九四九は、現在なお使用するに有効な「両岸の三つの地域」という新しい名詞を創造したのです。「両岸の三つの地域」は新しい知識の範疇であって、それは従来出現したことが無かった新しい知識の体系を孕んでいるのです。両岸三地のどれもがみな一九四九を分界線として、前後二つの違った歴史段階、すなわち新中国―旧中国、新台湾―

旧台湾、新香港―旧香港に分けられているのです。

「両岸三地」は特定の歴史の下での産物です。「両岸三地」というこの言葉は人民共和国の鄧小平が南方巡視の際に〝改革開放〟を宣布した後から流行し始めたのですが、しかしこの言葉の実質的内容はかえって〝改革開放〟の前、一九四九の後に産まれているのです。一九四九に両岸が大分裂して、その後冷戦体制が形成されると、「両岸三地」のそれぞれの歴史は構造化し始め、それら各自は自己の歴史条件の制約の下で、自己の未来を模索したのであり、三地それぞれは、歴史の見えない手が操る実験に共に参与したのです。本来、国家を実験室の隠喩で理解することは非常に難しく、歴史の過程を生物学の実験でもって連想することは非常に難しいのですが、しかし一九四九から後に「両岸三地」が歴史的実験に参加したというのは、かえって荒唐無稽の談ではありません。というのは冷戦体制は恐怖の均衡を伴っており、恐怖の均衡は歴史過程の構造化をもたらしたからです。構造化していく時間が構造化する政治的空間を形作ったのであり、このような政治的空間はなお十分に広くはありませんでしたが、しかし三地の人々（あるいは政党？）をして設計図によって未来を造らせるには十分だったのであります。

歴史は元来このように醞醸されたものではなく、「両岸三地」は体外受精の産物です。香港は早くから（大英帝国の）植民地であり、（清朝末期）近代の中国が辱めを受けた象徴でありまして、どの中国政権も早晩取り戻そうと想っていたものです。台湾は中共の眼からするとまだ革命の聖恩を受けていない島嶼であり、その反動も早晩に解決されなければならないものでした。もし歴史が繰り返えすことができるものであり、たとえば中共がもしひたすらソ連に傾斜しなかったなら、もし中共が朝鮮戦争に参加しなかったなら、もし中共がスチュアートといった駒をよくよく丁重に扱っていたら、「両岸」という言葉はきっと地理的名詞だけで終わり、政治的名詞になる筈がなかったでしょう。きわめて厳しい「両岸三地」という言葉も永遠に戻って来る筈がなかったし、戻って来るのではなく、そもそも根本から出現するはずなど無かったのです。しかし一九四九という歴史の線は、歴史の進展を絞め殺してしまったのであり、もともと当該の地域に歴史的残滓として存在していた問題は一層奇妙で賢明な方法を得て、別の思考の出口を提供したのです。私の信ずるところ、別の思考の出口も別の出口の思考を提供できるかも知れません。

近代中国の（実は近代東アジアのと言うべきですが）歴史は濃縮された歴史であり、それは西洋の数百年の発展を異文化の空間の中で圧縮して展開しているのです。一八四〇年のアヘン戦争の砲火は東洋の歴史にもともと具わっていた楽曲の調べを混乱させましたが、その後、東洋各国はみななんとか滅亡を免れ永存を図ろうとして、補習し、急診し、転院し、遍ねく名医を求める、といった具合で、極めて短い時間内に多すぎるほどの内容をこなさざるを得なかったのです。近代中国で権力を掌握したどんな政権も実はみなしっかり準備して政権に就いたのではなく、かれらはみな瘀（鬱血）、鬱（憂愁）、滞（停滞）、渋（渋滞）といったあれこれの症状を患い、ひどい病気を直すには、とにかく医者だという次第で、安定して政治を行うことが難しかったのです。一九四九から後も、戦争の気配はなお存在し続け、また局部的な砲声（たとえば金門島の砲戦）が遠方から伝わって来ていましたが、しかし基本的には大陸東部の線には戦争が無く、大中国の地区は思いがけず歴史に時間を借り、空間を分けることになって、両岸三地の人間は歴史的理性の（自己実現のための）道具となったのです。かれらは完全には歴史の全貌を熟知しないままに、自己の未来をそれぞれ別々に模索した（あるいは分かれて進みつつ同じ目標を攻撃するといったように模索した）のです。

近代の地球全体における各地区の情況と同様に、近代中国の主要な思潮も三つの思潮の悲喜こもごもの集合離散です。（経済的及び政治的な）自由主義と社会主義とは広く世に知られた政治経済思潮であり、それらは相互に憎しみ合う双生児という姿で地球のどの地域にも遍く広まったのです。しかし在来の文化的伝統は新興の思潮に直面して、あるいは迎え或いは拒むなど、また当然ながら鼎の脚というべき力を示したのです。華人地区に在っては、文化伝統主義は主に儒家の伝統という様相で出現しました。儒教、仏教、道教は華人地区を構成する主要思潮であり、三教は同様の歴史情況に直面したのですが、しかし儒家は世俗的性格が最も強かったので、その西洋文明に対する反応は最も典型的意義を具えていたのです。中国の伝統、西洋思想、マルクス主義、あるいは新儒家、自由主義、社会主義といったこの新しい三統の関係（を考察すること）は、そうして私たちが現代中国の歴史過程を観察する際の有効な理論的視角となったのです。

両岸三地の歴史的条件は一様ではなく、実践の方式もそのために同じではありません。人民共和国は中国本土での実践に際し、社会主義で中国を改造するのを承諾されたとしていますが、三反、五反、人民公社、文化大革命の運動など、すべて中国の歴史にこれまで出現したことがなかった産物である、新中国のこれらの実験の是非成敗は後世の参考としてその評価は決して免れられないでしょう。香港はきわめて特別な植民地という身分でもって東西二つの（文化の）大集団が交流し合う場となり、新形式の資本主義社会を創造しましたが、「港湾都市国家（港都城邦）」の香港（あるいはシンガポールを加えても良い）というモデルは人を迷わせる知識の謎であります。（大陸で）敗退して「自由中国」に来た国民党の流亡政権はしばらく前に承諾していた現代化を（今度こそ）実現しないわけにいかなくなり、台湾は中国近代史上真正に有意義な文化伝統主義と自由主義とが融合する過程を展開することになったのです。一八四〇年のアヘン戦争から今に至るまで、ほぼ干支が三巡する歳月が経ちましたが、（その間）大中国地区に（社会主義の）理論が成長する養分を提供できるだけの安らかで静かな歳月がどうしてあったでしょうか？　最近の一干支の歳月を除きますと、建設の時間と建設の空間と

文化伝統主義者は1949年以後海外で『民主評論』を出版し、自由主義者は『自由中国』を刊行した。これら二つの雑誌はそれぞれ別々に両陣営の与論の基地となった。これら二種の雑誌の名称に当時の知識人の時局に対する要求が反映している。

は存在したことが無かったと言えるでしょうし、歴史的条件の制約はきわめて残酷なのです。一九四九以後、この三つの地区を主導した意識形態は差違がきわめて大きく、最後の情況もこのように違っておりまして、ウェーバーが言う「神々の戦争」は、その複雑さもこれ以上ではありません。隔絶した時間と空間とがあり、指導力をもった理論モデルがあり、検証するに足る数字があるのですから、これを「実験」と称さないで、私たちはどのように呼べばいいのでしょうか？

二

二〇一五年に両岸三地を反省する時点と一九四九年時の反省とは一様でありうるはずがありません。一九四九の時にいったいどこに「両岸三地」という言葉が発展する空間があったでしょう！　立脚点が同じでなかったために、この一干支を超えた歳月を経て、両岸三地はみなきわめて激烈な変化を生み出したのです。もし上天が惨烈な抗日戦争と開放（剿匪）戦争の後に両岸三地の人々に平和な歳月を与えたことがさらに有意義であったとすれば、私たちは更に質問しないわけにはいきません。この「歴史実験地区」と称しても良い経験には結局どんな意義があったのか？　と。私が信ずるところ、新中国あるいは新香港という角度から見れば、おおむねみな違った解釈があるでしょう。しかし台湾の経験も参考できるのです。旧台湾から新台湾へ（変わったという経験が）、結局独特の内容を持っているということは、以前には無かったものであり、この新台湾の新しさなのです。新台湾と新中国とは平行した実験の一組の対照例であり、新台湾の内容はその後の「新新中国」あるいは新中華文明に対して当然また深刻な対照的意義をもっているのです。犠牲者の血は無駄に流れるわけにはいきません。これまでの旧い歴史の宿命はその後の歴史の豊かな実りによって補なわれなければなりません。私個人の見方としては、新台湾の経験で最も重視するに値するのは、当然、新儒家と自由主義とが基本的な整合を完成したこと、新儒家が要求した民主的で自由な体制が、自由主義者との「常道には背くが真の目的には適う（反経合道）」といった共同の奮闘を経て、台湾に土着し根を生やしたことであります。自由主義者は従来文化の伝統と民主との関係を粗略に考えたりかなり誤って導いてきたというのが殷海光晩年の最後の定論でありますが、あるいはかつて粗略に評価されていた、たとえば周徳偉のような自由主義の知識人達の論点があらためて認識されてからは、儒家と自由主義とはもはや矛盾ではなくなったのであり、甚だしくは消極的な「もはや矛盾しない」といった言葉を用いて表現せずに、両者はきわめて緊密な関係がある、と説くべきでしょう。一種の民主制度が提供する消極的自由と一種の文化的伝統が提供する後習俗的すなわちポスト習俗的理性の社会的自由とは台湾人民のその後の政治生活の主要な内容となるはずであります。

民主自由の制度はもちろん近代西洋が中国に提供したものです。しかしながら、どう考えても、新儒家とこの制度との結合は、まさに西洋の現代性に対して（東洋の現代性もしくは伝統性が）武装解除して投降することだと認める理由はありません。中国大陸のある儒家研究者たち、あるいは儒家に同情する人々は、意識的にせよ無意識的にせよ、結局香港や台湾の新儒家は「純」粋さが不十分で、西洋に対してあまりにも譲歩していると考えています。（しかし）私が考えますに、事実は絶対にそうではありませ

「民主の実施」こそは1949年後における台湾内部のもっとも重要な歴史の動力であり、「新台湾」の内容である。この写真二葉は台湾籍の半山系の頭目である黄朝琴が戦後台湾に戻って選挙戦に出たときの写真で、黄朝琴は後に長期にわたって台湾省議会議長をつとめた。

ん。歴史の発展にもし理性的意義があれば、あるいは理性の表れにもし歴史の媒体が必要だとすれば、発展とはつまり明らかに現れることであり、外在因はまさしく内在因なのであって、(そこには)譲歩するとか譲歩しないとかといった問題は無いのです。事実、東アジアで千年来主動的であった理学思潮は北宋以後、すなわち、この時期も内藤湖南が言う東アジアの現代化の幕開けでありますが、ずっと偉大な堯舜の伝統を実質化させようとした機制であります。范仲淹の四民論、北宋の儒者達が共に提唱した性善論、朱子の堯舜の伝統を核心内容とする道統説から黄宗羲の『明夷待訪録』、唐甄の『潜書』に至るまで、さらに下ってずっと民国まで伸ばして、熊十力、梁漱溟の革命説に至り、そして一九四九の海外の新儒家の新外王論に至るまで、その抱く思いは、終始一致しているのです。(江戸時代前期に京都で活躍し朱子学陽明学的方法を批判した儒者)伊藤仁斎の語彙を借りるなら、この過程には「血脈」があるのであって、一種の理性を尋求する政治制度は儒家に内在する精神的要求である、と私たちは言うわけです。そして理学家が提供し、消化と創造との過程を不断に進んでいる体用論は、決してわずかに哲学家だけの空理空論ではありません。二〇世紀以後の世界情勢に即して考えますと、このモデルは、なおそれを用いることで、(文王の政治を理想と仰ぐ)「旧邦」の精髄である儒家がどのように「外来の」自由主義を吸収し、それによって自己の体質を豊かにし、(『詩経』の大雅「文王」に詠われるように)「其命は維れ新たなり」にしたのかを解釈することができるのです。

私たちは歴史の展開を見て、草茫々で土埃が舞う歴史の潮流の中に歴史の方向を見て取るのですが、この「見る(看 see)」と「と見て取る(看到 see as)」との構造は当然ながら解釈の結果です。しかし歴史は人文を載せるものであり、歴史は人文に関わらない時間の流れなどではなく、「看」と「看見（あるいは看到）」の構造は概算できるはずはなく、独断的であって、人ごとに見方が異なるのです。これとは逆に、人が創造する学問でありさえすれば、人の理解があるという問題において、ヴィコの観点は少しも時代遅れになっておらず、「洞見」がなければ看えないのである。もし「中国的現代性」あるいは「東アジア的現代性」に意義が有ると言うなら、宋代の新儒家の興起に伴ってきた「道は人間において展開する」という要求は、重要な方向であると言わざるをえないでしょう。仏教の解脱の精神で代表される中世期から儒家の倫理の精神で代表される近代へと進み、同時に近代の歴史の歩みの中に理性を政治領域の合理化において尋ねていく、このような歴史の方向が存在しているのです。民主的機制を建立することはまさに近世歴史の歩みに内在している目的であり、こうした「見」方はわずかに新儒家の観点だけではなく、また日本漢学における京都学派にも胚胎生育した観点であり、かつまた、驚く無かれ、本当に事実なのですが、胡適さえも賛成したものなのです。公平に言えば、胡適の理学に対する真正なる同情と評価とは、民国の新儒家の学者達が考えていた胡適に比べ、はるかに高くなければならないのです。

新台湾の文化の発展は、儒家の体用論によって民主制度の建立を消化し、理論上、両者の整合を完成したのですが、その意義は、（宋以降の）千年来、中国に継承されている現代性の脈絡において位置づけ得るだけではありません。私たちは更にはるか太古（の中国歴史の開始時点）にまで引き伸ばし、更に深く掘り下げることができるのです。私たちは確かな理由をもって言うのですが、儒家の堯舜の伝統も民主制度の建立においてこそ始めて明らかに現れてくるのです。『書経』という偉大な儒家の経典の中で、「堯典」は開巻冒頭の第一篇ですが、帝堯は、禅譲という政治の形式と「しっかりと優れた徳を発揮する（克明峻徳）」という道徳的主体とでもって、礼楽倫常の社会体制を人間生活の大本、大宗としたのです。「堯舜の伝統」は中国文明の原型であり、礼楽文化の大憲章であって、中国の歴史が歩む道筋を主導する道理の力、典範の本なのです。孔子、孟子、荀子はみな「堯舜を祖述した」のであり、『論語』『公羊伝』『荀子』などの最後の一篇はみな堯舜の伝統を提示して終えているのです。

『公羊伝』は中国二千年来の政治の大渦の中心ですが、この書の最後の一節「西方で狩りをし、麟を獲た（西狩獲麟）」には、「堯舜は、君子であればこそ、春秋の義を制定して後の世の聖人の登場を待っているのだと知り、君子の行為にもこうしたことを楽しむということがあるのだとした（堯舜之知君子也、制春秋之義、以俟後聖、以君子之為、亦有楽乎此也）」と言っていますが、此の段の話はまた全書の結末なのです。『公羊伝』には濃厚な秘伝の趣があり、「西狩獲麟」の一節にはとりわけ啓示録的色彩があって、「宣尼は獲麟を悲しみ、西狩に孔丘は泣く（宣尼悲獲麟、西狩泣孔丘）」（劉琨「重贈盧諶」詩）というのは、中国歴史の最大の謎の一つです。しかし、『公羊伝』末尾の此の段の話はかえって晦渋でありながら顕著なのです。春秋の大義は「後聖」すなわち後世の聖人が堯舜の道を行うことができるのを期待することに在るとこの書が認めていることは、明明白白で、きわめてはっきりしたことではないでしょうか？　歴史の目的は「後聖」が出てきて「堯舜之道」を行うように要めることであり、そして「堯舜之道」の主要な内容は『尚書』開巻冒頭の篇が顕示している禅譲政治に見えており、その図像は同様に非常に明白なのではないでしょうか？　清代の学者の徐継畬などは（米国初代大統領の）ワシントンを賛美して、天下を公とすることができるのは当今の堯舜がいるからだとしていますが、その説は、まさに『公羊伝』の考えではないでしょうか？　「天下を公とする（天下為公）」とはまさしく『礼記』「礼運」篇が堯舜の治に下した形容語ですが、それが一旦定まると永く定まってしまいました。東アジア近世における日本の漢学家白鳥庫吉などの人々や、（中華民国の）『古史弁』の諸氏などは不断に堯舜を解体したり、堯舜を「考証」したりし、考証をきわめたあげく、中国で最も重要な文化的象徴はかえって歴史の灰燼の中に考証されてしまいましたが、これは（『孟子』「梁恵王篇上」の語句を真似して言えば）標準の見方で車に積んだ薪を見てその多寡を量ろうとするだけで泰山を見ようとしないものでしょう。「自分の家にある無尽の宝蔵を投げ捨てて、門毎に托鉢して乞食をまねる」と言うように、鶏を殺してその糞を取るようなもので、顚倒荒謬なこと、これより甚だしいことはないでしょう！　歴史の終点はまさしく歴史の起点であり、歴史の想像はまさしく歴史の動力であり、「堯舜」の真実はまさしく歴史の真実を超越した真実なのです。一歩退いて考えますと、「堯舜」がたとい単なる理念に過ぎない可能性があったとしても、理念は従来抽象的概念ではなく、それには血肉が伴っていたのであり、まさしく（ややもすると専横をきわめがちな）歴代政権が直面しなければならなかった最大の反対勢力だったのです。夏、殷、周、三代以降の政権はみな天下を家としており、天下を家とする政権がもし「天下為公」という理念に符合しなければ、政権の正当性という問題が、このために出てこないわけにはいかなくなり、問題とならないわけにはいかなくなるのです。「政権に如何に正当性があるか」ということが、ずっと歴代の儒者達の内在する生命のもっとも核心の激情をかき乱す要素だったのです。この激情は歴代王朝における（反政府勢力への弾圧である）党錮や士禍の中で不断に噴出し、その衝撃が永らく止まらなかったのですが、そのわけは、歴史には恰好の輸送管を提供してこの無名の暗闇を規範化する力が無かったからです。わずかに恰好の政権が産まれる方式が探し出された後、政治が理性化しさえすれば、その沸騰した鮮血はようやく冷静になるのです。新台湾が発展させてきた民主制度は依然として味が青臭くて未成熟であり、体勢はすでに形体を具えてはいるものの微弱であり、それは低くてさほど高論できるほどのことも無いものですが、かえって（未来にはともかくも、さしあたって）現在までということにすれば、政権の平和な移行を処理できる唯一の機制なのです。五千年来の堯舜の伝統を実現する第一歩はこの一歩を踏み出していくことですが、ひどく超常識的ながら、新らしい堯舜の伝統の最初の段階では堯舜が実際に統治することなど必要ではないし、誠意正心ということも必要ではありません。それはただ体制上政治の主体を普通一般の人々に戻せばそれでいいのであって、これこそが第一歩なのです。

三

しかしながら、もし新台湾の新儒家と自由主義との同盟がただに代議政治を打ち立てるだけであれ、情勢はなお十分には大きくないのでありまして、（そうである以上、）新形式の堯舜統治の状態、誠意正心ということがやはり必要であり、「民主」の内容はわずかに代議政治の制度にかぎられるわけではないのです。「自由主義」という言葉が目前の与論（たとえば「新自由主義」経済といったようなもの）や、あるいはある文明（たとえばアラブ文明といったようなもの）では、貶められ軽蔑されるだけの言葉になりさがってしまうのも理由がないわけではありません。地球全体で各種の色合いを持った革命が続々と発生した後、民主制度は決してより強固になったのではなく、逆に揺らぎ方が一層ひどくなっていると言えましょう。たとい欧米が自由主義を生み出した母体であったとしても、民主的価値も新たな経済モデルや或いは大きな問題をかかえた価値理念に因って日々腐食しているのです。私たちは遺憾ながら承認せざるを得ないのですが、たとい中華民国というものがほとんど唯一民主体制を擁する華人国家であるとしても、それも欧米の国家と類似した窮境に直面しているのです。新台湾の実験が当然得るべき評価を獲得できないのは、原因はいろいろですが、しかしよくよく反省してみますと、最大の要素は私たちの実験にやはりまったく進展がないことであり、私たちは私たちの新台湾の経験をよりよく運用しないだけでなく、私たちはやはりむやみに（数千年来の儒家の経験を）無駄遣いし、むやみに自分を卑下しているのです。自分においてにしろ、甚だしくは民主の理念においてにしろ、数千年の儒家の経験はみな珍重すべきものであり、私たちは事実上まだ一層多くの活用できる資源を持っているのです。私たちは我が文明の原初である「堯典」に戻って最初の民が天地開闢の時に示した洞察を汲み取る必要があるでしょう。

民主が貴ばれるわけは、ある人が言うように、民主の実践が、ある地区では成功し、ある地区では失敗しているということからして、ただ制度があればそれで事が済むといったことでは絶対あり得ないということです。人文科学から言えば、すべて形式化し、加えて複製化できるモデルは普通はかなり容易に到達できるものの、しかし普通はまた安定しないのです。一つのことが、主体が建てられる要素と社会が成立する要素の大変動を引き起こすというわけですが、私たちにはとても信じがたいことに、こうした過程は更に広大な気迫を持ちかつ更に細やかに見るように処理することを必要としないというのです。（信じがたいということについて、）更に簡単に言いますと、民主は深刻でなければなりませんが、それは在地の文化的特色を持たないわけにはいかないし、それは文化と個人とがもつ内在生命の発展と歴史の機遇との間で融合する過程を完成しないわけにはいかないのです。民主がもしずっと伝統とは関わらない「外部」的要素だと見なされ続けたり、あるいは、ゆらゆらして不安定ないわゆる「普遍的価値」といった抽象的要素であれば、それは非常に土着化しにくいわけで、土着化しない理念は大地に根を生やしようがないのです。民主制度の地球各地における運命は大きく異なっており、イスラム文化の区域ではほとんど沈没したも同然といった災難を伴っていますが、（そうなっていることは、）筆者が信ずるところ、相当に大きい程度、内外の要素が整合を完成していないということと関係があるのでしょう。

地球の各区域、東アジア各国において戦後に形成された民主制への転換はかなり成功した明証とすべきでしょう。資本主義のモデルを論ずるとき「アジアの四つの小龍」の例はかつて欧米モデルに十分に対抗できる別種のモデルとして格上げされたことがあります。なお三十年前、「儒教資本主義」の説が時の文化的議題となって、ピーター・バーガー、溝口雄三、蕭新煌、杜維明などの諸先生が反覆して論じたことを記憶しています。今日そのことを反芻してみますと、その意味はいっそう明らかになるでしょう。私たちはもし戦後の「アジアの四つの小龍」をその後に中国が開放政策を取ってからの「中国崛起」へと連結し、また遡って戦前の「明治維新」後の日本モデルに連結するなら、この歴史の連鎖は一百五十年にも達するのです。東アジアの資本主義のモデルは一つの型とするに十分であるようであり、そのためまたそうした説が十分に行われているわけです。この地域は漢字文化の地域、また儒教文化の地域でありますが、「儒教と資本主義」の関係はこれまで一つの議題でありましたし、また政治社会学の有意義な議題であり続けるでしょう。

経済に焦点を置いた議題はその専門の人々の解釈にまかせましょう。私自身、儒家の同情者として、私たちがより関心を持つのは、私たちの文明の母型である堯舜の大憲章（堯典）が東アジアの近世の歴史過程にどのように介入しているか、その論述がどのように転化して新時代に適応しているか、更に一歩進んで、それは又いかに現代の民主的生活を豊富にできるか、ということであります。

民主政治は、個人の価値と結びつかないわけにはなかなかいかないでしょう。民主政治は基本的に「個人」を単位として政治体制を設計していますし、選挙の投票や法律の規範などみな「個人」を根本の単位として計算しています。当面の時局において、民主政治の運用が問題を起こしていることから、「個人主義」という言葉は生け贄の羊同然となっており、語感は相当に好くありません。しかしながら、洗面器から汚水を投げ捨てるにしても、子供まで一緒に撒き棄てるわけにはいきません。もし「個人主義」という言葉が、私欲中心主義に堕ちたり、人情から外れ、倫理をはずれた自己中心主義に堕ちたりすることを意味するなら、この傾向は確かに賤しむべきですし、確かに現代民主政治の悪弊となっています。しかしながら、民主社会において、その精神の伸びやかな表現は個体の様相で現れるものであり、イギリスの消極的な自由の伝統の下で重視される法律的意味での個人であれ、あるいはドイツの積極的な自由の伝統の下で重視される精神的な人格であれ、いずれにしろ個体がみな凝集点なのです。ラッセルは当然のことながら個体が最重要の地位であることを非常に重視したのですが、しかし、カントやヘーゲルはこの点においてラッセルなどの人々の観点と必ずしも矛盾しないのです。

儒家は、欧米社会において、長い間ずっと、集団主義で精神の内容を欠いた立場だと見なされてきました。ヘーゲルが（『歴史哲学』の中で）、中国文明が精神性を欠いていることを批判し、中国の政治にはただ一人だけに自由があるのだと批判し、中国社会において人々は同様に精神性の自由が無く君王の面前で同様に卑下微小であることに因って普遍的平等であると揶揄的に嘲弄しているのは、（欧米社会の見方の）集大成と言うべきでしょう。しかしながら、まことに林毓生のような自由主義に同情的な現代の学者達はみな、中国にはそれ自身としての民主的脈絡がある、という別の選択を提示しています。すなわち、孟子の性善説あるいは王陽明の良知説がみな顕示するように、中国の政治は、その運用法則を、人々はそれぞれ平等で、人々はそれぞれ尊貴であるという性善の理論の上に建設出来るのであって、性善論はこれによって人格の平等主義から展開して政治的主体の平等主義へと移り変わることができるのです。清末の改革派、たとえば梁啓超、あるいは革命派の熊十力といった人々の思想では、孟子の性善説がみな重要な地位を占めているのですが、その原因は孟子学の「政治的転換」の解読と当然関係があるはずです。

「個人」を政治の領域の最も基礎的な単位とすることは、カント流や孟子流の人格概念を除けば、私たちはきっと以下のように考えることができる筈です。現代の民主的生活を人々が求めるのは、まさしく、それがおおむねあらゆる制度の中でもっとも法令による保証をうけ、且つ基本上他人を妨害しないという権利の下で、どの政治主体もみな自己の独特の潜在能力を十分に発揮できるからである。しかし、まさにポランニーが何度も指摘しているように、こうした法令に由って自由が保障される個体性は、もし伝統的、社会的権威などといった要素の制約が加わらなければ、非常に容易に自己中心主義に陥ってしまい、その人と世界とは再び共感する能力を持たなくなってしまうのです。とりわけ甚だしい場合は、「形式」が介入しない自由は社会の無政府主義化を導き、人間の基本的関係と考えられる「綱常」の紐が解かれて、自由社会もまたついには自由を失ってしまうのです。

なんとかして個体にその天賦の特殊性を十分に発展させ、この特殊性が又社会と共感する能力を保有できれば、孤児に落ちぶれて城を固守する個人となるはずなどありえません。あれこれ思って、筆者が思いついたのは、この両立しがたい標準に符合する人生論とはまさに中国の伝統が説く「気質の性」なのです。「気質の性」は、一方で、人格の構造はまさに気が成すところであり、従ってそれは気に特有な、ある種特殊に精微なるものの変化というものを具えており、刹那に生生し、人ごとに同じでないことを顕示しているのです。しかし「気質の性」は、また気が身体の内外を流通することで、それは又先験的に世界と共感する能力を具えており、人々は互いに通ずるのです。もし（こうした考え方は）民族中心主義に陥っているのではないかと疑われても気にしなければ、私たちはしかとした理由をもって次のように考えるでしょう。すなわち、「気質の性」は、ビルターからジュリアンといった漢学家達が心配するような、それは必ずや一元性に内在する後果を伴うもので、中国社会を永遠に同一軌道の上に置き、突破しようにも突破出来なくさせてしまう、といったものではありません。これとは逆に、中国伝統の「気質の性」は「特殊」と「普遍」という二つの意味をともに具えていることによって、それは「個人」の意義を至極なる精微の層、すなわち東洋文化の特色が顕著な平淡なる美学、幽玄なる美学に発揮できるのであり、或いは気質の性という一路からその発展した軌跡を尋ねることができるでありましょう。

もし民主制度に依って民主生活をすることが、すでに私たちこの世代の回避できない現実であるなら、私たちは、儒家が新台湾の社会で、またその後の華人社会でとも言えましょうが、それは結局どのような貢献を提供できるのか？　という質問に向き合わないわけにはいきません。現代民主社会の変質化情況はきわめて深刻であり、フロムの『自由からの逃走』からリースマンなどの『孤独な群衆』など、わずかに書名を見るだけでも、ほぼその一、二を窺うことが出来るわけであり、現代社会の変質化情況は、すでに小説や映画が何度も繰り返している古びた議題なのです。しかし、いかに古ぼけているとしても、事実は事実であって、最近のイスラム国の血なまぐさい政治は欧米国家の怒れる若者たちを相変わらず引き寄せ、熱狂的な宗教的復讐の炎の中に身を投じさせておりまして、この瘋狂に由ってもまた現代民主社会が崩壊する兆候を見いだすことが出来るのです。孤立して他者と感じ合うことがない主体とどのようにして向き合えばいいのか、これはもはや融通の利かない学者が書斎で沈思するといった議題ではありません。また個人が（静座や瞑想や礼拝などを通じて）自己や上帝に向き合う修行といった問題ではありません。厳粛な社会問題なのです。もしホーネットの最新作『自由の権利』の問題提起を借りるなら、つまり消極的な自由、反省の自由を除いて、私たちになお社会的自由というものが有るのでしょうか？

私は、有る！　と信じています。儒家は、社会的自由についてのきわめて豊富な資源を提供してきました。理論上こうだというだけではなく、この精神の過程がまさに進行中なのです。前に言ったように、一九四九後の台湾知識人グループと台湾社会とには、自由主義の文化と儒家的価値との相互浸透という、独特の組み合わせがありまして、このような組み合わせは大きな時代背景という力に推されて、（政府の権力者などといった特定個）人の意志にたよらずに、それらは今日の台湾を形作ってきたのです。（宋以降の）千年来儒家を主導してきた（人間における）「主体」という在り方は、濃厚な縦に貫く道徳主体というモデルを疑いも無く帯びており、陽明流の良知やカント流の道徳主体というものが非常に容易に華人社会に根を下ろしているのです。しかしながら、同じように、疑いようもなく、「相偶性」を追求する倫理学、それは太極から陰陽が気化するということを貫く本体論でありますが、相偶とはつまり万物に内在する本質として、陰があれば陽があり、左があれば右があるということ、或いはすべての人は人倫における人であるべきであり、相偶の中において主体を顕現し、父があれば子があり、男があれば女がある、と解説し、主張しているのです。これは社会の本体論的解説です。相偶性の倫理は「（人と人と）の間」や「関係」ということの優先性を主張し、人の本質は倫理関係があってこそはじめて確立できると主張するのです。疑うまでもなく、このような相偶性倫理学も（宋以降の）千年来の儒学の系統に深く根ざしているのです。理学であれ反理学であれ、かれらの相偶性に対する解釈に出入りがあるに関わらず、同様にその本質としての価値は一致しているということを肯定しているのです。

儒家の主体性は人の相偶性を重視するだけではなく、また人の世界性を重視しています。同様に周知のところですが、儒学の伝統においては、仁と礼との関係はずっと非常に密切でありまして、非常に密切であることは、これら二つの概念が根本的に分割しようがないところにまでなっているのです。礼は総体的な文化価値体系の概念であり、独特の意義を具えています。礼とは体であって、それは個人の主体に先立って存在しており、主体は事実上、礼が浸潤する中で、成長し、離脱し、再度和諧するものであって、主体はつまり世界性のものなのです。数年前に「自己を克服して礼の定めを履む（克己復礼）」ということに関する論争がありましたが、歴史家の何炳棣先生は史料の整理を通して新儒家の仁説に強烈な批判を提出しました。何先生の考察弁証は当然ながら孔子と伝統の価値体系との関連を再建するのに役立つものでありますが、しかし私たちは非常に強い理由をもって言うわけです。「克己復礼」の「礼」はもはや原初の文化伝統の体系ではなく精神化されているのであり、精神化されてから以後は（仁に向かって）さらに一歩融合が進んでいるのです。また主体は世界化の過程を経由して後には、それはすでに主体的でありながらしかしまた世界的であり、それと世界とは共感し共栄しているのであり、「礼」はすでに「仁」によって浸透され深化しているのです。「克己復礼」の論争は仔細に整理する必要があり、その内容は実に人の「社会的自由」がいかにすれば可能になるのかについての論争なのです。

徐復観は、「民主政治それ自身は、すなわち政治の方面における偉大な倫理道徳の実現である」と説いていますが、徐復観の言うのもまた儒家の悲願なのです。この悲願の完成には、「社会的自由」の条件を提供する必要があります。儒家にはちょうどこの条件があるのです。本体に根ざした道徳主体の概念、陰陽の気化に依付して成った気質性の概念、相偶性の人性論、仁と礼とが相互に陶冶し合う人格論、など、これらの概念は儒学内部に、みな存在するものであり、且つみな非常に目に付くものです。儒家の主体概念は（ライプニッツの）孤独な単子論の主体と南轅北轍すなわち方向が正反対なのです。（しかし、）多元化の社会の中で、人と人との間の関係を処理できる道徳を具えず、世界に応答できる主体を具えないといったものは、みなひどく想像しがたいものでしょう。儒家の主体概念は人の個体性と社会性と超越性とを同時に具足し、相互に支援するものです。民主政治が普遍的に危機に直面している時代にあって、儒家のこの主体概念は多年にわたる寂寞の後に、機運を得てきっと生まれるでありましょう。

もし儒家の倫理が後民主社会すなわちポスト民主社会において勝ち残れるというのであれば、新台湾が表現できるのは真実どんなことがらでしょうか？　現実からすれば、私は汗顔しつつ同意せざるを得ないのですが、本当に問題は重なり合っているのです。しかし私たちは一九四九から後の歴史的実験の場であったという観点から立論しますと、「儒家的民主生活」こそが新台湾の理念でありましょう。理念は当然現実と距離があります。しかし理念はまさしく歴史の過程に体現されるべき社会の総体です。原則からすれば、新台湾の内容は、民主制の内にあって個人の気性が十分に発揮され、精神化した主体が責任を負担できる倫理であって、この主体は同時にまた相偶性の仁と世に適った礼とを一身に具えているのです。これは世と共感する主体であり、その本体論の意味における「展開する」は、まさに現実実践論上の「連結する」の結果ですが、しかしその「連結する」はまた「展開する」の主体が「原初」の精神的内容をさらに十分に体現できるようにさせるのです。

一歩下がって考えますと、たとい新台湾の成績が理想からひどく遠く離れており、儒家と自由主義との融合が、新中国に代わって考え、或いは「新新中国」に代わって考えるというところにまで話が及ばないとしても、もし包容性がさらに強く、精神内容がさらに豊富な「新中国」あるいは「新新中国」がなお意義あるものであれば、それは新台湾の実践を飛び越えて一顧だにしないというわけにはいかないし、それは新台湾が尽くし得なかった志をいっそう十分に完善にするほかないのであります。程明道は九百年前に「堯舜は数千年後までを見通して道を示したが、その心は今に到るまでなお存在している（堯舜知他幾千年、其心至今在）」と言ったが、堯舜の心とはまさに民主体制の建立であり、まさしく礼楽文化の下での社会的自由の体現、つまり個人、性別、集団の有機的結合であって、私は確信するのですが、程明道がまた生まれて来ても、彼の言葉に対する私の現代的解釈にきっと賛成するだろうし、たとい堯舜本人がまた生まれて来たとしても、きっとまた賛成するでありましょう。

（二〇一五年六月九日に国立中正大学中国文学系の招請による「乙未仲夏清談サロン——台湾の位置・民国学術から新儒家へ」という座談会があり、本文は当日の発言、構想に基づいて新たに書き直したものである。）

瀛島百年一任公

韓良露女士は二〇一一年一二月一三日の『聯合副刊』に「民国百年に我々はどうして康有為を忘れられよう？（在民国百年、我們豈能遺忘康有為？）」という一篇の力作を載せている。文章は深い内容の映画評論と見なせるが、しかし全文に康有為の為に（その意義はもっと強調されてしかるべきだと）不平を述べた情熱はやはり触れて考えることができるものである。今年は辛亥革命の百周年に当たり、また民国建国の百周年であるが、この局面は基本的には革命党人によって生み出されたのであり、したがって各種の論述の主軸はみな「国民党革命」の軸をめぐって展開するのである。

記念活動には主軸がなければならない。「民国の建立」という主軸を選定した以上、大筋の論述の組み立てはすでに確定している。しかし本年の記念は明らかに国家レベルのもので、国家の祝賀行事がもし革命党に焦点をすえたものであったり、政治の焦点がもし少数の政治的スターに集中しすぎるのであれば、これは明らかに道理に合わないであろう。韓女士は康有為のために不平を述べているが、台湾の民間にはまた庶民レベルでの各種の百年回想があって、非常に賑やかだが、瞬時に変化消滅してしまうであろう。このように重なり合い混じり合うことこそ、シュオルツが言う創造性の曖昧さである。

しかし台湾で建国百年を慶祝するに、一人の人物が抜け落とされてしまっている。この人物は抜け落とされてはならない人物であり、抜け落とされたことは人に遺憾の念を抱かせる。一九一一年二月二八日（これは人の心を痛ましめる符号であるが）に、当時全世界の華人社会の与論の寵児で、愛新覚羅の（清朝による）超大型の指名手配犯であり、同盟会の第一号の論敵である、梁啓超が彼の愛嬢梁思順（令嫻）と友人の湯覚頓とを伴って基隆港から上陸し、十余日間の台湾の旅を始めたのである。台湾は一八九五年に迫られて日本に割譲されてから、台湾人の前途はどうなるのか？　かれらはどのようにして異族統治下で自らの生活をするのか？（という問題について）十七年間、問う人も無かったのであり、かれらの命運はまさに呉濁流が言うように、「アジアの孤児」だったのである。梁任公の台湾来訪は、単なる旅行には終わらず、特別な運動経験を交換する旅となったのであり、当時の台湾の知識人達に極めて大きな衝撃を与え、台湾の政治社会運動の方向に相当大きく影響したのである。葉栄鐘先生は彼の名著『日拠下台湾政治社会運動史』の中で、台湾人民の日本統治時代の政治運動の始末を探求しているが、この書の書き始めはすなわち梁任公の来台から話し始めているのである。

半世紀に及んだ植民地時代の歴史に向き合うと、台湾の政治社会運動の形式は種々様々で、どう分類するのも容易ではないが、葉栄鐘先生のこの書の切り方は非常にきっぱりとしており、彼は一九一一年二月二八日から一刀の下に断ち切ってしまい、歴史をここから別のページへとひっくり返しているのである。梁任公来台の影響があれほどに深かった、その関鍵は、彼が台湾人民に政治運動の方向を指し示したことにある。甲午（一八九四）の敗戦で、清の朝廷は罪のない台湾を新興の日本帝国に委譲し、台湾人民は明らかに無罪の身でありながら全国に代わって受刑することになったのである。台湾割譲から始まって台湾人民は不断に武装抗争を展開する。乙未（一八九五）の戦役は正式の軍隊の対決ながら、その力量は比べものにならなかったが、乙未の役の後も、民族の武装抗争は依然として各地で起こり、一八九五年から一九〇二年までの抗日三猛、すなわち簡大獅、柯鉄虎、林少猫、一九〇七年の新竹の北埔事件など、規模はみな小さくなかったし、一九一五年の西来庵事件は当然ながら更に著名である。鶴見祐輔は『後藤新平――台湾統治篇』という伝記の中で、後藤新平の台湾統治期間に言及し、台湾の「土匪」で死刑判決を受けた者が八千零五十五人いたとしているが、実際上、統計があって、その人数は更に多く、三万二千人にも達している。この数字は推測できるもので、実際に死亡した人数は多くはなっても少なくはならないであろう。私はかつて日本統治期の台湾軍警の書

「台湾文化協会」は日本統治時代における台湾文化人の運動団体である。写真は何時撮ったものか、何という集会かわからない。台北の骨董市場から出てきたものである。

信を収集したことがあるが、閲読後、曖昧な印象ながら、「土匪」がどうしてこんなに多いのか？　という疑念を抱いたのであった。当時、日本軍警の主要任務はまさしく「匪賊」の掃討であったが、「匪賊」のうち少なからざる人数が原住民であり、「番界討伐」はまるで常態であった。

植民統治に反対することは圧迫を受けている者の天職すなわち正当なる任務である。しかし新興日本の強力な鎮圧に直面して、武装抗争は明らかに効果がなかった。当時、櫟社を代表とする台湾士族の詩社の成員は（自分たちの命運が）何処から来て何処へ行くのかも分からない窮状に直面し、台湾有史以来もっとも儒家的結社の精神を具えたこれらの士人達は、あれこれの方面を探し回り、その解を得ずに苦しんでいたところ、梁任公が海を渡って来て、タイムリーに武装抗争を議会路線に取り替えるようにと提案したのである。梁任公は世に出るのが早く、見識が高く、政治経験に富んでいて、かれはアイルランドを例として、台湾の反抗運動は、議会路線を行くべきであり、それ以外に他の出路はあり得ないと指摘したのである。梁任公の話は耳や目がまるで不自由な人々も同然であった士人達の耳目を驚かし、その影響は極めて深かった。その日、櫟社の天才詩人で、年がまだ弱冠にもならなかった林幼春は、その詩に「私は生まれて字を識ったばかりで梁任公のことを識ったので、縁を結ばなかったがしかし良き方法を示された（我生識字即識公、結未了縁良有以）」と詠ったが、梁任公の来台がつまり「未了縁」の「縁」であり、代議政治がつまり「良有以」の「以」であって、日本統治時期の政治運動に影響した指導原則がここから定まっていったのである。

この指導路線は日本統治時期だけに有効であっただけではなく、一九四九年の後においても、依然として有効であったのである。たといその間に群衆運動を主導とした抗争形式が出現したとしても、しかし議会路線が結局主軸であったし、この路線はずっと今日にまで至っているのである。梁任公と林朝崧、林幼春、林献堂、連横、蔡培火などの前賢達によるこの瀛島（すなわち台湾）での会合は、その意義は格別なのである。日本統治時期に先後して来台した中国の大知識分子は少なくなく、章太炎、林琴南、辜鴻銘、孫中山など、多くの人が来台したが、しかしその影響が梁任公に比べられる人は一人もいない。もし私たちが、文字で記載された四百年の台湾の歴史を、政治運動の観点から観察するなら、私たちは安心して言えるであろう。梁任公が一九一一年に持ち込んだ議会路線こそがまさに最も効力を具えていたのであり、また最も歴史的意義を具えた業績である、と。

梁任公の百年前の台湾旅行は、台湾史上に拭い得ない足跡を留めただけでなく、私が信ずるところ、台湾儒学の政治の現代性という視野に位置づけるなら、その意義は同様に重大である。もし島田虔次、溝口雄三が説くように東アジアの近代性は明中葉に遡り得るのであれば、それでは東アジア政治の現代性はつとに黄宗羲の『明夷待訪録』、唐甄の『潜書』、王船山の『読通鑑論』の中に隠蔵されているのである。しかし黄宗羲、王船山以下、歴代の大儒は専制政体の病患を知りつつも、かえってそれへの対策に乏しいことに苦しんだのであるが、（明末の大儒達が抱いた）こうした焦慮は、恐らく今から百年前に梁任公が来台し議会路線の政治を提起した後に、ようやくその焦慮を解き得たのである。

梁任公の来台があれほど大きな作用を伴うことができたのは、路線問題が関鍵であったが、しかし梁任公の独特な人格の魅力と文字の魔力もまた少なくなかったのである。葉栄鐘の書物はかれらが当時、梁任公が来台した時に書いた詩歌を暗誦できたことにふれているが、徐復観も梁任公のいくつかの詩は『詩経』の「黍離」や「麦秀」の詩歌より以後（のもので）、最も人を感動させる篇章だと指摘している。梁任公などの人々は基隆上陸以後、一路南行し、時に（かれらを囲む）集会があったが、集会があれば必ず詩歌の聯吟が行われた。古老の文人組織は一九一一年にはかえって明末の復社や幾社と同様の効能を発揮し、その歴史的作用は少なくとも同時期の台湾海峡対岸の南社に比べて小さいはずが無かった。日本統治時代の台湾の読者で「山河が破砕されるなど誰が予想できたろう、艱難にある兄弟を深く思う（破砕山河誰料得、艱難兄弟自相親）」という句を読んで泫然泣こうとしなかった者はほとんど希だったのである！

梁任公、湯覚頓と櫟社の知識人達はみな新旧交代期の人物達で、かれらが往時の文人達と互いに交わし合った詩文の応酬はみな相当熟達したものであった。梁任公の詩はかれの全集中にほとんど探し出せるが、当日、参会者と交わした詩歌があるかないかは測りがたい。（ちなみに）清華大学文物館準備室に珍蔵されている文物中に櫟社の詩人達の書冊があり、その中に社長の林朝崧の二首の詩がある。これら二首の詩はかれの『無悶草堂詩存』には見えないが、しかし後に連雅堂編の『台湾詩薈』は、文字にやや出入があるものの、この詩を収集している。ただこの書冊には別に湯覚頓の唱和詩も収めている。湯覚頓は梁啓超がきわめて親密にしていた友人で、かれの両手だとも言え、また康有為すなわち「万木草堂」の得意の弟子である。康、梁が交遊した友人の中で湯覚頓は数少ない人材で、伝統的な文人の技能を備えていたほかに、かれはさらに経済にも熟達していて、銀行の総裁に任じられた。一九一六年、湯覚頓は袁世凱を討伐する事務に関わっていたために龍済光に暗殺された。湯覚頓という人物も忘れられないのであって、梁任公はかれを哀悼する輓聯の中で傷心悶絶せんとするほどであって、甚だしくは自分を不祥の人だとし、湯覚頓はかれのような友人と交わるべきでは無かったのだ、とするほどであった。湯覚頓の墨跡はきわめて少ないが、しかし彼が来台したその時に書いた唱和詩はたしかになお（厳存し）この天地間に留まっているのである。この詩はこれまで世に出ておらず、ここに明らかにすることで、当日の東アジア知識分子の交流が大きな爪痕を残していることに代替できると思うのである。その詩は次のようである。

「萊園の小集では（杜甫の「贈衛八処士」に見える）「主称会面難、一挙累十觴」（という二句）を韻として、参加者のそれぞれにそのうちの一字を割り振った。「常々山水を愛で、生まれながら放逸に好み、塵俗の中にいると、なんとなく何かを失った心地。ここに遊んで気分もさわやか、山河に囲まれた地に一室を設えた。一面の花々で木々が匂い立ち、さまざまな鳥達が仲良く集う。まして賢明な主人は、孝心篤く（家の老母に食べさせたい一心で）橘を懐に潜ませたと記されるほどだが、この庭園を築いて（身心の）養生に役立てようとされ、余財はそこで「作述」にあてている。（自分は）君に対してただ恥じ入り、俗物ゆえに叱責に遭うのを恐れるばかり。我が身に隠遁者の素質はなく、君主に身を挺する術にも乏しい。進退二つの思いが絡まり合い、これを思うにつけ心がおののく。今宵明かりを灯し、互いに手分けした詩律の課題に向かうが、（蘇）東坡と（蘇）子由の句が最も好ましく、何とか珠玉の一一を観たいものだ。」荷龕草藁。（萊園小集以「主称会面難、一挙累十觴」為韻、分得「一」字。平生愛山水、性癖耽放逸。慁

跡塵埃中、忽忽若有失。茲游得清趣。江山供一室、繁花満芳林、鷗鷺相親暱、況復賢主人、篤孝記懐橘。築園資頤養、余乃善作述。対君徒自慙、俗骨恐遭叱、既苦三径資。亦乏致身術。此意両蹉跎、念之心魂怵。今宵燈燭光、分曹課詩律。坡由句最好、願覩珠一一、荷龕草藁。)」

霧峰林家の萊園における集会で、林献堂、林朝崧、林幼春、梁任公、湯覚頓などの人々は杜甫の名詩「贈衛八処士」の名句「主称会面難、一挙累十觴」の十字を韻として、それぞれ一字を取って押韻して詩を作ったのである。集会して詩を吟じ、文字を書いて互いに贈るのは往時の文人の風雅な交際である。一九一一年の萊園の風雅な集いは旧時代の文人生活の最後の一瞥ではないが、しかし科挙制度がすでに廃され、新学が勃興しようとしつつある時、以後、これに比較できる例が再び存在することはほぼでき

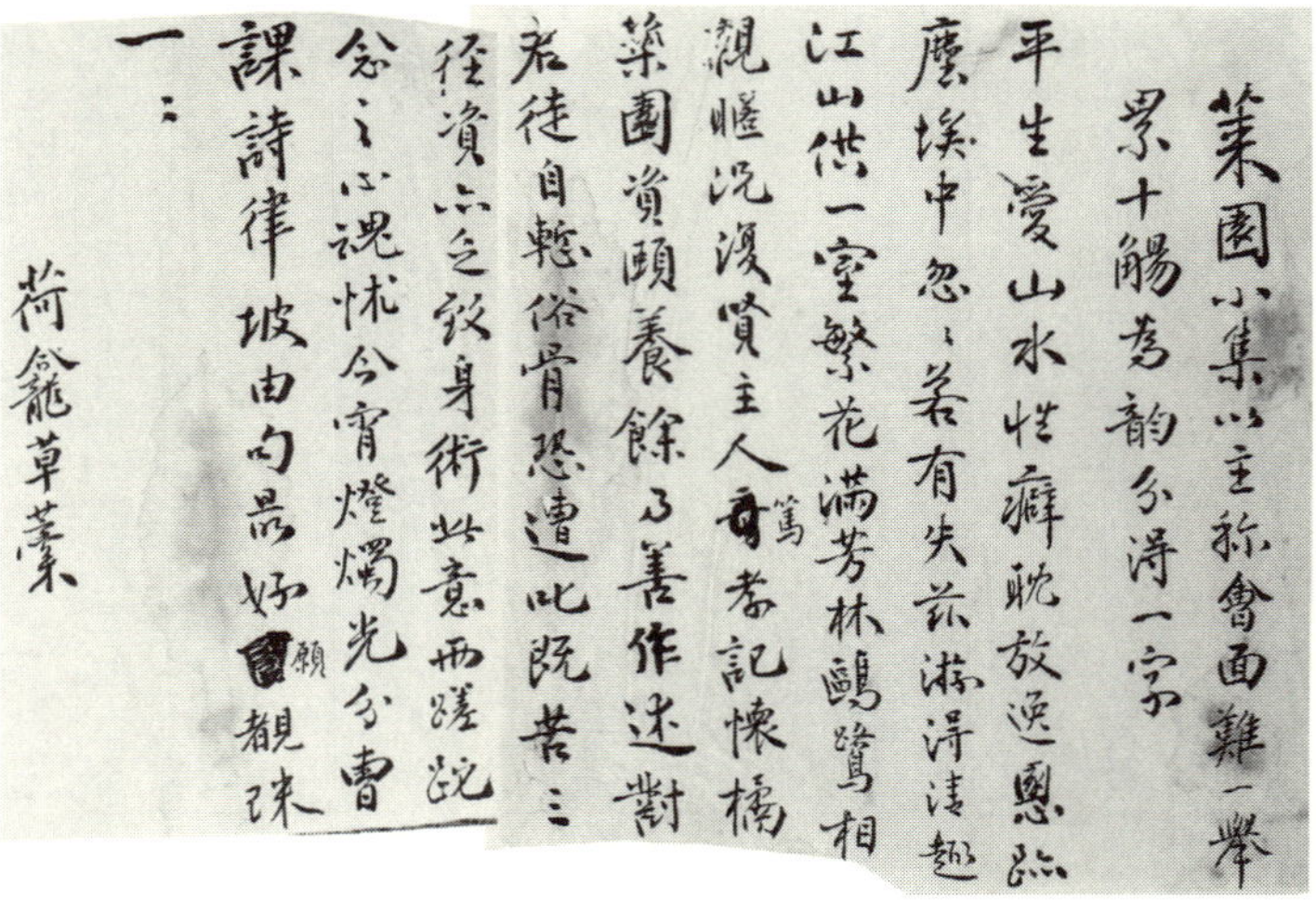
萊園小集以主称會面難一挙
累十觴為韻分得一字
平生愛山水性癖耽放逸思跡
塵埃中忽々若有失茲游得清趣
江山供一室繁花満芳林鷗鷺相
親暱況復賢主人篤孝記懐橘
築園資頤養餘乃善作述對
君徒自慙俗骨恐遭叱既苦三
徑資亦乏致身術此意両蹉跎
念之心魂怵今宵燈燭光分曹
課詩律坡由句最好願覩珠
一一
荷龕草藁

1911年に梁啓超父女と湯覚頓が連れだって台湾を訪問した。この訪問は台湾の政治運動の方向を決定した。この写真は湯覚頓が霧峰の萊園の集まりで書いた詩の草稿である。

なかったのである。

梁任公の台湾に対する影響は一九一一年の台湾旅行だけに限らない。かれはさらに後に台湾に来た重要な学者に影響したのである。梁実秋はかつて梁任公の講演を聴いて、内心の激動がやまなかったが、平生はほんのわずか会っただけである。銭穆はかつて言うには、かれの一生に影響した最も重要な文章は、まさしく梁任公が梁任公とその友人との対話を借りて、中国が滅亡するかどうかを討論した文章であるが、この文章はまさしく「中国の前途の希望と国民の責任」という名文であって、当時、梁任公の対話の相手はまさしく湯覚頓であった。梁任公と台湾との別の重要な連結点は清華大学で、清華大学の校訓「自強不息、厚徳載物」は彼が選んだのであり、かれはまた清華大学国学院でその奇特ぶりが伝えられている四人の指導的教師の一人である。梁任公とその息子である梁思成は清華大学の伝奇的人物であり、かれら両人は清華大学の霊魂であると言っても言い過ぎではない。

これほど重要な人物が台湾に来て百年、その人物、その事績を忘れることができるであろうか？　記念しないでおられようか？

（この一文は二〇一一年一二月二八日に清華大学が挙行した「紀念清大創校百年及梁啓超来台百年座談会及文物捐贈儀式」でのパンフレットの前言である。）

二二八の百年祭

台湾の歴史上、二つの「二二八」があり、二つの「二二八」は同じように重要である。民国三十六年（一九四七）に発生した二二八事件は台湾現代史のきわめて悲惨な一ページであり、発生してはならないことが発生させせられ、屠殺されてはならない人が屠殺され、隠蔽粉飾されてはならない歴史が隠蔽粉飾されたのである。もし二二八から今までやはり政治が（現実から遊離した安楽きわまりない）居間で操縦されているというのであれば、それはとうぜん歴史の背後に横たわる宿命的作用がまだ消え去っておらず、したがって（民意の如何にかかわらず執政者が）操縦する空間があるのである。執政者がテーブルで食べ、在野の者がテーブルをひっくり返す、これが民主政治の常態であり、歴史の教訓は通常権力欲の闘争を経てようやく明らかになることは、王船山とヘーゲルが夙に私たちに歴史理性の常識を超えた道程を指摘しているところである。

しかし私の信ずるところ、私たちはこれとは別の一個の二二八事件、また別の一種の二二八事件を記念しなければならない。私が言う「私たち」とはただに儒家の前途に関心をもつ友人を指すだけではなく、また台湾の前途に関心をもつ友人も含んでいる。私が言う「別の一個の二二八事件」というのは、まさに民国が成立する一年前の辛亥（一九一一）の年二月二八日（陽暦三月二八日）に、梁任公が林献堂

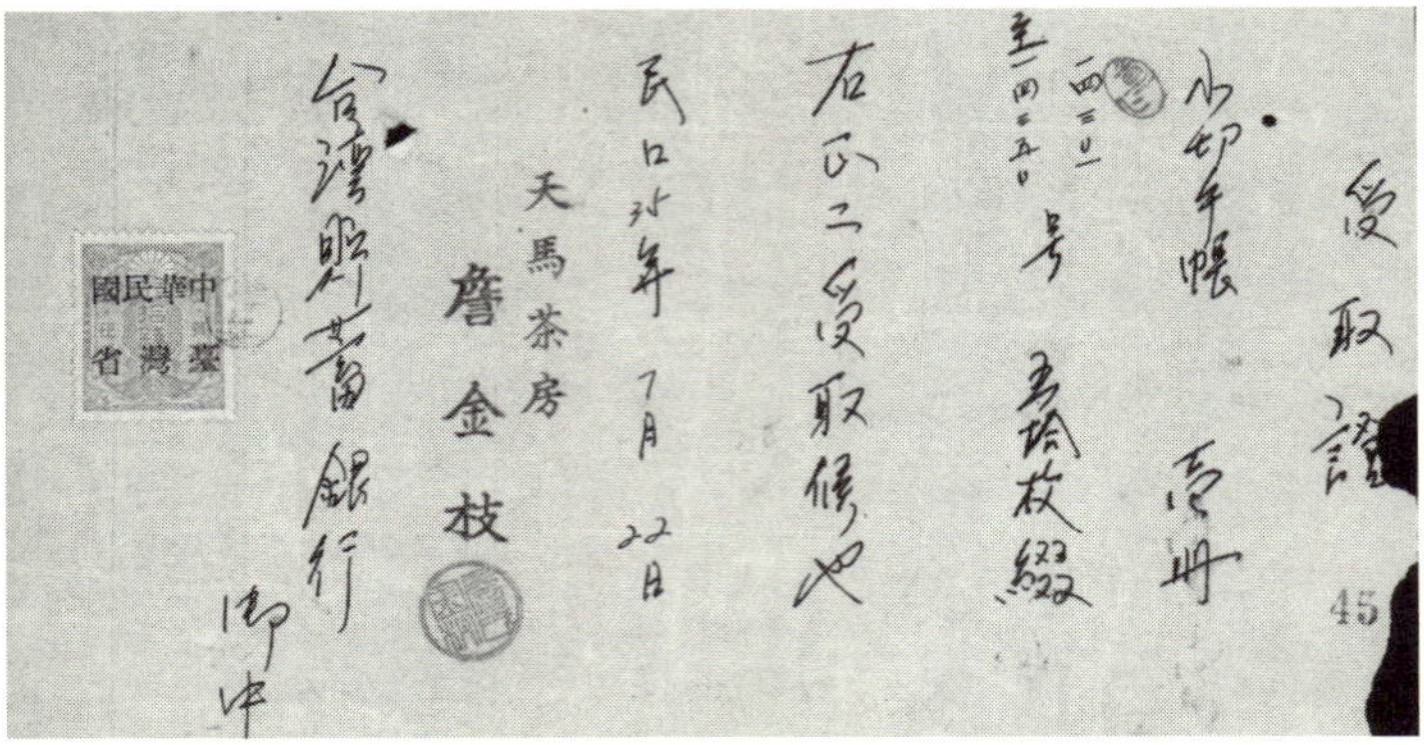
受取證
小切手帳　壹冊
号　参拾枚綴
右正ニ受取候也
民国35年　7月　22日
天馬茶房
詹金枝
台湾貯蓄銀行
御中

これは二二八事変が発生するおよそ半年前の天馬茶房の領収書である。国民政府は新たな税票を印刷するところまで手が回らず、もとの「日本政府収入印紙」の上に「中華民国台湾省」の印を捺すだけであった。印章や税票も歴史の変遷を証明している。天馬茶房は日本統治時代、台湾籍の知識人詹逢時（天馬）が現在の台北圓環付近に創設したコーヒー店である。二二八事変はこの茶房の入り口で発生し、茶房の女主人詹金枝は後に台湾仏教界の大檀越となり、白髪となっても生涯の心を仏に捧げた。

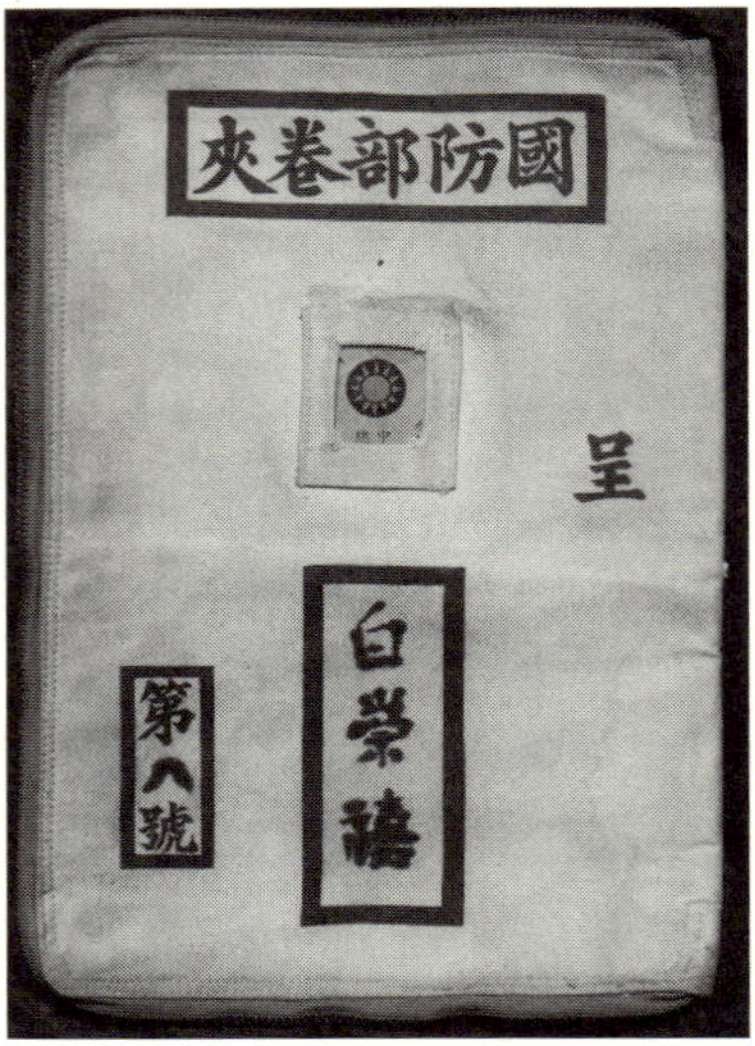

二二八事変が発生した時、白崇禧将軍は中華民国首任国防部長に任じられていたが、台湾の同胞を慰撫するよう命を受けた。この夾巻は白先勇先生によれば、当然白崇禧がその日台湾に留めたものである。

など櫟社の詩人達の要請に応じて、娘の令嫻及び友人の湯覚頓とともに、袖を連ねて台湾を訪問したことである。このことが日本語の漢字の「事件」という表現を使って称されるわけは、つまり梁任公一行の台湾来訪は人数が少なく、またいかなる流血の衝突も引き起こさなかったけれども、しかしそれが生み出した政治的効果はかえって空前絶後であって、台湾の民族—民主運動はここから出口を捜し出したからである。台湾の儒家思想の伝播もまた当時の台湾海峡両岸でもっとも現実感を具えた儒者たちの共同の下に、実践的交流管を捜し出したのである。梁任公は百年前の辛亥（一九一一）の年の二二八に来台したが、この事は台湾の近代民族運動の分水嶺である。

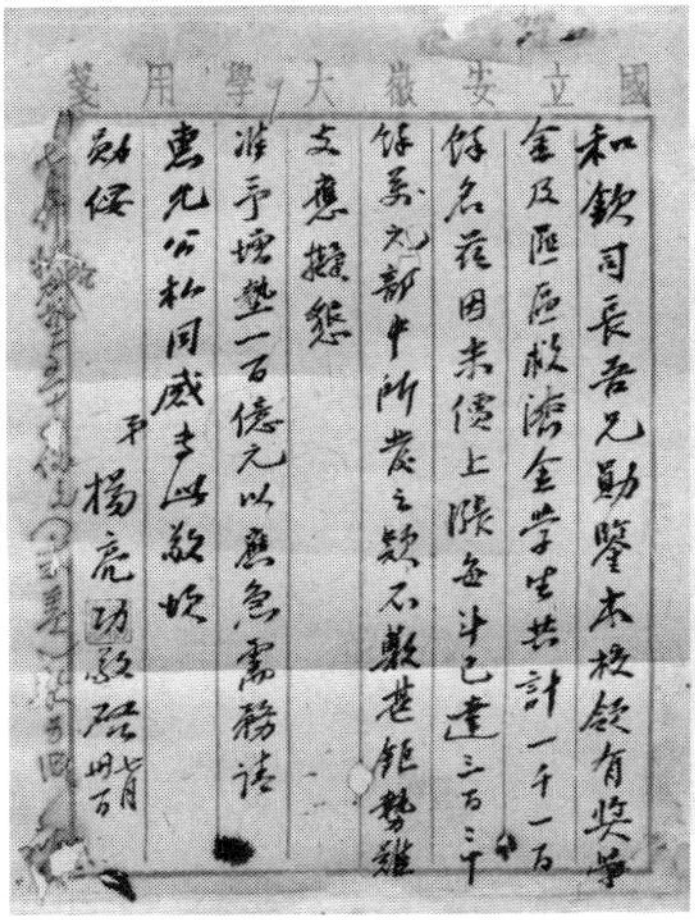
國立安徽大學用箋
和欽司長吾兄勛鑒本校欽有奬學
金及匪區救濟金學生共計一千一百
餘名薪因米價上漲每斗已達三百二十
餘萬元新中所發之数不敷甚鉅勢難
支應擬懇
准予墊一百億元以應急需務請
惠允公私同感　弟楊亮功敬啟
勛綏

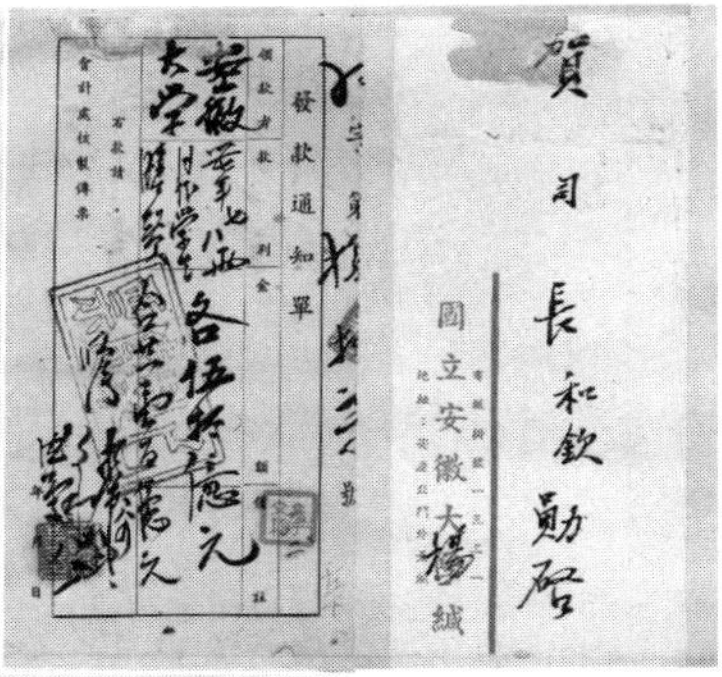
發款通知單
賀司長和欽勛啟
國立安徽大學楊緘

楊亮功はかつて台湾二二八調査団の団長に任じられ、後に安徽大学校長に任じられた。彼は当時の教育部に対して7、8月二ヶ月分の匪族地区青年救済金を早急に出すように要求し、教育部は報告を受けてすぐ100億元を出した。数字は極めて大きいが作用は極めて小さかった。通貨膨張がもはや収拾できないほどになっており、米価一斗ですら320余万元に達していたからだが、その時の艱難辛苦のほどが想像される。この写真は楊亮功の報告の手紙とそれを受けた教育部の批文である。

梁任公と櫟社の詩人たちとの出会いはまさに典型的な伝奇であって、異国（とは言っても、当時は植民地台湾の宗主国であった日本）の古都奈良の旅館で、台湾の民族運動の指導者がより好い出口を見出せないことに苦しんでいた時、かえって当時の中国でもっとも世界的視野を具えた与論の寵児に行き会ったのである。梁任公は林献堂や甘得中などの人々に勧めて、「相当に長い期間、中国には台湾人民の日本に対する武装闘争を支援できるいかなる実力も無いだろう。台湾人民は民族のために権利を争おうとするなら、まさにアイルランドの自決の前例に倣って、議会で奮闘しなければならない」と言ったのである。梁任公のこの箴言は、その後の二二八の台湾旅行において発揮され一層血潮漲るものになったのである。政治運動の観点から見れば、梁任公の勧告は、茫然として行く手を知らぬ伝統的台湾儒生達に新式の政治的実践の道を探し出させたのである。しかも議会制民主（の提議）はただに一時的な政治闘争の意義をもっただけではない。私が信ずるところ、この提議は台湾文化史上でもきわめて重要なのである。台湾の儒家は明末鄭成功の時代以来、各種の政治的渦中にあって、落ち着きの基礎となるものを尋ね求めてきたが、こうした探求で有意義な政治的形式の運動は、やはり昔に遡るのが自然であり、孔子、孟子に遡るとは言わないにしても、少なくとも（明末の）東林党より以後、「政権は客観化する方法がない」という固定不動の結論をなんとかして打開しようというのが、ずっと儒者の主要な思いであった。明末鄭成功政権が存在した意義は、少なくとも部分的には明末の大陸東南の沿海地域の儒家が奮闘した意義という観点から見ることができるのである。

一七世紀、明末の鄭成功が活動した時期と重なり合う中国大陸東南海域の儒林の人物、すなわち劉宗周、黄道周、黄宗羲、陳子龍、徐孚遠といった人々はみな一代の大儒であり、天性の英豪であって、かれらが代表する価値体系は基本的に宋儒の類型であり、またつまりあの「天地全体のために我が心を立て、すべての人々のために我が命を尽くし、古来の聖人達のすぐれた思いをしかと受け継ぎ、世々代々大いなる平和を実現しよう（為天地立心、為生民立命、為往聖継絶学、為万世開太平）」という価値形態である。宋儒の価値体系は東洋の現代性の総根源であり、陳寅恪（一八九〇〜一九六九）の意識における理想の類型である。しかしながら、東洋の現代性の文明には、政権の正当性の問題を処理しようとする時、限界がある。宋明の儒者が政治の困局に直面した時、伝統的な武力反抗や、書物を著し学問を講ずることや、前王朝の遺民として抗議することなど、（こうした）象徴的なやりかたを除くと、その時代の議題にさらに具体的に迫り得る道を見つけ出せなかったのである。梁任公が提起した議会制民主の考えは当時の局面に対抗するものとして出されたのであるが、しかしわれわれがもし時代を遡り時代を下って捜すならば、宋明の新儒家から民国の新儒家に至るまで、「政権をいかに正当化するか」という線がその間を貫いており、梁任公の提案はちょうどその間の連接点の位置にあったのである。

時宜にあった提案、（当時の台湾の人口である）三、四百万人を動かすことが出来る提案は、ただに政治領域の議題だけにとどまるはずはなく、また、ただに政治的関心だけでこれほど大きな影響を生み出すはずはない。梁任公の提案がこれほど大きな衝撃力があったのは、絶対に、彼が一九一一年二二八の前後に表現した強烈な民族感情の共感と関わりがある。梁任公の台湾滞在中（日本から台湾へ向かう途中をも含むが）の詩情、真意は切実であり、一首一首が人の琴線に触れるであろう。乙未の台湾割譲は、台湾人にとって罪もないのに全中国に代わって咎を受けたと言うべきであり、乙未から辛亥までの十七年間、台湾人の意識には「棄民」「遺民」という挫折感が満ちあふれていたが、その生死存亡、艱難辛苦を問う人は無かった（のに、梁任公がこうした提案をした）ことについて、葉栄鐘先生は、「かれらはまるで道路を見失った子供が艱難辛苦を嘗め尽くした後、偶然身内の人に巡り会い、どうにも感情を押さえきれずに身内の人に抱きつき、感情のままに大泣きしたようなもので、任公は父老達の境遇とこうした感情とに対して、よくよく肌にしみていたようであるが、かれは資格十分の民族使節であっただけではなく、彼に具わった「盲人を見える様にし聾者を聞こえるようにする」「声光の魔力」も確かに十分に発揮されたのである。台湾全土の父老達を五体投地させ、仰ぎ見て礼賛させただけではなく、一般の青年知識分子もかなり彼の影響を受けたのである」と説き、徐復観先生も梁任公が台湾に滞在していた時の詩歌を「これは（『詩経』王風に見える）「黍離」や（『史記』宋微子世家に見える）「麦秀」の歌の後を継ぐもので、「歴史の感動力」「民族の感動力」を具えた大作である。台湾人士が内心に秘めていた民族への愛情、亡国への哀感が任公のこの詩に鼓舞されて一斉に生長してきたのである」と賛揚している。

両先生の説はいずれもみなその通りであって、少しも誇張修飾はないが、こうした強烈な文字の感染力が時宜に適った政治的実践の建議を加えて、梁任公一人の影響力を百万の勇敢な軍隊以上のものにしたのである。日本統治時代、（大陸から）来台の碩儒は少なくなく、章太炎、林琴南、辜鴻銘、孫中山などはみなそれであり、かれらにはそれぞれ台湾への影響があるが、しかし梁任公と同等の作用をした地位を得た人は一人もいなかったのである。百年前の二二八という永遠に記念するに値する日に、台湾海峡の両岸の思想の深さを具えた儒者達は共同で新式の民主実践の道を模索し、議会制民主の形式をとおして、（北宋の張載の『西銘』に見える）民胞物与、すなわち万民を同胞とし万物を同輩と見る精神を体現したのである。もし民主というものが儒家の政治哲学が必然的にそこに向かって歩もうとする目標であるならば、民主制度は枝葉末節的にどんなに修正しようとも、その本質はまさしく政治哲学最終の表現形式であろう。とすれば、百年前の梁任公の二二八の旅が私たちに提供してくれる反省は永遠に時代遅れにはならないであろう。儒家は議会制民主の精神といった類型の二二八を必要としているが、私たちは百年前の二二八によって（日本が無条件降伏をした）戦後二年目に発生した二二八（の大惨事）と取り替えようとするのではない。それとは全く逆に、歴史の正面における（肯定されるべき）典範と負面における（否定されるべき）借鑑とは同様に重要であるということである。まさに戦後の行政当局が百年前の二二八の作用を正視しなかったことに因って、そのために民国三十六年の二二八という（漢の朱浮の「為幽州牧与彭寵書」に見える）「親痛仇快」、すなわち近親を困らせ仇敵を悦ばせるといった不幸な事件を導いてしまったのである。翻って言えば、民国三十六年の二二八は歴史上孤立した例ではなく、歴史循環の常態であって、私たちがもしこのような歴史の不幸なる循環を打破しようとすれば、百年前の二二八事件が私たちに指し示したゆったりした大道を勇敢に実践することであろう。これこそ梁任公、林献堂、林幼春、蔣渭水などの先賢が私たちに残してくれた巨大な文化遺産なのである。

（本文の初稿は『鵝湖月刊』第四三二期（二〇一一年六月）に公刊された。）

辛志平、鄭成功と能久親王

一

今年は新竹駅が設けられて百周年です。この美麗で精巧なヨーロッパ風の建築が竹塹平原に建てられてからすでに一世紀が経ち、無数の内外人士を呑み込みかつ吐き出して、幾たびもの政権の起伏を見てきました。この駅は明治大正期の有名な建築技師松崎万長（松ヶ崎万長）の傑作ですが、年を隔てて、かれと盛名を同じくした辰野金吾は広壮なる東京駅を設計しました。東京駅の風格には新竹駅と似ている点がありますが、しかし規模はとても大きく、（建築された）時間も一年遅いのです。二人の建築士は同時代の人物に属しており、建築の風格も同様に明治大正期のバロック風の理念を反映しておりまして、これによって二つの駅は姉妹駅になるとかいうことです。新竹駅はかほどに優雅でかほどに重要な公共空間であり、且つ建物の背後に重要な建築史上の理念を背負っているのですから、当然慶祝されなければなりません。

そこで新竹市政府は盛大に慶祝しましたし、且つ北白川宮能久親王の玄孫である竹田恆泰教授に参加するように招請したのです。竹田教授の祖父は能久親王の長孫で、かれの祖母は明治天皇の六女であり、日本の皇室との血縁はいささか近いようです。第二次大戦後、連合軍は日本の右翼組織を清算し、日本の多くの「宮家」が廃されましたが、竹田家も廃された列に連なっておりました。ですから竹田教授はもう皇族の成員とはかぞえられません。歴史書には北白川宮能久親王は台南で病死したと記載されていますが、しかしその死因に関しては伝聞が非常に多くあります。竹田教授は高祖である能久親王の台湾での行跡と日本統治期の台湾の歴史に関心があり、そこで何度も来台して調査し、台湾と縁を結んでおられますので、この度、縁故ある者の日本側代表として新竹駅の世紀の慶祝行事に参加されたのです。

能久親王の子孫が台湾に来て新竹駅百周年記念に参加することになりましたが、その一つの原因は能久親王が新竹に足跡を残しているからです。(清の)同治年間(一八六二〜一八七四)に、

この優雅な駅舎(建築当初のもので、現在は様相がかなり変わっている)が竹塹に建てられてから既に百年を経ており、政権の更迭、人事の盛衰、を見尽くしてきている。2013年にその建築百周年の記念日を迎えるにあたり、最近、国定古蹟となった。

台湾三大乱の一つ戴潮春の乱を平定するに功績があった新竹の有力紳士林占梅に潜園と名付けた庭園がありましたが、歴代台湾の名園として数える場合、四大名園とするにせよ五大名園とするにせよ、潜園はその中の一つに列べられており、日本軍が台湾を征討した折り、潜園の爽吟閣が能久親王が駐紮する場所になったことがあるのです。この爽吟閣は後に日本人が創設した新竹神社内に移築され、能久親王を記念することになりました。爽吟閣のほかに、「能久親王が新竹にいた」ことについて、桃園、新竹、苗栗地区の古老たちには別の解釈があります。かれらはずっと能久親王の死は実は義軍の襲撃に遭った結果であり、風土病に罹ったのではない、と考えてきています。歴史が永くなると重要な事件は非常に簡単に伝説へと変容し、伝説は伝奇に変容してしまいがちです。（従って真相のほどは不明ですが、とにかく）能久親王の死にはこうした変容の過程があります。近世以来、日本にはまだ皇族の成員が海外で戦没したことはありませんでした。ですから能久親王の死亡にはすぐに国族、すなわち日本人であることを象徴する意義が賦与されたのです。明治天皇は彼のために今日の台北の圓山に神社を建てました。それはつまり当時台湾唯一の官幣大社、台湾神社です。台湾神社の地位はまさに当今の（中華民国台湾の）忠烈祠のようなものであり、能久親王は日本忠烈祠の主神なのです。

能久親王のことがあることで、その玄孫が祝賀の儀に参加されたことの意義はかくして新竹駅百周年の意義と同様に重大になりましたし、甚だしくは更に重大になったわけです。建築物の美しさはかなり容易に共通認識が得られ、たとい植民地時期の重要な場所の標示であったとしても、もし建物が十分に美しく素晴らしかったとしたら、その魅力にはやはり狭隘な民族主義の怒号を克服できるところがありましょう。しかし歴史上の人物への評価はそうではありません。とりわけ能久親王といった強烈な指標作用を具えた人物の場合、必ずや公平静謐な心で評価すべきだとしても、それに委せきるのは容易ではありません。しかし竹田恆泰教授は、当日、駅の祝典に参加されたばかりか、別に新生面を開く座談会にも参加されました。

市政府は座談会の地点を新竹中学の元校長であった故辛志平の故居で挙行しました。辛志平は台湾教育史における伝奇的人物です。彼は一九四六年に新竹中学校長に任命され、前後三十年、新竹中学校長の任に在りました。辛志平は個性が強烈で、かれは法令の条項や習俗慣行などには鷹揚であり、ただかれの教育理念に従って事を行っておりました。彼は（新竹中学を）全国第一流の中学とする、甚だしくは第一流の「流」という字は捨てることができる、と信じていました。彼は五育（つまり徳育、知育、体育、美育、そして群育すなわち集団としてのマナー）の育成を重視し、全才教育を強調し、科系を選択してあまりに早く流れの方向をわけてしまうことに反対しました。新竹中学卒業の多くの同窓生は、当時遊泳をマスターしなければならなかったこと、毎学期長距離走をしなければならなかったこと、音楽に及第できなければ卒業できなかったことなどの思い出を、すすんで称えています。辛志平の人格の特徴には単純な美感があり、かれの理念と行為との間の距離はきわめて少ないのです。この簡易、質朴、直接といった性格は明らかに非常に強い人格的魅力を伴っており、彼の多くの伝奇的事実が学生達の間に流伝しています。その伝奇の作用はほとんど台湾大学における傅斯年、清華大学における梅貽琦と異なるものではありません。

一九四五年の台湾光復から一九四九年の両岸分裂まで、その間、師範学校系列の教師で、個人それぞれが持つ教育理念によって、はるばる（大陸から）海を渡って来台して教鞭を執るものがいました。たとえば台北一女の江学珠、台中一中の金樹栄、新竹中学の辛志平などの人々はみな当時の著名な校長です。台湾光復後、両岸の社会は進歩の程度が同じではなかったし、加えて長期間隔てられていたために、間もなく二二八事件を爆発させました。大陸が赤化するに随って国民政府は台湾で戒厳体制を実施し、島内の族群関係ではまことにひどい緊張関係が続いたのです。しかしながら、まさに二二八事件が発生した時、新竹中学の学生は落ち着いて自主的自発的に振る舞い、かれらの辛志平校長と新竹中学の外省出身教師を交代して保護したのです。事件が一段落したのをまって、辛志平はかえって（国府当局から）赤帽子をかぶせられた学生を保護したのです。二二八の悲劇の中には、人をひどく感動させる物語が少なからず存在しています。一九四九年以後の台湾の省籍関係を論ずる場合、筆者の信ずるところ、当時の中学校、小学校の校長や先生たちは非常に大きな緩衝作用をしており、教育こそ永遠に東洋社会の最大でまっとうな力であることを示したのです。戦後の情況がこうであっただけではなく、たとい日本統治時代だとしても日本籍の教師達の中にはとても好い模範を残した人々もいたのです。こうして影響が大きく且つその人が次第に象徴的人物になっていくという趨勢があったことから、辛志平の旧宅は非常に早く市指定の古蹟にされたのです。

辛校長は明らかに強烈な中華民族の文化的情操を帯びた校長だったのですが、しかし、彼の校長宿舎はかえって日本統治時代の日本人校長の旧宅でした。現在新竹市長の任にある許明財先生は新竹中学の同窓生で、中華民国の一つの市の長です。許市長はかれの中華民族主義の人物で先生でもあった人物が宿舎としていた日本式の公務員住宅で、日本植民期における台湾の指標的人物（北白川宮能久親王）の子孫を歓迎し、共に日本統治時代の台湾史の経験を分け合ったのです。洪弥《ホミ》・巴巴《ババ》は植民地（時代）の混雑した経験を説くのを喜んでいますが、辛校長の旧宅での会談はまさに典型的な混雑した盛り合わせであり、談話者、会場の住宅、歴史の記憶、すべてが相互に矛盾しているのですが、しかし効果はとてもすばらしいものでした。そこでは憤怒が無く、喧噪も無く、「愛国」という負担も無かったのです。会談の（しばらく）後に、許市長が日本に行くと、会いたい人にはみな会え、姉妹駅の関係を結びたいとの提案も意外と順調に運んだとのことですが、それは、竹田教授が日本に戻って後、台湾人の思いやりに感激し、力を尽くして事が成るように努めたからなのです。過去の歴史の（不愉快きわまりない）陰影に活きる人から言えば、台湾と日本とが交流することは（不愉快きわまりない）歴史の忘却を意味しているでしょうが、しかし新竹駅と東京駅との縁結びは、結局、台湾を矮小化することであるとは言えないでしょう！

二

長い間、台湾人は日本人が台湾を統治した歴史を直視することを願わなかったのです。また、台湾内部にもずっと体制的な矛盾がありました。先ずは台湾本省とそのほかの外省、国民党内と国民党外、右派と左派（といった対立）から転変した統一と独立、藍色と緑色の争いがあって、両者の間には常に通じ合う基礎を探し出せず、連帯して日本統治時代の台湾の歴史に対してどう処理すればいいのかを考えるについてずっと争議があり、最後には常に凍結しておくという方法で処理してしまったのですが、凍結処理とは事実上処理できないということです。過去に対する冷淡は現実の不安に対する投影と言えるし、また未来への焦慮に対する補償でもあります。能久親王は日本の台湾統治の歴史上、関鍵的であり議論のある人物ですが、その子孫が来台して記念活動に参与できたということは、台湾人がすでに平常心を持つようになっており、また歴史的意識をもってこの時期の歴史に向き合ってきていることを明らかに示しています。

能久親王は（帝国日本の）皇族の一員であり、かれは必ずや多方面の意義から問題にされるべきです。国民の素質という点からすれば、能久親王は疑いもなく非常に優秀であり、かれは貴族出身で、家族には仏教の声明学の伝統がありましたし、明治天皇とは親戚で、ドイツに留学し、数カ国語に通じ、地質学などの現代科学知識もかなり詳しかったのです。かれは日本の国力が崛起する機運に乗って、身を軍隊に投じ、西郷の反乱軍を平定する西南の役に参加しましたが、当然、甲午戦争（すなわち日清戦争）にも参加して、自身、新旧交代期の新派の人士でありまして、彼は当時の様々な文化的素養のあった日本の華族と同様、和漢の文学、書法、剣道、和歌などに精通し、みな相当のものでありました。そして大義のない私闘を嫌悪し大義ある公戦に勇敢で、武家の素質を具え、荀子や商鞅が必ずや称賛して已むことがなかったような好い国民であったのです。清華大学文物館設立準備処には能久親王の多くの作品が所蔵されており、その中に一幅一行の墨跡があり、「静坐観群妙」と書いてあります。草書風の行書で、表装は典雅、筆跡は流暢で穏健です。その書を観ますと、武将の内心に寧らかに静まりかえった天地があったこと、いささか大森曹玄禅師（一九〇四～一九九四）の「剣禅合一」という風のあることが思われます。

しかしながら、台湾人民がなお能久親王を問題にしなければならないのは、決してかれの個人的要素のためではなく、（彼が台湾統治で果たした役割のためですが、というのも）彼と半世紀間の日本の台湾統治の歴史とは分割しようがないからです。台湾に対する意義から言えば、能久親王は一八九五年乙未の歳の台湾征討の象徴であり、かれが乙未事件の象徴になったのは、私たちが解釈した結果では決してなく、かえって（植民地経営を推進する帝国日本の）明治政府が彼に賦与した意義によるものなのです。私たちは能久親王その人を（あるがままの人間において）判断しますが、しかし、そのため明治政府に対する判断を回避することは出来ません。一九世紀、帝国主義が覇を唱えていた時代にあって、日本はほとんど唯一植民地の運命にあったアジアの国家から抜け出て、かつ唯一の欧米列強と対抗できた国家です。フレイザーという人類学の大家が『金枝・巫術と宗教の研究』を著した時、新興の民族が強敵が持ってきた文明進歩の作用を打ち破ることをとりあげ、特に日本がロシアを破ったことを挙げて例としています。肌が黄色で体格も矮小な日本人が当時欧州の巨人（と目されていた）ロシアを打ち破ることができるなど、このことは必ずや欧米人士の想像を超え出たのです。日露戦争が終わったとき、ジェームズはロシア敗戦の報を聴いてひどく驚嘆しました。ジェームズは年を取ってからもなおこんな奇蹟を見ることが出来て、内心些さか安堵を感じたのです。同じように帝国主義の侵略陵辱を受けたアジアの人間から言えば、その衝撃は更に大きかったのであり、日露戦争はまた中国の当時の維新の志士である梁啓超のような人、革命の人物である孫中山のような人を非常に震撼させたのでした。

明治政府の成績は非常に顕著であって、明治天皇が統治した四十五年間、（当初）日本は封建的な島国であったために、先ずは列強の侵略陵辱を十分に受け、その命運はその他の第三世界の国家と何の違いもなかったのですが、後になって遂に清朝とロシアとを続けて打ち破り、唯一欧米帝国主義者と対等に振る舞うことができる強権を獲得したのです。しかし価値理性から判断すれば、私たちはやはり竹内好（一九一〇～一九七七）が問うた「日本は本当に成功したのであろうか？」という問題を回避しないわけにはいきません。日本は欧米を模倣し、アジア文明を脱して欧州文明に入ろうとしましたが、その結果は帝国主義者の後を追いかけて、世界の強権が一つ多くなっただけでした。日本は東アジアの立場を捨て、抗議の精神を犠牲にし、列強クラブに入る入場券を手に入れましたが、かえって（堯舜の治こそ理想だとする）原初の理念を損なってしまったのであり、日本の軍事上の成功はかえって道徳上の失敗を明らかにしたのです。竹内好は中国と日本における現代化の成績についてきわめて特別な判断を下しており、かれは中国こそがかえって成功者で、日本は失敗者だとしたのです。かれの判断は倫理法則に立っての道徳的判断であって、政治的判断ではありません。私は完全には竹内好の命題を受け継ぐことは出来ませんが、しかしこのような判断には非常に深刻な意義があると信ずるのです。

歴史は複雑であり、歴史の判断は困難であります。いかなる国家であれ明治政権のような時代的位置におかれた場合、帝国主義の隊列に入らずに済ますべきだったのかどうか、その行為が正義の原則に一層符合しなければならなかったのかどうか、その答えは恐らく定められないでしょう。しかし（道徳的観点から見た場合、）間違ったのはまさしく間違ったのであって、私たちは人の歴史的判断は道徳法則の約束から脱することはできないということに感謝しなければなりません。もし帝国主義に反対すること に歴史の進歩という意義があるとするなら、明治政府は明らかに弱者の側に立っておらず、それは歴史を誤用してその使命を（自らに）賦与したのです。能久親王が台湾にいた意義、或いは能久親王が明治の時代にいた意義は、ほとんど乙未の歳の台湾征討という事件で壟断されるのであります。それゆえ、私たちが乙未の歳の（帝国日本による）台湾侵略の正当性を受け継ぐのでないかぎり、能久親王が（台湾神社の主神として祀られるという、）明治政府の規格にもとづくあれほど高い規格、歴史的位置を得ることができたことを私たちは容易に受け入れることができません。

三

台湾神社が建てられた後、能久親王は神社が祀る主神となりますが、（台湾における）かれのそうした地位は大体鄭成功だけに比べられます。事実、能久親王は台湾における最後の歳月を台南の安平旧市街の一軒の住宅の病床で過ごしたのです。竹田恆泰教授は何度も台南に行って能久親王の史蹟を調査したのですが、このたび新竹に来る前も、かれはまた台南に行ったのです。能久親王―台南という線上に、私たちは非常に容易に鄭成功、を連想するのです。日本の台湾征討は、その法的根源は当然ながら「馬関条約（＝下関条約）」から出ているのですが、しかし日本人（の深層意識）からすれば、当時、台湾征討はただにかつて失った領土を取り戻しただけなのです。なぜなら、鄭成功はもともと日本人の血統をもち、かつ清が領治する前、日本人は早くから台湾に居住していたからだ、と考える人がかなりいたからです。稲垣其外は北白川宮能久親王の伝記を書く時、彼と鄭成功両人の功績を並べて論じているのです。

台南は台湾の古都であり、また鄭成功の都城であり、城内の建築には至るところにこの孤臣孽子の消息を窺わせるものが充ち満ちています。大天后宮、延平郡王祠、赤崁楼の一帯に行きますと、私たちは歴史劇場の張力の強さを考えないわけには到底いきません。鄭成功は台湾に来たものの、実際、その在位期間は一年に満たなかったのですが、しかし、台湾の南から北まで、新北市鶯歌区の鸚鵡石から台中県大甲鎮鉄砧山の剣井まで、いたるところに鄭成功の伝説があるのです。伝説はけっして（歴史事実だとして）頼りに（することは）できませんが、しかし民衆はそれを求めるのであり、したがって、真実もどきの伝説があるのでありまして、鄭成功はあたかも神祇といった存在になったのです。（民衆が鄭成功を神だと考えた）事実はたしかであって、鄭成功は本当に神なのであり、あたかもそうした存在であるというのではありません。

台湾の民間祭祀の神祇は非常に多く、廟宇はきら星のようにあります。しかしそれらの神々の中で、鄭成功と台湾との関係は特別に緊密であります。鄭成功がもし一六六一年にオランダを駆逐していなかったなら、台湾のその後の歴史がどのように発展していくことになったのかは、実に言い難いでしょう。台湾の鄭成功を主神とする廟宇は数年前ですでに百六十三カ所に達していますが、これらの廟宇の主神の尊号はみんながよく耳にして分かってもいる「延平郡王」を除くと、さらに多いのは「開台」という尊称であって、「開台聖王」「開台尊王」「開台聖主」「開台国姓」「開台国姓爺」「開台郡王」「開台王爺」「開台国聖」「開台国聖王」「開台国聖爺」「開台国聖公」「開台鄭府聖王」もあります。「開山」という称号は一再ならず見ることが出来、「開山聖王」「開山尊王」「開山聖主」「開山王」などがあります。これら「開台」あるいは「開山」という尊称は人民が賦与したもので、土着性が非常に強力でありまして、清の朝廷が後に（神格としての）鄭成功の地位を承認することになるのも、民情に応じるほかなかったと言うだけだったのです。

連雅堂は『台湾通史』の中で国姓爺を褒めすぎるほど褒めて、かれを台湾を永遠に鎮撫する大神と見なしています。連雅堂は文人であって、かれの『台湾通史』中のある部分の内容には伝奇的なところがあり、史実に符合しているとは見ることが出来ませんが、しかしかれが鄭成功を台湾を鎮撫する大神と見なしたについては、かえって拠り所があり、台湾の民間にはこうした見方があるのです。人を神とし、且つ永遠に台湾を鎮撫するというのは、台湾史上おおむねただの二人だけであって、二人の身にはみな大和民族の血液が流れているというわけですが、この現象は非常に留意するに値するでしょう。両人とも台湾に来てさほど経たずに死んでしまったのですが、両人はみな後の継承者たちから「開台」の象徴であると見られたのです。もし個人の能力、操行などから言えば、鄭成功が必ずや能久親王よりも上だと見ることができるかどうか、またなんとも言えないでしょう。

鄭成功は希代の豪傑であって、一七世紀中葉以後における反清の群雄の中では、おおむね彼と李定国の二人だけに清朝の統治権を動揺させる機会があったのです。自身文豪銭謙益の弟子であった鄭成功は結局文武にすぐれた典範と見なされていましたが、かれのこのような形象は後世追憶されたものであ

これは三藩の乱時代の中国地図である。台湾地区（東寧）の標識は「錦舎」で、「錦舎」とは鄭成功の子供鄭経を指している。

り、また作りあげられたものであって、実情はおそらく不確かで頼りにならないでしょう。鄭成功は六歳で日本から中国に帰った後、鄭家という豪覇の民間の気風の中にいたのですから、かれに（儒家の徳目である）温、良、恭、倹、謙を身につけるどれほどの機会があったのか、古典の詩、書、礼、楽を学習できたのかどうか（大いに疑わしいでしょう）。海賊の家族から出た鄭家も温、良、恭、倹、譲の人格を受け入れられなかったでしょう。私たちは鄭成功の伝記を読むと、書物の一字一句にみな刀光剣影が充ち満ち、おびただしく血生臭いことに気が付くでしょう。鄭家の内輪もめの惨烈なことは、中国歴代の最も残酷な豪族内の争い以下ではないし、鄭成功の成功は家族の血しぶきを塗り込めた階段を踏み歩一歩と這い上ったものだということができましょう。鄭成功はその一生をすべて二つの面での闘争の情勢、すなわち蛮族と闘い、また家族と闘うことについやしたのです。かれの闘争の対象は、甚だしくは父親の鄭芝龍をも含み、また子供の鄭経をも含んでいるのであり、伝統的な道徳観から見ると、鄭成功の行為には相当に大きな欠陥があって、たといどうしてもやむを得なかったのだとしても、私たちはまた深奥からする遺憾の念を感じないわけにはいかないのです。鄭成功の文人としての教育がどの程度を受け入れることが出来たのか、なんとも言いにくいでしょう。比べてみれば、能久親王は渇えた者が水を貪り飲むように知識を求めた明治時代に、かれが知識を吸収した精力と機会とは鄭成功に比べてはるかに多かったのです。

個人の資質の部分では能久親王は劣っていなかったであろうし、鄭成功に比べて当然劣っていなかったはずです。しかし総体として言えば、鄭成功は台湾人の心目中では明らかにより重要な地位を占めており、かつ、清朝の領有、日本の統治、民国の時代のいずれの時期にもみなこのようなのであります。

主要な原因は鄭成功がオランダ人を駆逐したことであって、一七世紀の世界史の角度において観察すれば、このことは帝国主義に反対するという特質を具えているのです。彼の一群の軍隊だけで清朝に反対し明朝を復興しましたが、悠久なる中国史の脈絡の中では、この悲壮な抗争は春秋の大義に適った義挙と見られたのです。世界史の角度から見るとか中国史の角度から見るとかにかかわらず、また彼の父方（中国）の価値体系に依るとか或いは母方（日本）の価値体系に依るとかにかかわらず、鄭成功はいずれも正確な立場に立っていると見られているのです。きっと鄭成功の母親が日本人であることにより、また鄭成功の海上での軍事活動には島国の桜花の美麗絢爛さが瞬時に消え去るという悲劇的色彩が充満しているために、日本人の心目中での鄭成功の地位は始終高くて低いものではないでありましょう。日本の江戸時代における劇作家近松門左衛門が作った人形浄瑠璃の歴史劇「国性（姓）爺合戦」は、日本の戯作中の高峰とみなされていますが、国姓爺は劇の中で身を揺らして一変すると大和精神を顕彰する英雄になるのです。「国姓爺合戦」中の鄭成功は、その歴史の脈絡は変わってしまっていますが、しかし抗争の意義を具えた英雄の形象はかえって一致しているのです。棺を覆って論が定まる、というわけで、歴史は牢固として彼の地位を裏書きしているのです。

鄭成功は日本人の心中においてきわめて独特の地位をもっておりまして、もし私たちが鄭成功を東アジア交流史の角度から見るならば、「日本における鄭成功」と「中国における鄭成功」とはそれぞれその論述の脈絡をもつでありましょう。一七世紀の江戸の人士の「華夷変態」という史観においては、鄭成功は中華と日本との混血児で孤臣という身分で東アジアの歴史の舞台に出現したのです。鄭成功は六歳になって始めて日本の平戸から（中国）福建の泉州に返ったのですから、かれの母語が日本語である可能性は極めて高いでしょう。日本婦人が生んだ子供が鄭芝龍という豪強の家族の中で成長したのです。言語は通じず、文化が異なる中での成長が、いかに辛苦であったかは、想像できることでしょう。鄭成功はわずか三十九歳の生涯において、日本とずっと独特の関係を維持しました。鄭家の軍費は、その大半が日清間の貿易で得たものである確率が相当に高く、鄭成功もかつて日本に軍隊の派遣を頼み、その力で明朝の復興を希望したのです。日本統治の時代、台湾に在留していた日本人の少なからざるひとびとが鄭成功を詠った詩を書いたのですが、私は以前、早稲田大学校長であった高田早苗が書いた和歌を見たことがあります。かれは延平郡王祠に行った時に鄭成功を賛揚して「日本にも、中国にも、いずれにもこれほどの大丈夫はいない！」と言ったのです。高田早苗の和歌は決して孤例ではありません。筆者はまた江戸の大学者頼山陽（一七八〇～一八三二）の著名な墨跡である「阿嵎嶺」という詩に「危礁乱立大濤間、決眥西南不見山、鶻影低迷帆影没、天連水処是台湾」とあるのを見たことがあります。この詩はまさに「台湾」という言葉が江戸文学に出てくる一つの記録ですが、後半部の二句は明らかに蘇東坡の詩句に倣っています。詩を作った後、頼山陽はまた「題自書巻後」を著してその事を記し「詩を書き終わって戸外に出ると、落日が海に沈むところで、光彩万丈である、西南に飛び去る鳥影の尽きるところ、指さして傍らの人に、あれはいずこかと問えば、台湾との答え、鄭成功が儒服を焚いたとの事を憶い、しばし慨然とした。（書畢出戸、見落日入海、光彩万丈、西南鶻飛影尽所、指而問旁人、彼為何処？曰台湾也。憶起鄭成功焚儒服之事、慨然良久）」と云っている。台湾と鄭成功の両者の意象は一連のものとして出てきており、江戸の文人から言えば、台湾―鄭成功は既に知り尽くした、又、異国の風味に富んだひとまとまりの意象なのである。

四

当日の座談会には、人文学方面の人々が手伝っており、興味深く独特の会になるようにと力の限り奔走しておりました。これらの敬服すべき人文学方面の人々の眼差しと言葉とから、かれらが長期間冷淡視されていた憂鬱さが見出されました。国府への反対運動がまだはっきりした形をとれなかった時期、台湾の日本統治時代に関連あるどんな人間、事件、地域、事物もおおむねみな正視されることはなかったし、さらに言うまでもなく、まるで重視されなかったのです。国府に反対する党が声を挙げる機会ができ、（選挙の結果、）甚だしくは国家の機器を奪ったのを待って、「日本統治期の台湾」がようやく題目として取り上げられるようになり、学術的議題となることが出来るようになり、また公共の議題となることができるようになって、それは転じて台湾史の一部分になったのですが、たといこうであり、かつ政党が交代してすでに十余年が経ったものの、しかしかれらの口の中にはなお憤々たる不平の気配のこもっていることが窺われるのです。

これらの素朴で敬服すべき人文学方面の人々と顔を合わせ、竹田教授が何度も台湾人民が東北の津波被害において日本に与えてくれた援助に感謝されるのを目にして、私個人も内心感動せざるを得ないのであります。台湾の歴史はきわめて複雑で、断層も多いし、異質の成分も多く、生活背景が同じでない人々が、往々にして同じでない歴史認識を持つであろうことに感謝します。この曲折が複雑な歴史は短かい時間の経過では痛苦かも知れませんが、長い時の経過の中で見れば、かえって豊饒な創造力を孕むでしょう。二〇一三年三月三一日のわずか半日の座談会で筆者は各方面の発言を収集網羅したのですが、それらの話の中から鄭成功、能久親王と辛志平という三人の歴史上の人物が浮かんできたのです。日常の生活経験の中では、これら三人が一緒にして討論されることは至難でしょうが、しかし好都合にも新竹駅建設百周年の記念日という時に、これら三人の中の二人は、それぞれ一六六一年（明末鄭時代の成立）と一八九五年（日本人の台湾統治）の歴史事件を代表する大人物であり、も

辛志平公館での会談の一情景。左から右に、文物資料管理者張徳南先生、竹田恒泰教授、許明財市長、筆者。中間の二幅の掛け軸は北白川宮能久親王の墨跡である。（この写真は陳翠萍さんからの提供）

う一人は一九四九（国民政府の台湾遷移）という重要な歴史的事件で姿を現した校長でありまして、これら三人が当然の如く同時に話題となったのです。

偶然だと言えばもとより偶然であり、必然だと言えばまたそうとも言えましょう。というのは台湾というこの土地に活きている人間でありさえすれば、個人が願っても願わなくとも、ともかく彼は一六六一、一八九五、一九四九という三つの歴史的事件の歴史の作用を避けようがないのです。私たちは一九四九より後の時代に活きているだけではなく、また一八九五以後と一六六一以後の年代にも活きているのです。したがって一六六一、一八九五、一九四九という歴史において関鍵となる三つの時点の意義を如何に理解するかが、台湾というこの土地に生活する人民の回避できない課題となったのです。

筆者が信ずるところ、まさに台湾の歴史には断層が多く、住民の構成が複雑なのでありまして、このため台湾の人民の歴史認識の差違は免れがたいのであり、またすぐに相互理解を求めることも非常に難しいのです。しかし私個人、近来考えているのですが、まさしく歴史は複雑でありますから、従って単一の視角から判断するだけではだめであり、人民が往来するという角度と政治意識形態の解読とは一層のこと完全に一緒にしてはならないのです。日本が台湾を統治した国家機構には賛美されるいかなる理由もありません。しかし台湾という土地で貢献した教師、画家、技術者、甚だしくは一般の庶民達に対して、私たちが彼らもまた共犯構造の一環だったと考える理由はないでしょう。私たちは植民統治が罪悪であることによって、日本の一般庶民の善意をないがしろにしてはなりません。しかしまた、日本の一般庶民の善意によって植民地体制の罪悪を忘れてはなりません。同様の態度はまた日本統治時代のもので台湾に残存する遺跡にも適用されるべきでありましょう。とまれ、善悪いずれに説こうとも、日本統治時代というのは結局台湾の歴史上、重要な一時代なのです。日本統治時代の文物あるいは遺跡は結局時間に随って流れ去り、歴史の衝突の色合いは必然的に淡薄になって行くのであり、それはただ台湾という島嶼の歴史的価値の成分を明らかにしていく筈であります。すなわち遼、金、元、清といった異民族王朝の文物が今日（の中国）に明らかにしている意義と同様に、誰がまたそれらを屈辱の標識だとしなければならないでしょうか？

歴史を忘却することは許されない錯誤ですが、しかし歴史の暗い影だけに活きるのも愚かな行為でありましょう。百年以上が過ぎ去って、東アジアは巨大な変化を生み出したし、台湾と日本との関係も新たな段階に進展しなければなりません。ひそかに思うのですが、いかにすれば一国という視角を抜け出て東アジア全体の視野を形成することができるのか、いかにすれば民族主義の制約から抜け出して東アジアが共に享受している文化的蓄積から出発することができるか、これはまさに東アジア人民の共同の責任であるべきであります。たとい私たちの今日の能久親王に対する評価が明治政権に対する批判から抜け出られないとしても、筆者の信ずるところ、能久親王の在天の霊は、台湾と日本との両地域の人民が歴史の大きな溝を跨ぎ越えて、正確な道を歩いていくことを非常に喜んで見るはずでありましょう。結局、国家は自らのためにするというものではなく、それは文化のために存在するものであり、いかなる文化も普遍的価値を顕彰するために存在するものなのです。

（本文の初稿「辛志平、能久親王与鄭成功」は『新竹車站憶百歳紀念書』（新竹・新竹市政府、二〇一三年）に収載された。）

趙老！ 趙老！

一

去年の三月、文字通り最後に趙老に会ったが、私が北国の日本から来た友人のお供をして彼を訪れたのであり、この日本の友人は特に趙老と章太炎の作品について相談しようとしたのである。趙老はこれまでと同様、話を終えると、非常に丁寧に私たちを誘い、住まいの近くの北平料理店で食事をとろうとした。年齢が民国と同じの趙老は、道を歩くのが緩慢で、杖にすがるということだったが、しかしまるでそんなものは無用だといった様子で、そこには幾分英国紳士が杖を手に道を歩くといった味わいがあり、また（『礼記』王制に見えるように）古代の老人の「朝に杖つく（杖於朝）」といった趣があって、礼儀という雰囲気がかなり濃厚であった。百歳の老人の歩く様子が一筆するに値するのは、主に、かれの身体が良好であるからではない。彼が一昨々年に転んで大腿を打ち、骨が断裂したかどうかは知らないが、しかし彼がその時、軽いのを挙げるのも大変、足を挙げるのも困難ということで、一階上がるのも（日本最高峰の富士山よりも二百メートルほど高い台湾最高峰の）玉山に登るのと変わりが無かったことを知っている。しかしさほど長くも経たずに、また自在に上階に上がれるようになり、大腿はもとのようになったのである。彼はその時すでに九六、七歳という高齢の老人であった。

趙老はまるでどんな鍛錬もしていなかったようであるし、また仙道で身体を鍛錬しているとも話さなかったが、とにかく（高齢でも元気な）彼の身体がどのようにして造られたのかは分からない。彼がこの世を去ること三年か五年ほど前、私は友人と雑談していて趙老のことに及んだ時、ついつい彼の最近の動静を問うことになったのである。普通いつも耳にしがちな消息はこんなものである。会ったことあるよ！　最近、光華商場で彼に出逢ったよ、彼は地面に屈まって、露店の商人に値切っていて、立っては屈み、屈んでは立っていたが、その後もわずかに食い違いがあったのか、交渉は成立しなかった。別の友達も別の週末に光華商場で彼と出逢ったが、趙老はいずれも地面に屈まって値切っていたようだった。もし光華商場のどこか地域表示がほしいと言うなら、私が思うに、朱銘がもし「趙老値切りの図」を彫刻すれば、この彫像は新生南路と八徳路と市民大道の交差点に立てられて、きっと非常にさながらといった雰囲気をただよわせていた筈である。小商人の天を覆うような値付けに面と向き合いながら、九五歳もの老人が結局品物の実質に見合うようにその場で値下げさせることが出来るということは、これは太平盛世であればこその情景なのである。

趙老は大陸山東の人間であるが、しかし北方の人間ながら南方人の面相であり、人に会えば、結局、「は、は、は」と笑うのである。彼は私の姓（の楊）を呼ぶのに声調が一段下がって、陽平が陰平に変わり、「一尤老師、長いこと会わなかったね！」という具合で、かれの話し言葉からは私の姓が「央」「泱」あるいは「殃」だとは聴き取れないにしても、しかし決して「楊」（の声調）ではない。私の家内（である方聖平）を見ると、彼はかえって彼女の姓（でぁる方）の声調を一段高くして、陰平を陽平に変えてしまい、方老師が黄老師に変わってしまうのである。古代では軽唇音は無く、山東は斉魯の旧域で、軽唇音が発達せず、そのためF音が発音されなかったと思われる。発音は改められないもので、私はこれまで趙老が私たちの間に関心をもち、弱者を助け貧者を救い、女権を伸張していたなどとは思ったこともなかったが、しかし後になってかれがいつも悪ふざけの性格を露出していたのだと思いついたのであるが、あるいは趙老は偶然遊戯三昧に入ってほんの小さな混乱を起こそうとしたのかも知れない。

趙老は憂患を経験し尽くしており、その人柄には世事に長けたところがあったが、しかしかえっていつも童心ぶりを表していた。最後に出逢い、私と日本の友人とが彼に付き添って道路

筆者と趙老とが最後に撮った写真。背景は彼の家の前の通り。

を通り彼の家に返った時、私は彼の歳祝いにお手伝いしたいことを話し、そうして彼の誕生日を尋ねると、趙老は突然、もじもじしだしたが、私が何度も追い打ちをかけるのには逆らえず、彼は身分証を取り出して私にしっかりと見させたのである。誕生日を目にして私は、彼がこだわっている理由が分からなかった。後に、彼自身は、こだわっている原因を、「私の誕生日はまさしく恋人達の記念日（バレンタインデー）なんだよ、これはひどい恥さらしじゃないかね？」と話したが、一世紀前の山東にどんな恋人達の記念日があったんだろう？　一世紀前の台湾にどんな恋人達の記念日があったんだろう？　恋人達の記念日は資本主義社会の消費者心理を刺激して物を買わせようとすることの産物で、趙老とどんな関わりがあるのだろうか？　かれの話の天真ぶりは一休禅師の偈にも類似しており、本当にしっかりと（その偈に）参ずる必要がある。

私が最後に趙老に逢ったとき、驚きが心に満ち亘り、自然と法を会得した心地になった。最初に趙老に出逢ったときも、またこのようであった。それは私の収蔵の生涯がようやく始まって間もなくの頃で、家内（の方聖平）が松江路のある医院でお産をするという時期だったが、橋を渡ってまさに新生南路と八徳路とが交叉するところが、まさしく骨董の上物が集まる光華商場があるところなのである。私は近い者が得をする、公に仮りて私を済す、という次第で、ついつい商場で実地訓練してみたくなったのである。記憶しているところでは、始めて旧光華商場の二階に上がった時、廊下の一角の「荘敬書画古芸館」と名付けた骨董店で趙老に会ったのである。私はあっちで手に取り、こっちで問いかけたが、素人が一旦口から言葉を出せば、すぐ何にも知識が無いと分かられてしまい、商売屋達はこれら素人と喜んで商いをし、銭をしっかりと儲けていたのである。私が気持ちを決め、おどおどしながら一つの絵画作品の値段を尋ねると、彼は、「売らない」と答え、私（がどんな人間か、そ）の委細がちょっと分かるようになると、彼は一層ずばり、そしてきっぱりと「収蔵しては駄目だ」と言った。

骨董商が意外にも顧客が収蔵するのを駄目だと言うなど、これはなんとも奇怪なことである。後になると、かれは当然ながら私に少なからざる物を売ったし、またとても面倒を見てくれたのである。おおよそ彼は骨董界に長いこと居たことで、そこにはいささか機関があって、あれこれとデマが飛び交い、防ぐにも防ぎようがないことを知っているのである。趙老は自分には常人と異なって求学という背景があるため、また非常に重要な文物がどこかに流失してしまうのを見たため、かれは人文知識が尋常でない者に対して格別奇特に尊重するのである。しかし一層奇特なのは、人文知識を尊重し知識人を尊重していたからこそ、かれは反って初対面の学界の人間に対して冷や水をかけ、かれらが迷いだした道から学界に立ち返る道を知らせ、目の前に道がなければ早く頭をめぐらさせようとしたのである。私は趙老があっさりとこんな境地になったとは思いもよらず、本当に、夢の中に雷声を聞き、わけが分からずぼんやりした境地の中で目を覚まさざるを得なかったのである。

私は驚き覚めて、この老人が並の人ではないと確認した後、とうとう又一層深い夢の中に落ち込んでいった。私は非常に速くのめりこんでいき、迷いは一層深くなり、収蔵の夢がここで大きく開き、長い間ずっと絶えることが無かったのである。私は趙老に教えを乞い始め、また購買を始めた。趙老の雷のような声も一度は落とされたが、二度目に会った時には、かれはすぐ私に値段を言い出し、言い始めるとすぐに戦場で屠殺するような話しぶりだった。一度目の後、趙老はすぐに、私が「まったく畑違いの人間」で、（私のような者に）勝っても武勇を誇れないこと、加えて（私が）彼に心底から後輩の礼を執り、非常に「温良恭倹譲」の態度を示す以上、後輩には是非とも教えなければならないと思って、そこで、相手の様子を見てから対応するという態度をすっかり変えてしまったのである。私と趙老とは買い方と売り方との関係であり、趙老は骨董商で生計を立て、売れば当然儲けるのであるが、しかし二人は年齢の差を越えて、平生の情誼の交流や師生としての振る舞いには、意外にも「忘年の交わり」といった味わいがあって、私はゆっくりと趙老の世界に入っていったのである。

二

私は骨董によって趙老を知ったが、私が旧光華商場で彼を見知った年代をちょっと計算してみると、彼は「心の欲する所に従う」の歳、すなわち七十歳をとうに過ぎていたのである。趙老はまさしく年老いており、彼は当然ながら若くはなれないのである。私はすでに軽やかな上着をはおり緩めのバンドをしめた若い趙さんを見られなかったし、また彼が往時のあれこれを言うのを耳にすることも少なかった。私の印象の中では、趙老はまさに光華商場に鎮座する一人の智慧の豊かな老人であったが、（秦末、秦の始皇帝の暗殺に失敗して逃げる張良に大公兵法を授けたと伝えられる）黄石公といった計り知れない深さをたたえた人ではなく、深い人情味をたたえた篤実なる長者であった。光華商場は宝物をより分ける場所だが、しかしもし光華商場で最も珍貴な骨董と言えば、当然趙老以外には無いであろう。

趙老は（大陸各地を）流離したあげく台湾に来たのであり、彼には必ずや浮沈を繰り返した過去があったはずだが、しかし彼は言い出さなかったし、私も尋ねなかった。私は、人間味豊かな老人が書画や版本に関わった人間の有為転変について雑談するのを喜んで聴いたのである。年を取った趙老と年若い趙さんとにもし一筋の結びつきがあるとしたら、それは、章太炎と蘇州国学講習会に対する彼の追憶に実にたびたび見えている。趙老は結局章太炎を称して章老師あるいは章先生と呼んでいたが、趙老は章太炎の蘇州国学講習会での授業を聴いていたのであり、これは彼が一生自慢していた歴史である。彼がどんな身分で入学したのか私は知らないし、正式な学生ではなかった可能性があるが、しかし彼の生命はかつて章太炎のほど近くにいたことがあったので、光彩があり、また方向ができたのである。当時、蘇州国学講習会で講義した先生は少なくないが、趙老は一律に尊敬して師と称していた。彼はかつて一度章太炎の書法作品すなわち墨跡を蒐集して数十件もの多数になったことがあるし、国学会の老師、たとえば黄侃、唐奎章、朱祖謀、唐文治などの人の書法も彼の捜集の重点であった。十年前はこれらの文人達の作品の値段は高くなく、収蔵者も多くなかったが、趙老はやや高い値段で購入しようと願ったし、同じようにまたやや高い値段で同好者に譲っていた。当時の骨董業者の中で、趙老は、学者の書法芸術の作品を重視する業者として私が重視できる少数の人間であり、私としては極端に言えば、第二の例などほとんど思いつかないのである。

章太炎は民国学術圏の巨星である。私は趙老の背景を知らないし、どうして山東の若者が意外にも蘇州に行ってこの鴻儒の講義を傍聴する機会を持つことが出来たのかも分からないが、しかし想像できることは、この若い時代における出会いこそが彼の生命におけるなんとも激烈な要素なのである。趙老は後に転々として台湾に来、もともと公売局で働いていたが、退職後に骨董業に従事したということである。当時、台北で骨董という商売をするについては、特に人文階層と関係がある書画版本といったものの骨董商は、その大部分がみな一九四九年に台湾に来た流亡者である。一九四九年のあの大規模な流亡の潮流の中で、台湾以外の省から来た中、上流階層の菁英達は家に代々伝えられてきた書画、版本、拓片、玉器などを携えて台湾に来たのであり、逃避行の費用としたのである。台湾海峡の局勢がやや落ち着いて来た後、これらの文物は、すぐ経済の資本となった。趙老のような人脈をもつ人々は、どこに文物を持っている人がいるか、どんな文物があるか、品物を買おうと願う人がいるかを知れば、自然と別の文化伝播の舞台へと歩み出したのである。

台湾は、気候が湿潤であり、士族の形成がやや遅かったことから、菁英階層の典雅な文化を代表する文物の捜集には出色の成果は期待できない。筆者の身近に李逸樵が日本統治期に編んだ『大東書画集』がある。この書物は当時台湾人があまり見ることがなかった収蔵図録であり、ある人の見立てではきっと第一番目のものであろう。李逸樵は雅人であり、その収蔵もしかるべき水準にあるが、しかし今日の標準に照らしてみれば、かれの収蔵はやはり制約があるのを免れない。時代が同じでないのに同じでない時空の脈絡で比較するのは不公平だが、私がこの例を挙げるのは、その意図は、以前の収蔵には貧弱なのが多いとか、或いは今日の台湾の収蔵家にはものすごいのが多いとかを指摘することに在るのではない。私はただ歴史の奇特なことと因縁の不可思議さを感ずるのである。もし一九四九年のような大災難がなかったなら、もともと大陸の各地区に集まっていた文物、上は故宮博物院、中央図書館の歴代の宝物から、下は江南代々の家族の収蔵物に至るまで、大洋に揺らぎ大海を渡って「雨夜花（雨の夜に咲く花）」「望你早帰（あなた早く帰って来て）」「砕心恋（ちぢに乱れる恋心）」「黄昏的故郷（たそがれの故郷）」などのメロディーが渦巻く台湾に来ることなどあり得なかったのである。

両岸が自由に交流できるようになる前の台湾骨董界では、趙老の実力はとても雄厚とは認められなかったが、しかし趙老はかえって旧光華商場の二階のあの小部屋でほかの大豪邸でも代わりようがない（見事な）役割を演じていた。趙老本人の文化的素養によって、かれのあの小部屋は光華商場に来て宝を手にしようとする文人が自然に集まってくる場所になったのであり、その小部屋はまた私が教室では学べない知識を吸収する別の教室であった。故宮博物院の前院長秦孝儀はこの小部屋でかれが獲た小さな玉片を「秀」と評価したし、書画界の名人李葉霜はいつもこの小部屋で競売会での競売品の見方を口にしていたが、「あの唐伯虎の絵画は本当に好いね、描き方が唐伯虎の絵画よりもさらに好いよ」というのが通常の李氏の口ぶりである。千聯斎主人の謝鴻軒のその時の収蔵はつとに「千聯」の目標を超えて何倍になっていたか分からないが、かれが「荘敬書画古芸館」に来るのは、おおむねあちこちを回って四方山話をしようとしてのことである。秦孝儀がやって来て、また行ってしまう。李葉霜がやって来て、また行ってしまう。謝鴻軒がやって来て、また行ってしまう。大江は東に流れていき、無数の英雄人物を巻き込んで流れていく。（文化界の一流人物達が）不断に去来する間に、別の伝統文化がここで散り広がっていき、その成分もここで台湾の土壌の中にしみ込んでいったのである。（だが御時勢とはいえ、遺憾なことに、）光華商場の以後の在り方には非常に大きな変化が発生して、新興の電子計算機産業がゆっくりと商場の中に侵入してきた。ゆっくりとは言ったが実はゆっくりではなく、月日で計えればゆっくりでも、年で計えればゆっくりとは算えられないのである。最も古老の業種と最も新興の業種とが同じビルの中で版図を競争するのである。勝負は非常にはっきりしており、先ず一階の旧書店が全面的に沈没し、続いて商場二階の骨董店も一軒一軒と電子計算機の関連産業の商売屋に取って代わられたのである。歳をかなりとった顧客が少なくなり、歳の若い日本族や香港族がこれに取って代わったのである。趙老の「荘敬書画古芸館」は、私たちはそれを戯れに「四行倉庫」と呼ん

光華商場は台北の骨董街と古書店街の中心だったが、後に更地にされ新たに建て直された。この写真は更地にされる前の最後の日の情景である。（この写真は中華文物学界からの提供である）

でいたが、きっと最後に撤収した骨董店であったろう。ビルが取り壊される数年前、「四行倉庫」も支えきれなくなって、趙老はとうとう店の権利を電子計算機店にやってしまい、光華商場の骨董店の黄金の時代は終止符を打つことになったのである。

趙老は光華商場を引っ越した後、自分の永吉路の家でなお継続して骨董業を経営していたが、しかし「話するものの中には大学者がおり、往来するものの中には手柄の無い者はいない（談笑有鴻儒、往来無白丁）」という（かつてのような）盛況はなかった。かつては颯爽としていた老顧客から言えば、最大の喪失は、なんと言っても、あの誰それと期せずして遭遇できたという驚喜の感情が無くなってしまったことである。元来の光華商場は後に幾たびか変遷して、新設の幾つかのビルに電子計算機業が盤踞しているのである。玉をあつかう市はまだあるし、骨董市場もなおあるけれども、しかし「事物は真っ当でも人間が駄目なら、万事休す（物是人非事事休）」なのである。人がいなければ、風華は寂れてしまうのである。

趙老がなぜ台湾に来たのかは分からない。また彼がなぜ骨董という商売をするようになったのかも分からない。私の憶測では、これらの選択はすべて彼が予期したものではない。しかし時代の大波が頭からかかってくるとき、いかなる英雄豪傑もみな選択できるどれほどの自由意思などなかったのである。彼が台湾に来たこと、かれが骨董屋をしたこと、すべては生きるためだったのである。しかしかれの意図はかえって一九四九という巨大な歴史的事件の中の（かけがえのない）一環を完遂することに参与し得たのであり、（『老子』の言葉を踏まえて言えば）一九四九という巨大な霊力は蒼生である人間を藁人形である芻狗としたのであって、その霊力はまた多くの「趙老」がそれを助けて計画の細節を完成してくれることを必要としたのである。非常に長いスパンで歴史を振り返るならば、私たちは、主体がきわめて微小な存在でしかないこと、歴史的理性が常識を遙かに超え出たものであることをさほどの困難もなく感ずるであろうし、また「天命」の感情はまさしくこのようにして興るのであろう。

趙老、名は中令、台湾収蔵界の友人でかれを知らない人は非常に少なく、私はかれを趙老と称んでいる。私はこうした呼び方が好きなのである。そこで「趙老！」「趙老！」「趙老！」と何度も叫んでいると、親密の感情がわいてくるのである。私はもともと彼と約束して、もし清華大学博物館が何時の日にかできたら、かれに頼んで（清華大学博物館に）来て貰いテープカットをし講演をしてもらおうと思っていたのだが、「呵！　呵！　一尤老師、この私にどうしてそんな資格があるんだね？　参観しに行くだけで、それでいいんだよ」と、趙老は一貫した口ぶりで返事したのである。（何とも残念なことに、今やこの何度も遅延した約束手形は永遠に現金化することが困難になってしまったのである。

（本文の初稿は『中華文物学会』二〇一三年刊（二〇一三年六月）に公刊された。）

Ⅳ

1949と清華大学

恥辱そしてまた栄光の象徴、中国と西洋との交流の産物、希代の実験の一事例。

上の一枚は北京の清華園の門、下の一枚は新竹の国立清華大学内の門。台湾の清華は、「復校」「設校」「建校」のいずれとみなされても、それともともとの清華との間にはやはり極めて独特な歴史的関係がある。（この写真は蔡錦香さんからの提供である）

なぜ清華なのか？

私の上司に「とても複雑だ」という口癖の先生がおられたが、先生は深思熟慮して、どんな問題を話すにも、最初或いは最後には、みな「とても複雑だ」であった。私は常に「なぜ文物を清華大学に寄贈するのかね？」と問われたのである。この問題はなんとも複雑なことのようであるが、しかし最も複雑な問題は、どうして「なぜ？」と問おうとするのか？　ということである。

「なぜ？」とは、自然のことがらについて、その原因を問うているのだろうか？　それとも価値のことがらについて、その理由を問うているのだろうか？　答えはあたかも後者のようである。しかし問題は依然として存在しており、どうして「なぜ？」と問おうとするのであろうか？（禅宗の語録の一つ『趙州録』に）ある僧が趙州和尚に、なにが「祖師が西から来た意味（祖師西来意）」でしょうか？　と尋ねたところ、かれは「庭前の柏樹子だ（庭前柏樹子）」と答えた、という。「庭前の柏樹子だ」というだけでは「なぜ？」という問題に回答していない。密契詩人アンジェリウス・シレシウスに花を詠った「バラの花はなんかのために咲くのではない、それはただ花を咲かせるために花を咲かせるのだ（玫瑰花不為了什麽，它只為了開花而開花）」という名句がある。カントは審美における自由の意義を論じ、ハイデッガーは晩年自然という議題を語る時、いつも喜んでこの詩を引用して証拠とした。仏教はこの「なぜ」

という意識を取り消す意識を称して「現量」と呼んでいる。「現量」とはまさしく選択せずに、「当下」(訳註)がそのまま是なのである。

世間には「現量」といった理境すなわち真実なる境涯、道理そのものの境涯があるべきであるが、しかし人間世界のことがらに選択することが無いというのはとても困難である。(私はこれらの文物を)寄付しなければならないのかどうか? どのように寄付するのか? 何処の部署に寄付するのか? 当然ながら考えざるを得ないであろう。文物はどうして見栄え良くしないでおられよう? 結局人が要求するのである。私の仕事の環境から、そして文物を蒐集する資金が主に職場が支給する給料から来ていることから、(あれこれ自問することになる)こうなる趨勢は当然非常にはっきりしている。しかしいっそう関鍵的な要素は台湾の国立清華大学の特殊な位置がそうさせているのであって、私は実のところ自由に動き回れる空間をそれほど多くはもっておらず、「清華」ということを(文物を寄付する先として)選択したのはつまり清華に選択をまかせたのであり、歴史理性の必然に依ることがつまり現量なのである。

清華の校史がすべてを説明しているのである! 清華は近代中国の浮沈の命運に随伴しており、それも近代中国と同じ歴史の段階を経過しているのである。しかし清華の特殊性はその二つの特殊な歴史の

(訳註) これは的訳がない概念で時《いま》、処《ここ》、位のすべてを含んだ主客未分、認識、判断以前の在るがままの在り方を指す。陸象山、王陽明などの実践論、修道論の核心をなす考え方とされ、明末清初に強調する人々がいたほか、当今の大陸や台湾などの禅宗でも強調される在り方。

時点に在り、清華は一九〇九年に成立したが、ほぼ民国と同年齢である。周知のように清華を創った資金は米国が（清から）得た「庚子賠償金」が還付されたものであり、「庚子賠償金」とはつまり一九〇〇年の義和団事件が引き起こした八カ国連合軍の産物である。義和団事件―中華民国の成立は中国近代史の大事件である。しかしもし私たちがそれらをいっそう長遠でさらに広大な歴史の視野において見るなら、義和団事件―中華民国の成立は、中国元来の現代性が西洋の現代性と直面したおりの一つの調節過程であり、一九〇〇とは最初の象徴的意味をそなえた時点であると見ることが出来る。

近頃の研究は、現代性（と言っても、それ）はただ一つのモデル（がある）だけではなく、

1900年の庚子事変（義和団の乱）が引き起こした八カ国連合軍は近代における中国と西洋との大きな衝突である。清華大学の設立はその原因をこの悲劇的な衝突に遡ることができる。写真はその時、北京国子監に盤踞した日本軍を撮ったもの。中華文明は 20世紀の初めに世紀末の苦境に向かったかのようで、聖域である国都さえも保全が困難であった。

多くの古い文明にはみなそれ自身として発展してきた歴史の筋道がそなわっており、（歴史には）単一なる発展（しかない）という歴史観は西洋国家が資本主義から帝国主義へ進入していった歴史の過程での産物であることを既に明らかに示すことができるようになってきている。中国を核心とした東アジアは明らかに一個の「天下」であって、それは自己発展の歴史の筋道をもっており、宋代と明代中晩期は常々取り上げられる東アジアの現代性の転換点である。西洋の現代性は地球規模での侵入事件であり、それは堅固な船舶と強力な火砲とがいわゆる現代化の価値を伴いながら、西洋の影響力を拡張し、同時に（それ以外の）各文明の現代性の過程を打ち壊したのである。西洋の現代性に対してどう吸収しどう反抗するかが、かくして近現代の歴史が展開変化する主軸となったのであるが、（西洋の現代性の侵入に対する）反抗という角度から考えると、（一九〇〇年に起きた）義和団事件、（一九四一年から一九四五年に及んだ当時の日本の呼称では大東亜戦争すなわち）太平洋戦争、（一九五九年から一九七五年に及んだ）ヴェトナム戦争、（二〇〇一年にニューヨークの世界貿易センタービルに航空機を激突させ崩壊させた）九一一事件など、これら個別の事件はそれ自身種々様々で複雑だが、それらにはみな西洋の現代性に反抗するという意味が具わっている。清華大学が成立した機縁は二〇世紀が明け始めた時分に立ちこめた黒雲、すなわち義和団事件であり、義和団事件の「清朝を扶けて西洋を滅ぼす（扶清滅洋）」というのは西洋的現代性に全地球規模で反抗する一つの著名な事案なのである。

中華民国の誕生は、もし中国の現代性の過程におくという角度から考えれば、宋明以後における（中国思想史の主要な課題である）道徳的主体性の確立、および士大夫の天下意識の確立という流れの延長上に発展してきたものである。中国近代思潮の展開に於いて、非常に重要な要求は、まさしく政治の主体に符合した政治の形式を探し出すことであったが、このような要求は北宋の儒学の礎を築いた范仲淹、程伊川自身の中に見出すことができるし、明末の黄宗羲の『明夷待訪録』、唐甄の『潜書』、王船山の『黄書』には、更に一層、毎葉、毎行、毎字のすべてがみな強烈な叫び声を上げているのである。晩清以来、あらゆる具体的な姿をとった政治勢力の政治的主張は、立憲か、革命か、にかかわらず、康有為か、梁啓超か、厳復か、あるいは梁漱溟か、熊十力か、にかかわらず、明らかに伝統的な儒家から現代公民の儒家へと転化した胎内記憶を誰もが帯びているのである。

国立清華大学の前身である清華学堂の設立は（西洋伝来と東アジア本来という）二種の現代性の具体的交渉であり、それは恥辱の象徴であり、また光栄の示標でもある。八国連合軍の砲火の轟音が、古ぼけた中国に清華大学を持ってきたのであり、清華大学の一つ一つの煉瓦や一枚一枚の敷石には当時の四億人民の抗議、愚鈍と恥辱の傷跡とが凝集している。しかし清華大学はまた近代中国の科学が成就する揺籃であり、ノーベル賞の獲得者で二人で一つを射止めた貢献者はみなここに集まっているのである。とりわけすごいのは、民国学術の標識を代表する（梁啓超、王国維、陳寅恪、趙元任といった）四大指導者もみな清華園に集まっていることで、四大指導者は、爾来伝統と現代とを結びつけた典型的で模範的な人物と見なされている。受容は反抗と一体となり、屈辱が栄誉を随伴する、清華大学の校史はまさしく近代中国史の縮図なのである。

清華の校史において第二番目に重要な日は、国立清華大学が一九五五年に台湾で復校された日である。同様にすべての人々が知るように、清華大学の復興は一九四九の大遷移という歴史の産物なのである。国立清華大学と中華民国の国体、そして故宮博物院、歴史博物館、中央図書館、中央研究院などの重要な文化と学術の機構が連合して、中国の歴史上第三番目の偉大な遷移事件の歴史的で豊饒なる記念碑を構成しているのである。

清華大学の歴史において悲劇の人物である馮友蘭は「西南聯大紀念碑碑文」という名文の中で提示しているが、中国の歴史には、四度の南遷がある。東晋の南遷、南宋の南遷、明末の南遷、抗日戦時の南遷であるが、その中で、抗日戦の南遷が自慢するに最も値する。中国の歴史には災難が多く、人民の南遷は常態であるが、しかし南遷という事件が歴史的事件となりうるには、規模広大で、意味が十分に重く、影響が

清華大学の「復校」と原子科学科の設立は密接不可分である。国立清華大学の体質には濃厚な国家政策の要素がある。写真は原子炉建設起工式のもので、左に立っているのが清華大学校長の梅貽琦、シャベルを持つのは、左から米国駐華大使ドラムライト、副総統陳誠、教育部長張其昀。

十分に深遠でなければならない。

こうした観点からすれば、馮友蘭が言う四度の南遷はみなそれに十分適っている。しかし明末の南遷は、正統の象徴である政権が南移したという事実があるものの、私たちはかえってこの悲壮な反清闘争がもたらした文化的堆積の意義を見出し難い。清に反抗した南明の諸政権が存在した歳月はいずれも短期間であり、北方文化と南方文化を融合するためには十分な時間が無かったのである。抗日戦争による南遷は、人民が遷移した数量はとても大きく、意義もきわめて重大である。しかし抗戦に勝利して兵隊が復員した後、形式的には戦前の状態を回復し、後方で生長した人員や機構を留めたものの、その数量には相当制限があり、大後方の四川や雲南の文化的主体性は質的飛躍を示さず、それらは中国の文化的生態を改変することが無かったのである。

東晋と南宋の南遷は、名実兼ね備わった大遷移であって、文化的意義の重大さは量りがたい。私たちは東晋の文化を見るに、書法、玄学、文学などはみな同時期の北方の水準をはるかに超え、文化は南方の土壌に根を生やしたのであり、かつ正統はまた（西晋の帝室と）同族の司馬氏の政権に属していたのであって、五胡統治下の華北における文教の成績にはまるで精彩が無かったのである。南宋の情況もこのようであって、性理学、文学、芸術、経済などの南宋における成就は、異民族が統治する遼や金に比べて遠く抜け出ている。宋朝は中国の歴史上、文化が非常に燦爛たる時期であり、南北両宋の輝きはほとんど同等であって、江蘇、浙江、閩（福建）、粤（広東）などの一二世紀以後の（文明発展の）状況は、もはや停止できないものであったが、もし東晋、南宋の遷移がなければ、千年来、文明が隆盛の江南という情況はもとより想像し難く、漢文化の伝承も引き受けられないほどの重さであろう。

東晋や南宋の遷移に肩を並べることが出来るものは、明末ではなく、また抗戦中でもなく、一九四九の国民政府の南遷である。国民政府の南遷は政権全体が中国の正統だという格局でもって台湾に遷ってきたのであり、この流亡政権が海島である台湾に逃げてきた時、それは災難が財富を随伴し、呪詛が機会を引き連れて共に台湾に移って来たのである。もし流亡政権のまとまり具合を論ずれば、司馬氏の南遷も趙宋の南遷もみな国民政府の南遷には比べられないであろう。上述の三つの歴史的時点における北方政権の性質はそれぞれ同じではないが、私たちがマルクス、エンゲルス、レーニン、スターリン、毛沢東を掲げる共産中国と（北中国の各地で五つの民族が政権を樹立した）五胡の政権あるいは遼、金の政権とを比べるのは不適切であろう。しかし少なくとも相当長い期間、北方政権の性質は、みな中原文化の伝統に背いており、また漢民族の方向に背いているのである。一九四九というこの関鍵の年には、文化の伝統という価値を代表する于右任、張大千、銭穆、徐復観などの人々や、そして自由民主という価値を代表する胡適、傅斯年、梅貽琦などの人々は、みな（大陸を離れ）海を渡ることを選択したのであり、故国で時期の到来を待とうとするのではなかったのであり、この選択の意義は非常に深遠である。私の信ずるところ、文化の伝統と民主自由の理念とが接合することは中国における歴史発展の正道である。

一九四九に（大陸と台湾島嶼という）両岸が別々に統治されることになったことは、二つの同じではない価値がそれぞれ位置を占めるという歴史の回答を指向するものであり、共産中国が（大陸地域を）代表するという消息は確かに西洋の現代化に対する反抗であり、この反抗は資本主義―帝国主義という核心的な力に対して直接真っ正面から起こされたのであって、帝国主義に反対することは中国革命の核心的価値である。しかし中共は反抗の過程で、伝統中国と徹底的に決裂してしまい、またその革命の中で、中国で本来生まれた現代性の伝承を内に持たなかったのである。中国で自生した現代性の伝承を持たなかったために、（中共には）言うべき伝統的智慧が無く、五千年の伝統は荒涼たる原野になってしまったのである。完全に斬新な中国はこのためまたいかなる規範も受けない中国であり、また深遠な文化の堆積を足場とすることが無いままの中国でもあり、中国の歴史上最も偉大な浪漫的革命は中国の歴史上最も残酷な人為的災難を造り出したのである。

一九四九以後の中華民国は、その歴史の進行過程がどうであったかにかかわらず、難を避けて台湾に来た国民党政権が心底からにしろ表面を取り

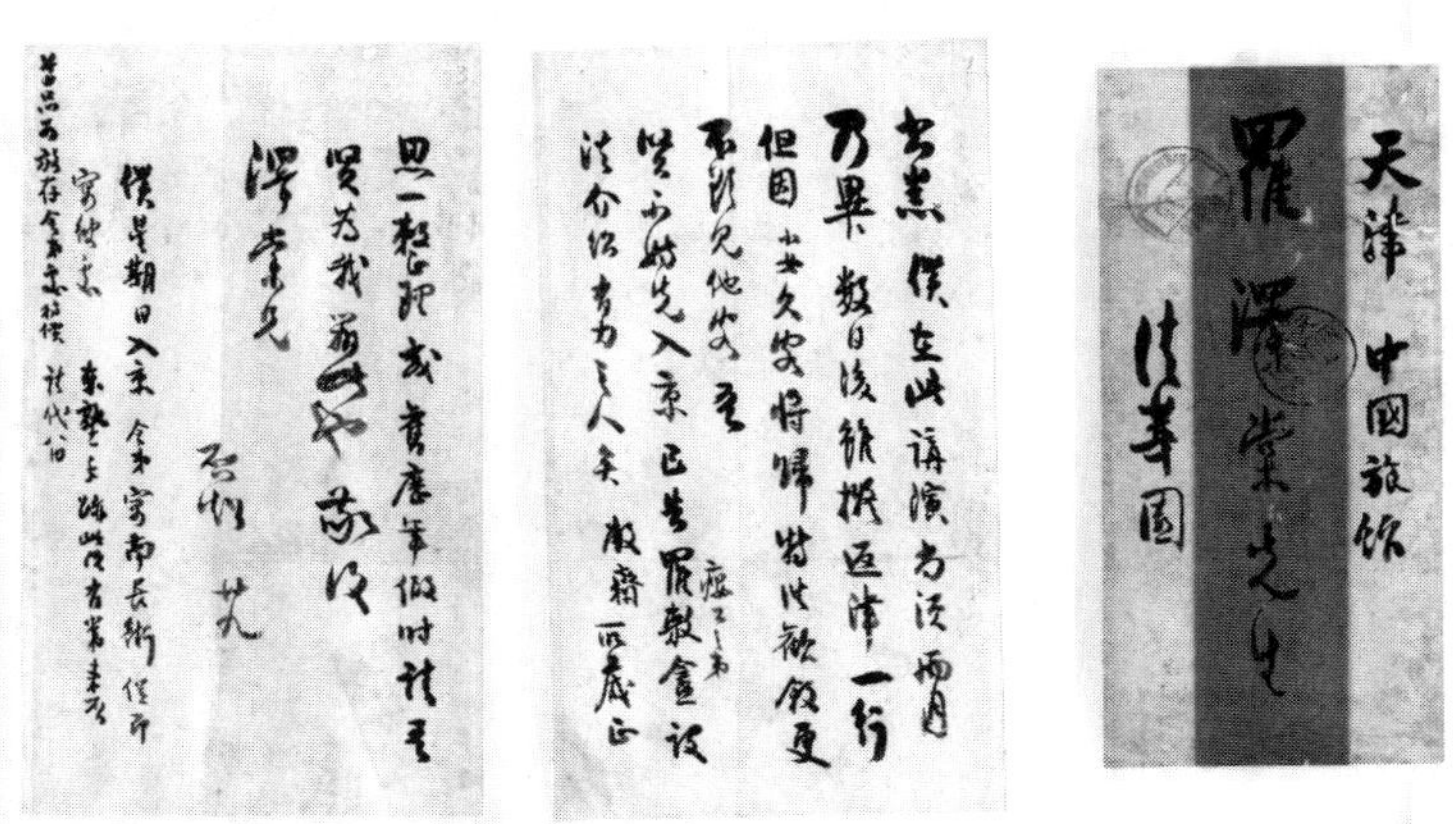

梁啓超と清華大学との間に通ずる感情は浅くない。清華大学の校訓「（自強不息、厚徳載物）」はまさにこの一大の与論寵児から出ている。かれの自筆書簡で世に伝わるものは少なくないが、清華園から出されたものは多くない。

繕うためにしろ、とにかく最後の結果としては、華人が自己の土地で自己の文化の力を働かせて、（伝統の儒家的考え方から現代的民主の考え方へという）民主観念の転化を完成し、また人間性の発展、社会正義に大いに符合したコミュニティを建立したのであり、これは鳴り物の音を轟かせて祝賀するほどの確かな事実なのである。宋明以降における中国自生の現代性は、漢民族に符合した文化形式であり、民意を完全に体現できる政治形式であり、まさしく中国の現代性が発展していくべき主要な内容であることを明示している。范仲淹、程伊川から梁啓超、張君励にいたるまで、私たちは発展の脈絡を探し出すことが出来る。私の信ずるところ、中国自生の現代性は、島田虔次や溝口雄三が説くように「挫折」したのであり、最初は満清という異民族の征服によって挫折し、根本的には西洋の現代性による東アジア大陸の全面的転覆によって挫折したことはほとんど間違いないであろうが、しかし、「挫折」は決して「生機」すなわち息の根までをも断ち切らなかったのであって、その「生機」はかえって一九四九年の災難の中でも生き延びて生長する出口を探し出したのである。

台湾における国立清華大学は、まさしく一九四九の産物であり、また一九四九の象徴であるとも言える。台湾の国立清華大学は、北京の住み慣れたキャンパスを離れ、もともとの清華の人員が台湾に南下して、新竹に別に校旗を立てたのであるが、共産中国と決裂したこと、元来の校名と理念とを継続したこと、こうしたことは、まさしく台湾の国立清華大学の重要な意義を明示している。というのは、台湾が背負わされた歴史的衝突の土壌において、清華大学は、（義和団による）庚子事変の文化衝突、一九四九の文化衝突を抱え込んでおり、また台湾における近代の中国と日本との衝突、現代の東西二大集団の衝突などのあれこれの衝突を抱え込んでいるのである。台湾清華大学の血液の中には、甲午戦争（すなわち日清戦争）、庚子事変（すなわち義和団事件）、中華民国の成立、抗日戦争における南遷、一九四九の国民政府の渡海遷台、東西冷戦体制、蔣政権による戒厳と解厳、改革開放後における中国の崛起、といった種々の事件のDNAが存在している。この複雑な性格は、東アジアの反抗がしだいにはっきりした形を取るようになってきて、二種の現代性の結合が日増しに切迫してきているにつれ、その意義もいよいよ豊かになってきている。台湾の清華大学の性格はきわめて曖昧だが、しかし曖昧とは「豊饒」を意味し、その「可能性」は「現実性」をはるかに超えているのである。

私の信ずるところ、日本や中国は近代東アジア世界の（現代化への）転換過程における正面作用であるが、しかし、いずれもみな前後して非常に大きな錯誤（日本の第二次大戦と中共の文化大革命とが最も顕著である）を犯したのであり、また信ずるところ、東アジアの興隆を留めるのは非常に難しいであろう。こうした歴史転換の過程に於いて東西両種の現代性をいかにして融合させるか、その過程の難しさは極めて大きいが、投資効率は極めて高いであろう。しかし（両種の現代性を融合させるには）先ずは一つの前提を満足させなければならない。東アジアの内部は、先ず自己を了解しなければならない。先ずは対話できるようにしなければならない。台湾の国立清華大学は、この歴史の転換過程において、対話の場所を提供しなければならない。その歴史の命運と地理的位置とは必然的にそれにかなり大きな責任を負わせるであろう。たとい当面、「可能性」が「現実性」よりなお大きな段階に留まっているにしても。

私の収蔵（方針）は「東アジア」ということを特性とし、また基調としており、収蔵品も微細で言うほどのものではない。微細で言うほどのものではない収蔵である以上、当然、微細で言うほどのものではない寄贈にしかならないのである。しかし、たとい中世期の免罪符でもそれによって罪から免れることを神に誓願できるものである。上に述べた「可能性」を「現実性」に転化した後、歴史の天秤が更に公平な平衡点、すなわち二種の現代性が混じり合って内容がより一層豊富になる一点、中国の歴史上第三波の南渡事件の影響が一層深まった一点に向かうことができるように、と私は特に期待するのである。

（本文の初稿は『鵝湖月刊』第四六四期（二〇一四年二月）に公刊された。）

清華大学と民国ブーム

「民国ブーム」は、中国大陸で改革開放政策が実施されて以後の重要な文化現象であり、それ以後現在に至るまで、「民国ブーム」は依然として沸き立っている。大陸における近数年来の書画の競売では、いわゆる文化的有名人のものに対する市価は往々にして書画の大家達のものに対する値段以上である。もし今年の競売を誠実に取り上げれば、同様の大きさのものだと、胡適の数行の書は張大千の画幅に比べて値が高いのである。嘉徳の馬宗霍の競売場では、同様の大きさで、章太炎自筆の稿本は張大千の画幅と同様の相場である。西暦二〇一一年に、張大千の書画の競売総額は最高であったが、それは中国でではなく、世界でなのであり、張大千はピカソを超えたのである。株券は経済のショーウィンドーとされ、またそうかも知れないが、書画文物は一層そうなのである。ただ書画文物が反映する消息はより一層豊富なのである。

どんな人であれ、民国の文化的有名人のことを想えば、清華を想わないわけにはいかないであろう。清華が無ければ、「民国ブーム」は燃え盛らない。文物市場の胡適、章太炎現象は特例ではなく、清華大学出身が背景となっている文化的有名人の市価は一層激しく燃え上がるのであり、とりわけその四大導師の中の（趙元任を除く）梁啓超、王国維、陳寅恪三人のものに対する市価はより一層燃え上がって冷めることがない。「市価」の二字が「文化的有名人」の上に置かれると、実際殺風景であり、「文化」という言葉の荘厳さを損なうことがある。しかし現在、文化的有名人の市価、競売は群衆が基礎となっており、少数の人が組織的に引き上げるのは「炒作」すなわち価格つり上げであり、衆人が追いかける現象はかえってウェーバーが言う「社会的事実」すなわち社会的趨勢なのである。「文化」と「市場」との複雑な関係は道徳的であることはできないし、また不道徳的であることもできない。「文化市場」という言葉はひどく常識を超えていて、「義を大事にして利を図らない（正其誼、不謀其利）」という董仲舒が見ればきっとひどく怒ったであろう。しかし「文化市場」の現象は全世界に広く拡まっており、言語、族群、宗教の違いなどを区別すること無く、あらゆる文化の場所にはかならず文化の市場があるのである。このような大衆の流行語は（まるで実体のない）蜃気楼に留まることはできず、従って民国ブームが引き連れる文化市場での市価こそが、ただ社会的事実であることができるのである。

清華大学の文化的有名人が人気を得てきたのは、十三億の人口が共に民国ブームを煽ぎ立てるようになってからである。十三億の人口が反映する集団感情はまた（中共専制下の中国の）現実に対する批判を屈折した形で反映しており、この声なき批判は中共当局がかれらに民国の意義を正視できなくさせているることに向けられている。中共公式の正統的論述に依れば、「民国」はとうに歴史的範疇になっており、それは一九一二年の元旦から一九四九年の九月三〇日までである。「宇宙の詩人」である毛沢東が天安門広場で中華人民共和国の成立を宣布した時、「中華民国」は即座に過去のものとなってしまったのであり、それと共に、民国文化―民国学術も「文化遺産」「学術遺産」となってしまったのである。遺産は理論上継承すべきものであり、少なくとも批判的に継承すべきであるが、しかし「全世界の無産階級は連合しよう」というスローガンが空の彼方にまで響き渡った時、「民国学術」といったこの学術遺産或いは文化遺産は封建的なるもの、或いは買弁的なるものとならざるをえなくなったのであり、それは結局、継承されるよりもはるかに超えて（否定されるべきものとして）批判されたのである。

（中共の論述によれば）民国学術は、中国の歴史上、きわめて特殊な一時期のものであるが、私たちがもし一九一一年の辛亥革命、それにつながる、それ以前の一九〇五年の科挙の廃止や、一九一九年の五四運動に思いを致すなら、この（一九〇五年から一九一九年までの）十四年間の変革の激烈なことは、秦漢以後のいかなる時期よりも遙かに超え出ている。民国学術はまさにこの空前なる狂風暴雨の環境の下で生育し成長した学術であって、その学術の成績をどう計算するかはしばらく措くとしても、しかしその歴史的役割は早くから設定されており、この学術の最大の特色はまさに新旧の学術、あるいは中国の学術と西洋の学術との交流なのである。この交流期間中の重要な人物は通常旧時代の学術を継承し新時代の学術を開創する能力を具えている必要があるが、あれこれ考えて見ると、清華大学の四大導師の中の（趙元任を除く）梁啓超、王国維、陳寅恪こそはまさしく新旧文化の要素を一身に集めた典範なのである。

もし民国学術が中国の歴史上ほとんど全く無きも同然の文化的奇花であると言うなら、一九四九年の共産革命も中国の伝統に徹底的に反対することにおいて、中国の歴史上ほとんど全く無かったほどのものであり、同時に西洋の伝統に徹底的に反対する力である。一九四九年の革命は辛亥革命と五四運動とを継いで興り、それは両者の成果を継承しつつ、また両者を否定する力にもなったのである。しかしな

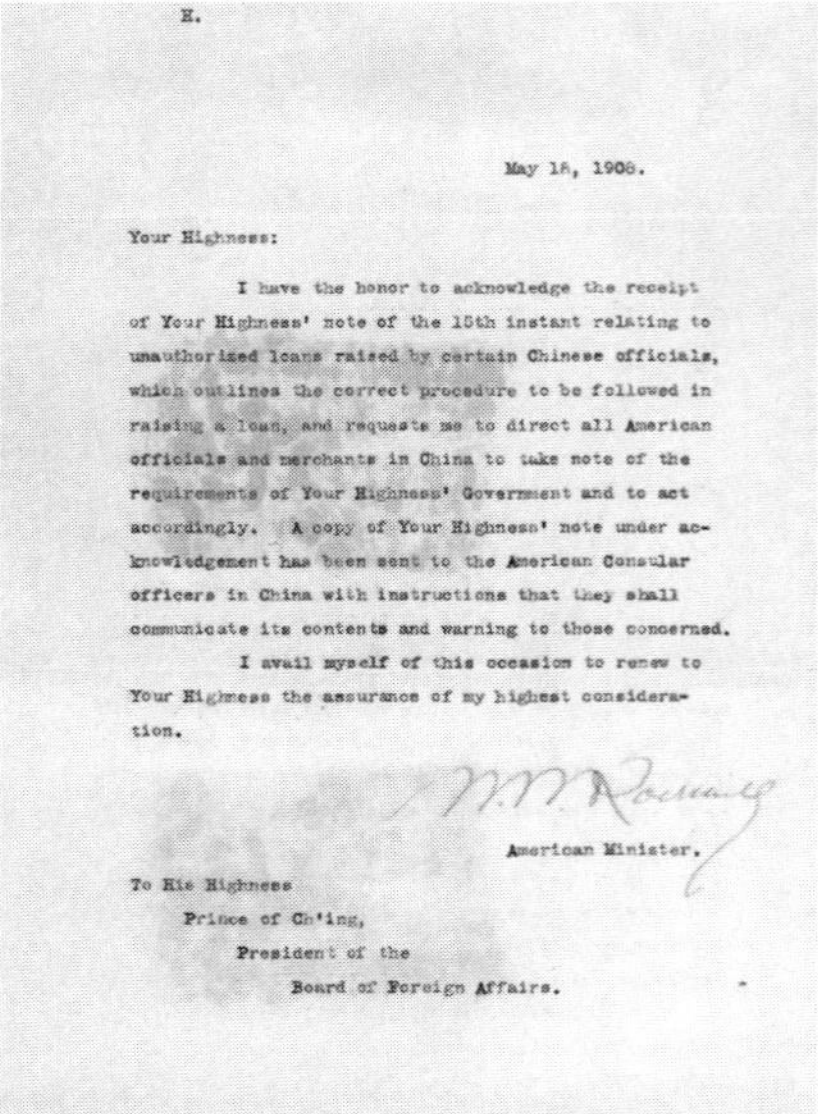

H.

May 18, 1908.

Your Highness:

I have the honor to acknowledge the receipt of Your Highness' note of the 15th instant relating to unauthorized loans raised by certain Chinese officials, which outlines the correct procedure to be followed in raising a loan, and requests me to direct all American officials and merchants in China to take note of the requirements of Your Highness' Government and to act accordingly. A copy of Your Highness' note under acknowledgement has been sent to the American Consular officers in China with instructions that they shall communicate its contents and warning to those concerned.

I avail myself of this occasion to renew to Your Highness the assurance of my highest consideration.

W. W. Rockhill

American Minister.

To His Highness
Prince of Ch'ing,
President of the
Board of Foreign Affairs.

これは清華大学交友が清華文物館設立準備処に捐贈した葉公超の書画と筆者が捐贈した米国駐清公使ロックヒルの手紙と封筒である。ロックヒルは米国が庚子賠償金を清国の教育事業に用いることに努めた人物である。

がら、（共産革命の力が）民国学術の主要な内容となった文化の伝統的価値と自由主義の理念とを抹殺できると想像するのはきわめて困難である。陳寅恪は王国維への挽歌に「独立之精神、自由之思想」と記したが、「独立」と「自由」とは既に自由主義の語彙ではあるものの、しかしまた儒家の大丈夫の理念を現代語訳したものでもある。陳寅恪、王国維、梁啓超といったこれら幾人かの旧清華大学の学風を創始した人々は、ヘーゲルがナポレオンを「馬の背に跨った世界精神」と賛美したような意味での「世界精神」なのであり、かれらが代表する文化的伝統と自由主義思潮との交流の意義は、（共産革命が行われた大陸では）一九四九年より後、基本的に消えてしまい、少なくとも声は消えてしまったのである。

中共の改革開放以後、もともと声が消されていた民国学術は急に紆余曲折しつつ種々の方式で頭を出してきて、中国の全体としての国力が急上昇するにつれ、民国学術の意義も水が漲ると船が浮いて高くなるといった具合であるが、民国学術の有名人の文物の競売価格はまさに普通でありまた実質的なところである。清華大学の同窓生がこのたび董作賓、羅家倫、葉公超といった旧清華の学者の書跡の手稿を寄贈されたが、この最大の意義は、まさに民国学術の再確認であるはずであり、また清華大学が新旧学術の転換期に演じた交流機関としての役割に対する一歩踏み込んだ肯定である。台湾の立場から見ると、民国学術は過去の方式では全くなく、旧方式に依りつつ新方式へと転化し昇華している過程にあるが、というのも、台湾の人文学術の大きな本筋はまさしく民国学術の継承者であるからである。歴史の未来は予測すべきではないが、しかし私が信ずるところ、民国学術の継承と深化とは、単に台湾の学者の立場だけではなく、それは出来るだけ早く全体の華人の学界の共通認識にならなければならないであろう。学術にはおのずとそれ自体としての論理があり、理性的に長い目で見れば、歴史の進歩を動かす力がおのずと具わっているのであり、政治は、とどのつまり、理性的力を代表する学術のために従事すべきものなのである。

（この文章は、二〇一五年二月一二日に清華大学が挙行した「文化会、清華名人手稿文物暨特蔵文物発展基金捐贈儀式」での発言稿である。）

後人の補充を待つ

この展覧は全部で（1）中国儒者の墨跡、（2）日本儒者の翰墨、（3）日華交流書画、（4）台湾の書画、（5）巡撫、総督及官僚の墨跡、（6）民国の檔案、という六つの小題に分けられている。題目はいかにも広すぎ、方向が四つに分かれ、分類にも些かまとめにくいところがある。しかしポスターの標題である「東アジアにおける台湾――文化の動脈と思想の脈動（台湾在東亜――文化的動脈与思想的脈動）」を仔細に見れば、読者はおおむね本展覧会の特色を見出せるであろう。それは台湾に立脚しつつ、東アジアを範疇とし、文化史、思想史を脈絡とする収蔵展なのである。

出展しているものは多種多様であり、一つの脈絡があるとは言っても、しかし視角はやはり容易に分散してしまうであろう。本展覧がこのように羅列的になってしまったのは、まさにこの展覧が一般的な、芸術が主題のものではなく、かえって一層広大なる構想のために設けられたものだからである。本展覧の副標題は「清華大学博物館の誕生を促し誕生に先立って開催される展覧会（清華博物館催生預展）」であるが、「催生（誕生を促がす）」には二つの意味があり、一つは、「催生」された者がまだ生まれていないことを表示しており、二つ目も、「催生」された者は生まれなければならないということを表示している。キャンパスの中に博物館を設けることは学校の一大事であり、当然全校の教師学生の同意を得なければならず、成立するかどうかは、当然ながら共同で決定しなければならない。だから真正なる「催生者」は本校の教師と学生であって、これらの展示物はただの手引きであり、時宜に応じて至った「増上縁」すなわち有力な助勢と視ることができる。校内博物館の収蔵品と学校の発展とは呼応しているので、そのため展示品はあまりに単一であってはならない。ひどく単一であれば明らかに教学の需要に役立たないし、しかしまた、あまりに複雑であるわけにもいかないのである。ひどく複雑であれば容易に特色を失ってしまい、反って所蔵品の脈絡を遮蔽してしまう。本展覧品のスペクトルはかなりの複雑さを表しているが、（過度に複雑ではない）その原因はここにある。

本展覧の名称は「東アジアにおける台湾――文化の動脈と思想の脈動（台湾在東亜――文化的動脈与思想的脈動）」であるが、東アジアについての論述がしだ

清華大学の教師と学生は2008年末に仮設の芸術センターで「台湾在東亜：清華博物館催生預展」を行い、多くの心ある人々が資金や文物を寄付してくれることを期待した。６年後、国立清華大学初代校長羅家倫の遺族は故羅校長が生前珍蔵していた明版の書籍271部と関連文物を国立政治大学に捐贈した。

いに盛んになってきた今日から見れば、正確な字義での政治的意味あいが多少あるであろう。しかし筆者が二十年前に収蔵に足を踏み入れ始めた時、その着眼点は東アジア儒学の視角であった。東アジア儒学という観点は一国の儒学という観点に対するものとして出てきており、その本質は文化的脈絡を重視するというものである。私の考えの中での東アジア儒学というのは既に事実の概念であり、また規範の概念である。儒学は従来ただに中国だけのものではなく、それは少なくとも東アジア文化のきわめて鮮明な特色である。もし共同の東アジア文化というものがあるなら、その核心的要素は、どれだけ削減したとしても、儒学はきっと最後までその名票に残る要素である。（大陸中国こそは唯一正統の国家であり、大陸中国の文化こそが唯一正統の民族文化であると考えようとする）一国民族主義の角度から儒学を見ようとすれば、儒学を損ない、また台湾を損なってしまう。台湾の位置は東アジアの海と陸との要衝にあり、大陸の東沿であり、また海洋の西沿であり、中土政権の辺陲であり、また「華と夷と」が交流する前烽である。台湾には豊富な文化的堆積があり、また重層した文化を十分に転化する機制を具えていて、その文化は当然ながら「複数のものが調和したものではあるが、単一のものだけでなる同一なるものではない（和而不同）」のである。私はここに生まれ、ここで成長し、私の思いは自然に風土性を烙印しており、台湾に立脚した儒学という思いはこうして展開したのである。

台湾の地理的位置と歴史的変遷とが台湾の性格を決定しているのであるが、私から言わせれば、儒家―漢文化という要素の無い台湾文化についての論述というのはきわめて奇怪なものである。しかし、懐古的、閉鎖的、血縁的な儒家民族主義の台湾文化についての論述も同様に人を耐え難くさせるものである。文化への一体感は結局心の奥底の感情に根ざしており、完全に道理だけで争うことはとても難しく、また完全に事実だけで弁ずるのもとても難しい。現代社会においては、宗教、或いは文化への一体感はすでに大きく変化して「真理はそれぞれが表述する」こととなっており、個人の最終的思いが変化して公衆の議題になるべきだということには必らずしもならないようである。しかし私の収蔵と私の理念とは関わっており、私はやはり表明せざるを得ない。私の信ずるところ、開放的な儒家の価値体系には素晴らしいものがあり、またそう信ずるのであるが、台湾は歴史の命運の中で絶好の機会にめぐまれており、そして儒家の文化はその真っ正面の要素なのである。私は信ずる、だから私は存在するのである。「私は信ずる」とは、まさしく私のこの芥子粒よりも小さい体が了解できた唯一なる天命であるが、私は決して選択することなく、この身心の奥底からする声の叫びを受け止めることができるだけである。儒家（の文化）を台湾（文化の核心）に加えること、両者の有機的な融合の為に私は菲才の力を尽くさなければならない。

私は切望する、学校には素晴らしい博物館があること、を。また希望する、完全なる陳列のこと、を。またとりわけ希望する、博物館の所蔵品の質がさらに一層高まること、を。これができない場合、私は表明するが、自分の力の限り援助を提供し、実現を促したいと願うものである。だがまことに遺憾なことに、短期間には恐らくそうならないであろう、だから私はただ学校に希望するだけである。『史記』（「滑稽列伝」の冒頭）には、淳于髠が言った話を記載している。ある農夫が土地の神様をお祭りするのに一本の豚の蹄と一杯の酒という貧粗な供え物を携えただけで、かえって車に一杯、畦に一杯、家に一杯の収穫になるようにと要求したが、この祝詞が後世に伝えられて天下の笑い話となったのである。私の能力には限りがあり、虎の食欲に兎の食料であり、東の塀を掘っては西の塀を補い、太平盛世の公務員の身分なのに落ちぶれて資金が枯渇した資本家が銀行が閉店する間際の午後三時半に駆け込むような生涯を送っている。しかし収蔵の成果は、期望に較べてこれほど多く遠く及ばないのに、学校に対してはかえってあんなに高い要求をもつなど、また遠く「比例原則」に符合しない。個人という面から言えば、私は人徳もなく能力も無いのに、望みが高遠なのは、まことに問題である。しかし公的領域という観点から言えば、清華大学の台湾及び華人社会における地位からして、もし人々が本校に対し美感を抱かせる公共建築や特色ある文物の典蔵を持つことを切望するなら、こうした希望は非常に理に適っているのではなかろうか？

私が思うには、わずかに理に適うだけではなく、是非とも必要なのである。清華大学が台湾に設立されて既に五十年であるが、五十年の清華大学と五十年の台湾の歴史の歩みは、歩みを同じくしており、命運も交錯している。見通せる将来において、この共同体の命運は改変できないであろうし、また改変すべきではない。しかしながら、五十年の清華大学はすでに艱難辛苦の歴史を歩んでおり、また台湾人民と共同で歴史を創造してきているのに、かえって歴史の記憶を大事にしようとしていない。歴史の記憶を大事にしようとしていないために、「吾土」「吾民」に対しても堅強なる承諾（あるいは自信）が無いのである。（当今）私たちのキャンパス文化は権力者が撃ち放つ学術課題の砲火にあまりに追随し過ぎており、清華大学で関心を集め沸騰する議題は結局「国際化」ということであって歴史に対することではないであろう。私たちのキャンパスの建築で重視される実用性は文化性よりも永遠に大きく、現存する建築物に歴史の証人となれるものは算えるほどの数もない。歴史の証人となりうる建物は夙に清華人の夢の中の記憶と化してしまったのである。清華大学は既にこの島嶼で根を生やしたのであり、その誕生の歴史的背景がどうであれ、それは現在すでに台湾に立脚した一つの重要な華人の学術の重鎮である。学術の重鎮には結局それなりの最低の設備があるべきであり、それは結局それなりの人文精神の雰囲気があるべきであること、またこれに相応じた「物」の典蔵、すなわち自筆稿本、文書資料、書画、建物などがあるべきであることである。国外の一流大学（甚だしくは一流とは言えない大学）はみなこのような条件を備えているのではなかろうか？

この展覧は、「展覧」と言うよりも、「呼びかけ」と言った方が良い。それは身を容れることができ、恒久的に存在しかつ心を遊ばせ目を賞でさせることができる公共の建築物の建築を呼びかけ、その公共の建築物はまた、幾つかの忘れがたい名品を招き集めることを呼びかけるであろう。それは、この身に道が成就することこそ（人間教育の最終目的とする儒家思想の実現こそが）清華大学の真実の内容であることを（教師学生のすべてが確信するようになることを）首を伸ばし、つま先立って、ひたすら希望することである。素晴らしい建物に素晴らしい陳列物を加えることで、それらは手を連ねて清華の公共的相貌を造るであろう。故宮博物院の最近退職したばかりの先輩学者がかって私に言い聞かせてくれたのだが、「一時の間に、完全な博物館が、予定期間通りに完成できるなど、見ることは出来ない。だから目標としておいて他日を期すのが最も好いのだ」。この尊敬すべき長者の話には道理があり、私もまた受容できる。というのは私が信ずるところ、清華大学が台湾に存在する情況が変わらず、儒家―漢文化を台湾文化内部の核心要素と見ることが出来るということが変わらず、私たちの理想のキャンパス文化になお切望することがありさえすれば、これら展示品の呼びかけに、早晩きっと呼応して博物館の建設が現実になるであろうから、私たちは合理的に切望し待機し準備することができるのである。

（この文章は清華大学の「台湾在東亜・清華博物館催生預展」（二〇〇八年一〇月二八日～一一月七日）におけるパンフレットの前言である。）

清華門の番茉莉

歴史に登場する人物が歴史的人物となるのは、往々、きわめて偶然である。もし彼に象徴となるものがなければ、かれが歴史的人物となることは不可能である。そしてかれが象徴となることができたのは、必ずやある一つの意義の下で、かれが群衆の心を牽き動かし、かれらの意識の共同の琴線を奏でたからである。群衆は、歴史的人物の身に、民族あるいは人類の普遍的命運、すなわち受難、屈辱、不正義、死亡などを見るのである。当然、真正面からの積極的肯定的なものも象徴となる可能性があるが、しかし苦難は霊魂のより一層深層にある要素であり、それは更に容易に群衆を呼び覚まし歴史と自己の本来の面目をはっきりと認識させる。孫立人に対して私はまさしくこのような見方をしている。

孫立人の中国近代史上の地位はすでに確立している。かれは、（抗日戦争における）雲南ビルマ戦線での軍功と五〇年代初期における台湾での建軍運動、甚だしくは（三〇年代後半の上海事変における）淞滬戦線での意義がとても小さい負傷、及び戦後の（中共軍と雌雄を争った満洲）東北戦線での是非恩怨など、これらは一つ一つ伝奇となったのである。メディアの我が物顔の報道と群衆のひたすらなる補償心理を通して、この伝奇の規模はすでに非常に拡大し、孫立人の形象も少なからざるほど大きくなってしまっているが、その中に真実の裏付けがどれだけあるのか？　その中にあれこれの情緒や欲望の投影がどれだけあるのか？　恐らくすっきりと分けることは非常に難しいであろう。歴史的人物は当然歴史的事件と結合しており、淞滬戦役は歴史的事件であり、国民政府が撤退して台湾に来た当座の種々の軍事活動も歴史的事件であって、これらの歴史的事件は一方で、無数の庶民と将兵の一家の生命や財産を葬り去ったのであるが、しかしまた一方で、人々を讃歎させ悲嘆させ悲喜こもごもにした少なからざる歴史的人物を造り上げたのである。孫立人はこれら歴史的人物の中で重要な一人であるが、しかし単にかれのこれまでの功勲によるだけでは、かれが未来の国史の中に単独で立伝されるかどうか、恐らくなお未定であろう。しかしながら、孫立人（に対する評価）は結局同時代の絶対多数の政客や軍人たちを超越しており、彼が次々に沸き上がって打ち寄せるような歴史的事件に呑み込まれてしまうことが無かったのは、彼が歴史によって象徴とされたからである。そしてかれが象徴になることができたのは、いろいろの要素が寄り集まったからである。すなわち冷戦体制下での全面的な検察粛清の政策、政治的人物が血を見ることを好む本性、孫立人の上位者に対する不屈の意気込みと下位者に対する尽きせぬ慈愛とが混合した独特の性格、それに大変遷の時期にあった台湾が必要とした「典範」人物、これら諸縁が寄り集まって、ここに孫立人が時代の苦難の一つの代表となったのであり、かれが背負った苦難は全台湾人共通の苦難であり、かれの有罪取り消しは全台湾人を繫いできた枷鎖の解消と見られたのである。秘やかな中にも、台湾人は孫立人の身に岳飛の影を見ていたのである。

孫立人の巨大な影響とかれが国民政府の来台初期に占めた地位とは分けることはできず、事件発生以前、かれは優れたものを取って広く用いるという具合で、その影響力は台湾の島の隅々にまで及んでいたが、事件発生の後は、後からの作用が自然に行き渡っ（てその影響力はほとんど無に帰し）たのである。まだ覚えているが、かれは嘉義の蘭潭で兵役についていた時、営区の士官長が言うには、かれらは（大陸沿岸に近接した）舟山島から引っ張られて台湾に来たのであって、かれは故郷を離れて前途茫々、軍官訓練班になかなか参加できず、できれば兵士から役人になり、生き方を全面転換したいと希望していたのである。いかんせん、その時の訓練長官は孫立人であったから、孫の事案がひとたび発生すると、かれらはそれまでの成績を一筆で抹消されてしまい、以後の昇進や異動も一律に凍結されてしまって、士官長として一生を終えられただけであった。孫立人の名義の下で訓練を受けた士官や兵士はきわめて多く、この士官長が遭遇した運命と類似した者は決してほんのわずかではなく、山海のいたるところ、多くの者は孫という記号（姓）の下でいかんともしがたい生霊となったのである。この大群衆の中の下層大衆の悲嘆離合が冷戦時期の台湾社会の意義のネットワークを織りなしているのである。

孫立人をめぐってどれだけ凄涼な物語があるか分からず、物語の真偽、是非が完全に見通せるかどうかは必ずしもわからない。偉大な人物とて結局偉大ならざる一面があるわけで、私の信ずるところ、蒋経国、陳誠、杜聿明の目からすれば、別の違った孫立人が見えたのであろう。（評価についての）議論は尽きていないのに、強引に解釈を決めてしまおうとする、これも歴史的人物というものの特性であるが、実に多くの異なる孫立人があるのは、まさに台湾社会に各種の違った歴史的経験をもった人々が一緒に集まっているからであり、それぞれの一つ一つの経験はすべて独特のもので、どれ一つとして欠くわけにはいかない。それぞれの経験が放射する意義、（放射する）光源は、みなこの島に元気に生きる大衆に更に好く歴史の奇特なこと、生命の奥妙なこと、相互に同情することが必要であることを会得できるようにさせるのである。

孫立人と清華とは関係が特に深く、かれは旧清華を卒業し、その児女も多くが清華で学んでおり、（北京の清華園にある）水木之園についての回憶はきっと彼が幽憤の生活を強いられた歳月の中で最大の慰めであったろう。冤罪が晴らされた後、かれは清華に書物を贈り、清華に奨学金を寄付したが、清華の学校当局はいかにも上品で礼儀正しいだけの返礼で応えたのである。これに比べると、孫将軍はなんとも心情溢れるばかりだ！　と謂うべきであろう。先週、図書館中庭の清華門を通り過ぎた時、孫立人が贈ってく

孫立人は（国民政府に）軟禁されていた33年間、花の種をまき蘭を栽培して自適の生活を送った。1988年、87歳の高齢で名誉が回復された後、国立清華大学に手植えの番茉莉一叢を送ってきた。清華大学当局は学校の中庭にある「清華門」の前に植えた。現在、門の前の番茉莉はすでに見えず、艶麗な仙丹花に改められている。将軍ひとたび去って、茉莉飄去せり、奈何ならん！（この写真は蔡錦香さんの提供）

れた五色の番茉莉が一〇月の小春日和の中、紫と白とが混じった小さな花をついに密やかに咲かせていたのである。齢《よわい》百歳になる将軍が寒中に咲く花を送ってくれたのであるが、これは結局どんな意味を伝達してくれているのであろうか？（『碧巌録』第四十則「南泉一株花」の「本則」に見えるが）陸亙大夫が南泉和尚が話すのに会った時、禅師は庭の牡丹を指して「大夫、今の人はこの花を見ているけれど、夢とそっくりだろう（大夫、時人見此一株花、如夢相似！）」と言ったという。茉莉は牡丹ではないし、将軍は禅客ではない。だがこの二つのことには、つまりいくらかの類似があるであろう。そよ風の中、やせ細った番茉莉の花が中庭の別のところのガラスを嵌めた門が反射した陽光をゆらゆらしながら仰ぎ見ているのを目にすると、私の心の中にある疑いが自然に湧き出てくるのである。「この花は結局どのような消息を訴えようとしているのだろうか？」

（この文章は二〇〇三年に清華大学芸術センターが挙行した「孫立人将軍特展」におけるパンフレットの前言である。）

後序一

中華を納めて台湾に入れる

王徳威
（中央研究院院士、米国ハーバード大学東アジア語言・文明系 Edward C. Henderson 講座教授）

楊儒賓教授は台湾における思想と文化史の学界で最も重要な学者の一人であり、新儒学の研究で特に重視されております。甲午戦争（即ち日清戦争）百二十周年に彼は『１９４９礼賛』を出版し、台湾の歴史を回顧し中華文化を縦覧する反省としました。この特異な書物がこの島の躁鬱定まらぬこの時期を選んで出版されたことはきわめて意味深長です。

一九四九は危機があらゆる場所あらゆる時期に潜んでいた年です。この年、共産党は大陸を席巻し、人民共和国を成立しましたが、国民党は台湾に退却し、この地を死守して、民国の命脈を延続しました。（台湾海峡を挟む）両岸はこれ以後対峙し、今日に至っても依然として（対峙の状態は）解けておりません。一九四九はまた（台湾が）全身に傷を負った年です。六十万の国民政府軍の敗残将兵が台湾に退却し、これを死守し、百万に近い大陸難民が命からがら海外に逃亡しました。そして台湾の住人は二二八の激烈な試練の後、ほんの僅かの間に、戒厳で騒乱の平定をはかろうという狂瀾の中に投げ込まれたのです。（事柄の実相は）人民共和国の論述とは全く違っており、一九四九が私たちにもたらした連想は、失敗、離散、恥辱、そして憂患なのです。

楊儒賓教授は、これら一九四九に関する記憶を理解するに当たり、かえって（一般通常の理解とは）別に道筋を拓き、違った見方を提出しています。彼は一九四九という年に（マイナスのエネルギーではなく）プラスのエネルギーを注ぎ込もうとします。

彼が考えるには、一九四九年がもたらした（大陸から敗退した政権と将兵、そして戦禍と共産社会とから逃避した民衆との台湾への）移住と暴虐とは、もちろん瀝瀝たる血の跡を残したのでありますが、しかし、大きな歴史の角度から見れば、台湾は因縁の巡り合わせを得て、かえって中華民族の文化の最も真近な「南渡」の終点となったのです。（中国の歴史に於いて、西晋末の）永嘉、（北宋末の）靖康、（明末清初の）南明は、たしかに国家の崩壊分裂の時代であるものの、しかし、（その折）北方の氏族と庶民とが大挙して南遷したことは、族群の交流、文化の再調整をもたらして、ついには南方文明を精彩あるものにさせ、北方を凌駕するまでにさせたのです。

台湾は非常なる時期に（常識からすれば）不可能な任務を負担したのです。北方の軍隊と民衆とを受け入れただけではなく、また各種の知識や文化の資源を吸収したのです。自由主義の民主的思考、儒家の礼学への憧憬、さらには植民地時代のモダン文化、これらがここで相互に激しく滾り合ったのです。たとい白色テロの恐怖時代にあったとはいえ、識者達は土着か外来かを問わず、かれらの理念を持続し堅持し続け、しばらくの後に、ようやく今日の、誰もが言いたい放題といった局面になったのですが、このことから楊儒賓は（切実に）反問するのです、もし一九四九が無く、台湾が無かったとしたら、今日共産党が統治する「中国」の文化は、一体まだ何を残しているのだろうか？　と。

台湾の政治は、（学生が主体となって馬英九政権がリードする行政院の在り方を痛烈に批判し、その後の蔡英文政権の誕生を導いた）「ひまわり運動」の後に、大転換がありました。〝反中〟が時流となっているこの時期、本土台湾の生まれで台湾を愛する楊儒賓は、疑いなく、皆の大反対を冒してまで、統一派も独立派も共に歓迎しないこのような文章を

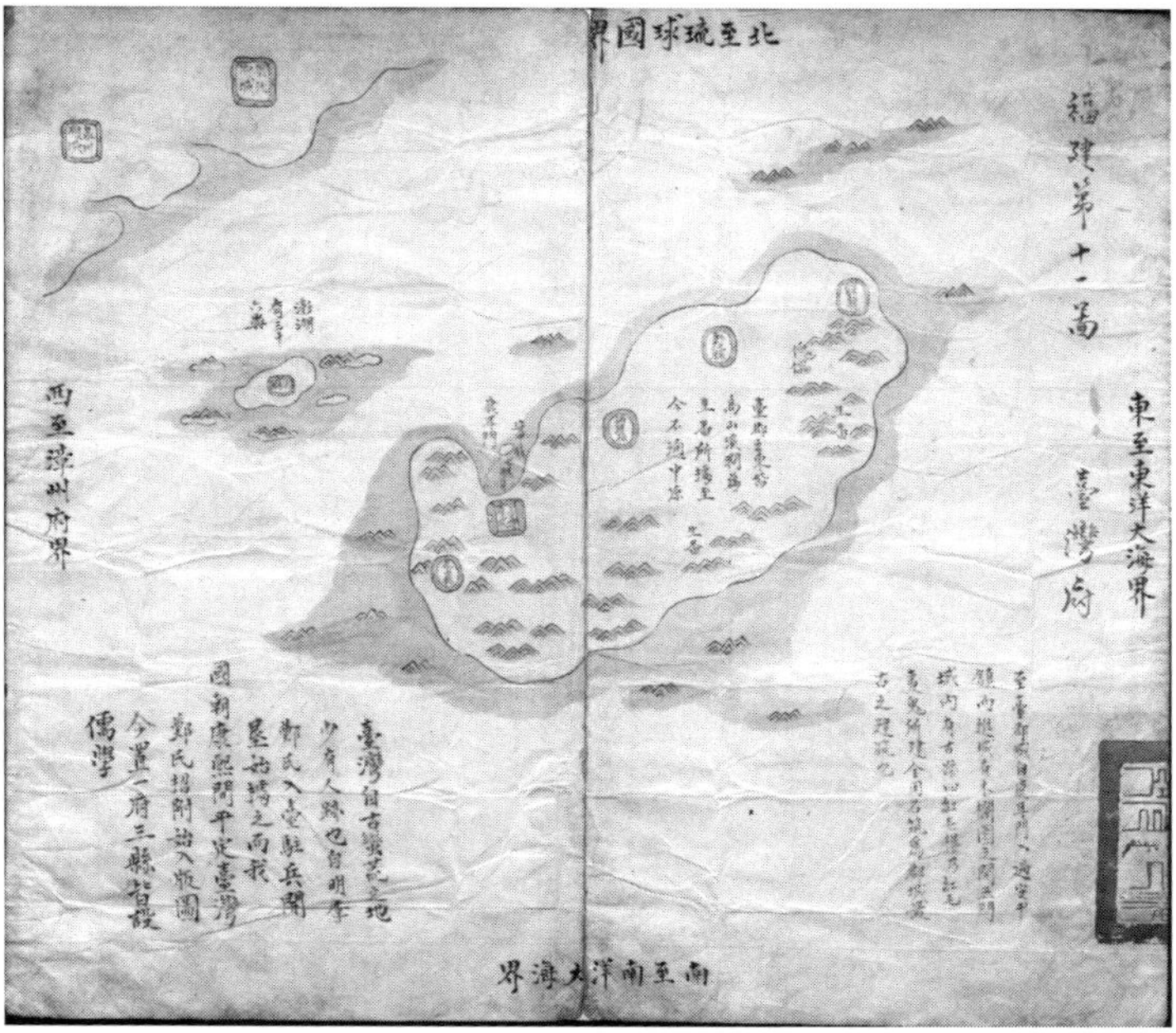

台湾府地図。この図には一府三県を標す。当時台湾は福建省に隷属していた。康熙二十三年（1684）、台湾は一府三県を設置していたが、雍正元年（1723）、台湾の行政組織が改められ、一府四県二庁となった。この図は康熙年間に描かれたもの。

書いたのです。彼は少なくとも三つの禁忌に触れています。彼は、一九四九を「礼賛」し、台湾を崇戴して「南渡」文化の終点だとし、厳然として台湾を大中国の歴史の脈絡の中に置いたのです。これは台湾の「主体性」を死守する忠臣義士達の心情からすれば、どうして堪えられるでしょう？　次に、楊儒賓の見るところ、中華民国政権に、たとい数多くの不正があったとしても、しかし、台湾のために政治的実体となる国家観念、主権意識、文化的伝承に確固たる基礎をもたらしたのであり、たとい、反面教材として視るにしても依然として貢献するところがあるのです。こうした論点に、中共政権は必ずや正視せずに反対するでしょうが、独立派人士は更に一層、これを忍べるなら忍べないことなど無い、と怒り心頭に発するでしょう。

同様に論争を引き起こすのは、楊儒賓が、儒家が蓄積してきた人文願望と「東アジアの民主」というモデルを強調するのですが、それは一九四九年以後の台湾には秩序がほころびてしまう可能性があったからだ、とするのです。これに対し、種々の時流を追う同僚達は彼を保守だと排斥しようとするでしょうし、また（大陸政府肝いりの）「孔子学院」が地球全体に汎濫している今日では、彼の立場も、また、まるで左派が支持し右派が排斥するでしょう。

しかし『１９４９礼賛』を仔細に読めば、読者は、楊儒賓の論述が上述の理解よりはるかに複雑であることを、きっと分かるはずです。私たちは彼の論点に疑問を提起することが出来ますが、しかし彼の用心を忽せにはできません。（そこで『荘子』「逍遙遊」に見える）「俎を越えて包に代わる」というわけですが、私は（楊儒賓の）上述の論点を理解して以下のように三つにまとめ、これらに対して逐一反論することにします。

楊儒賓が一九四九と「南渡」とを語るのに対して、批判者は、彼が大中国文化に対して忠誠を尽くしていると視ることができるとしますが、これらの批判者は自らが「中国」に最も忠誠な人間であることにまるで気づいていないのです。彼らの眼には、ただ（『論語』「里仁」篇に言う）「一以貫之」の「中国」が見えるだけだし、またそれが無限に広がっていき、そのため、愛情と怨恨とが交錯する心情から抜け出せないのです。楊儒賓が提供する視野は、「中国」の伝統の継続性を強調することを説くのは、「中国」の伝統の断裂性に目覚めると説くのに及ばないとするものです。国家となった政治的実体としては、「中国」というのは現代の発明であり、その歴史は一百余年に過ぎないけれども、しかし、文明が派生していく一種の過程だとすれば、「中国」の雑駁性と分裂変化とは、千百年来、未だかって停止したことがないのです。

私が思うには、「南渡」を事件とした場合、それ自身すでに歴史、文化、政治の質的変化を伴っています。もし「南渡」が中華文化の一部分であるなら、つまり、中華文化内部の派生や変異、断裂、寄生、再生、甚だしい場合は絶滅の可能性さえも秘めているのです。楊教授の批判者は、（共産党系の）紅色、（国民党系の）藍色、（民進党系の）緑色という違いがあるにしろ、（楊儒賓の）古典的な一統史観に困惑しており、この論述の大転換の意義を願いもせず我慢して取り扱うこともできないのです。許倬雲、葛兆光などの学者は、華夏文明の中では、華と夷、漢と胡の消長は昔からそうだったと近年再三提示しています。五胡が中華を乱した永嘉の乱から後、中国北方では四百年の胡人統治があって、華夷の混雑など言うまでもないし、南下した漢人が南方の種族の文明を吸収し融合して思いもよらない果実を不断に産み出したことや、靖康の難より以後、南北の人口が大移動して、南方の気象が一新したものの、北方の燕雲十六州などの地域では、八百年間、華夏の「正朔」に属さなかったと言うのです。しかし、蒙古の元朝と満族の清朝といった「外来政権」が全大陸を統治したことを指摘することはありません。(註)

あちら側の大一統の論述が天地全体を包みこむように（海峡を越えて）やって来た時、楊儒賓は大一統の対立面について考えたのです。この対立面の中にどれだけの朝代、「国家」、種族と文化の興衰、起滅があったのだろうか？　思索に怠惰な者達が、統一論と独立論とを止揚しようとした観点など、そんなもののどこを正視したいと願うだろうか？　と。一九四九という時点で、歴史が陥落し、政権が変遷したことに、楊儒賓は、中華文明あるいはかれの所謂漢華文明がまた転換したことを見たのです。血腥い苦難の代価がすでに支払われてしまった以上、後から来る者達は、その傷痕と不義とを銘記し検討する以外に、更に危機を化して（前進への）契機としなければならない。これが楊儒賓の願いであり、また、彼が大中国史観を解釈し、解体する方法なのです。

だが同時に、楊教授の菩薩心は、「南渡」の暗黒面、つまり歴史上の南朝の命運は大半ひどいものだったことを遮蔽してしまいました。遠い昔のことは言わないまでも、一六四五年に清軍が南京城下に武力

（註）許倬雲『華夏論述：一個複雑共同体的文化』（台北、天下文化、二〇一五）。葛兆光『宅茲中国：重建有関「中国」的歴史論述』（台北、聯経、二〇一一）

をもって臨んだ時、南明の弘光帝のちっぽけな朝廷はまだ酒肉に溺れながら党争内紛に明け暮れていましたし、鄭成功が独力で台湾を開いたものの三代も過ぎないうちに子孫によって「清領」に送られてしまったのです。歴史が常識を超えていることはまさしくここにあり、知識人の願いと政治の現実との間の食い違いは従来こうだったのです。

これこそが楊儒賓に中華民国と一九四九とに直に向き合おうとする態度を身につけさせたのです。中華民国は現代「中国」の創始者ですが、識者が論ずるように、この政権は一方面で封建的皇帝権を覆滅したものの、かえってその領土主権と政治的合法性とを継承しており、中華人民共和国は実にこの矛盾を延き続けているのです。一九四九年に国民党は迫られて台湾に遷り、風雨にもまれる中で、政権を守り抜くことに全力を費やしたのです。七〇年代の後に、人民共和国が国際舞台に進入すると、中華民国の正当性はいよいよますます挑戦を受けるようになり、まして島内の自己決定意識の興起という挑戦を受けることになります。過去二十年来、統一派と独立派との攻防を経て、「台湾」の「必ずや名を正さんか」というスローガンが巷で騒然とする中、「中華民国」は既に幽霊と化したのです。

しかし歴史学者として楊儒賓は「想像の共同体」という理論に追随しようとは願わないのです。彼からすれば、中華民国が一九四九に海を越えてやって来たことが、島の人民にもたらした期待と傷痕とはまぎれもない経験でしたが、しかし、打ち立てられた「国家」の意識形態と統治理論の機制もまた一挙にご破算だというわけにはいかないのです。台湾にはかつて一八九五年に（三千年に一度咲くといわれる）優曇華が咲いたような台湾民主国がありましたが、その後、（日本帝国の）植民統治の従属物に淪んでしまい、台湾の政治が現代化する早い時期に、実は「国家」を訴求するという動力を欠いていたのです。一九四九年に中華民国政府が（大陸から逃れて）台湾に遷ってきましたが、（この政府は）流亡政権ではあっても、かえって軍隊と政教体系をともなっており、さらには国家主権の論述をもっていたのです。この論述（が台湾に与えたこと）の功罪は（『易』「繋辞伝」に）「仁を見る、智を見る」と言うように、見る人によって見方は様々でしょうが、常識を超えたものでありながら、かえって統治機制によって、ある世代の人々の「国家」に対する憧憬と実践とに形を与え刺激したのです。新国家の内容が（当初期待していたものとは）もはや変わってしまっていても、どうして怖れることなどあろうか、というわけです。

楊儒賓は、実を言って、反対し風刺する態度で中華民国の台湾政治に対する分裂と転化とがもたらした果実を見ているのです。歴史上の政権は、おまえが歌い終えたら俺が登場するぞ、という具合で、民主時代はとりわけそうですが、建国の大業にしろ復国の大業にしろ、それぞれ本来に拠るのだとするのも何の不思議もありません。しかし民国に対する反対者が無限に政治的原則にこだわり、新興の民族主義こそが天運にかなった呼びかけだとする時、すでに知らず知らずのうちに民国や、甚だしくは民国以前の歴史観と呼応してしまっており、台湾の主体は超越的存在となって、山河が再び落ち着く日に光明を輝き渡らせるのを待っているのです。それはすでに中国の漢族だという精神を呼び起こす神秘的な信号として掲げられ、また歴史の現実を反映した自然の結果だと解釈されています。それは既に先験的でありつつも、また後に作られたものです。このように中華民国が台湾島に経営した国家の想像は、結局最も不可思議な複製をもつことになりまして、幽霊がまた魂を取り戻したのです。

しかし楊儒賓の一九四九についての論述は決してここで止まりません。彼は、その年に海を越えて来たものは氷のように冷たい政権だけだったのではなく、豊富な文化的資源もあったことに気づかせるのです。その時、大陸ではマルクス・レーニン主義が制覇し、胡適、殷海光などの自由派の学者、徐復観、唐君毅、牟宗三などの新儒家の学者が、台湾で霊根を植える機会が無かったなら、民主というその後の果実を発展させることはできなかったのです。その他の文人学者、張大千、林語堂、溥心畬、台静農より以降、かれらがとにかく中国と西洋の文化的資源を持ち寄り、在地の民情や風土と結合したからこそ、始めて両者を兼収し両者を併存させる台湾文化があり得ているのです。

またまさにこの点において、楊儒賓は、一九四九が永嘉、靖康の「南渡」文化を継いでいることの意義を強調するのです。楊儒賓が更に関心を抱くのは、台湾文化がどうして独自の旗を立て、世間が一変した後に新しい局面を開くことができたのか、中華を納めて台湾に入れることができたのかということなのです。彼から言えば、新儒家の〝下を貞って元を啓き、根本に返って新義を開く〟という教訓は、依然として豊饒な意義を持っているのですが、更に重要なことは、新儒家は喪乱を経て、痛みが治まってから、何故痛みが起こったのかを反省し、儒家が民主化する議事日程をせまったということです。こうした立論は彼に対して、一方で清初の黄宗羲、王夫之などの「亡国」「亡天下」に対する思考へと遡らせ、一方で東アジア政治の新しい典範を提出し、西欧モデルと区別させました。

楊儒賓の立論には理想的過ぎるところがあり、また人に再考検討させる余地を残しており、（したがって）台湾本土論者の楊に対する批判は当然だと思われ、定式とするには十分ではありませんが、ただ注意すべきは、楊は、台湾を（共産政権の専制化に在る中国とは異なる）独自の位置をもつとしつつ、彼の心に抱く東アジア儒学体系を発展させようと希望していることです。彼の論理は、もし日本と韓国とがともに競って東アジア儒学の代表たらんとしているとすれば、台湾はまさにこの「国際」対話の過程から自ら外れる必要はないということです。何時の日にか自分で門戸を立てるのであり、そうでなければ、また日本や韓国を師法すなわちお手本とし、中華文化の域外における詮釈者となってしまうだけではないか？（というものですが）この論理には曲径を辿って幽玄に通ずるという素晴らしさがあり、楊教授の本土派の同仁はあるいは会心の笑みを浮かべることができましょうか？　とまれ、人民共和国の三十年前を回顧すれば、孔子を批判し、儒家を批判することを能事としていたのですが、最近の三十年は、身を翻《ひるがえ》して一変し、国内では「天下」や「王覇」を高言し、海外ではいたるところに孔子学院を建てまくっています。それに比べると、一九四九年以後、台湾で新儒家が命脈を保ち続けていることは、十分すぎるほど珍貴であることがいっそう明らかなのです。しかし問題もここから出て来るのです。儒学が悠久の歴史においていよいよ新しくなることの意義を推崇するあまり、楊儒賓は、まるで李沢厚先生の「楽感文化」論（註一）に呼応するかのように、儒学を凶を吉に変える素晴らしい方法だと見ようとするのです。

章太炎はかって唯識宗の「倶分進化」観を下敷にした論を展開して、私たちを覚醒させましたが、歴史における現代化の発展は、善と悪、苦と楽とを相互に生み出しますので、必ずや両者を等しく斉《なら》べて見なければなりません。（章太炎の）この考えを借用し展開すれば、悠長なる二千年の中で儒学が「倶分進化」してきている事実について、なお検討考察が待たれるわけでしょう。たとえば、一九四九年以来の台湾の新旧儒学の復興が「幽暗意識」を産み出せるかどうかの弁証（註二）は、まさしく一つの課題なのです。

『1949礼賛』は、改めて台湾の中華民国史に照明をあて、私たちが普段学習しつつも熟察してこなかった問題を剔《えぐ》りだしており、いきおい議論を引き起こしています。楊教授が自己の見解を表明するや、果たして一般の論調とは同じでありません。楊教授に反対する者の多くの言説（が出てくること）は予見できるものですが、私たちが関心を寄せるのは、政治的にあなたが上で僕は下というところでは二つの選択肢しかありませんが、しかし、知識人が研究し、論証する時には、かえって仔細に検討し尽くすべきであり、煩瑣を簡易に変えることを拒絶しなければならないということです。（大陸と台湾という）両岸の関係はこれまで緊張していますが、楊教授の用意は、両辺に分かれて討議することにあるのではありません。このような緊張感のある知識論の内容を提出することなのです。彼のやり方は私たちにすでに世を去ったパレスチナ人学者サイードがパレスチナ人とユダヤ人との千年の恩讐に直面して行った種々の観察と介入とを思い起こさせます。

しかし、以上のことがらの他に、私たちは楊教授がこの書に書き入れている別の歴史にも同様に注意するのです。というのは、一九四九に、徐復観が台中に来て、霧峰の林家の諸君子と往来し、台湾儒学

（註一）李沢厚『実用理性与楽感文化』（北京：生活・読書・新知三聯書店、二〇〇五）
（註二）張灝「幽暗意識与民主伝統」（『張灝自選集』所収、上海：上海教育出版社、二〇〇二）

と民主の種を蒔いたこと、原籍が山東の骨董商趙老と台湾本土の青年学徒楊儒賓とが忘年の交わりをもち、輸墨の因縁を展開したこと、清華大学が台湾に来て学校を復興し、（北京に創設された）水木の清華に竹塹すなわち新竹の風情を添えたこと、清華の同窓である孫立人将軍が世の辛酸をなめ尽くし、名誉が回復された後に母校に贈った五色の番茉莉が一〇月の小春日和の中に「紫と白とが混じった小さな花をついに密やかに咲かせていた」ことなどが記されているからです。……ここに楊教授の歴史に関する見識があり、また彼の深い心情があります。一九四九の「南渡」が（国権喪失という）欠憾から始まり、幾たびもの風雲の際会を経たことの、台湾に対する最終的意義は、道理からすれば、沈葆楨の語である「欠憾還諸天地」をもって有情の歴史を展開することでしょう。しかし（大陸に盤踞し）「強国」（であることを自認する中華人民共和国）が国境を圧迫する中、この時期島全体を覆う悪気と喧噪とを見回すなら、『1949礼賛』が流露する感慨が、人々に繰り返しものを思わせない筈がありません。

後序二

黄色の大地と藍色の太洋

陳怡蓁
（趨勢教育基金会董事長、執行長）

楊儒賓は私の大学の同級生で、私たちの学年は今でもいつも往来し、心から親愛の情を抱いています。同級生達は相互に、笑い合い、罵り合い、剔り合い、争い合って、これまで遠慮したことなどありません。しかし外部の人間に対しては、私たちはみな儒賓の同級生だと認めることを恥ずかしく思っていました。それは彼の白髪だらけの頭が私たち共通の年齢の秘密を漏らしてしまうことを怖れたからではありません。他の人々が私たちの学問もみな彼と同様に素晴らしいと誤解することを怖れたからです。

儒賓は第一志望で台湾大学の中文系に入学し、早くから青雲の志を抱いていましたが、数十年に及ぶ教育研究の間もその楽しみを変えませんでした。『楚辞』『老』『荘』『易経』からスイスの心理学者カール・ユングまで、彼の研究の範囲はいかにも深く広く、博引旁証ですが、つまりは独創的な見解で人々の心を啓発するのです。私はいつも好んで彼をなぶり、彼をからかい、彼と言い争っていたのですが、実はこっそりと彼の論文を拝読しては、まさしく「スッカラカランの自分だが、あなたの僅かの教えを受けて、たまった不明が瞬時に消えた（我腹無才、得三分之教、茅塞頓開）」という心地だったのです。ところが最近、突然、一山にもなる論文を送ってきて、書物を出すので私に序文を書いてくれというのです。（思いもよらぬことに）今度の論題は、相当に議論を呼び起こすもので、つまりは、発生してからまだ六十年も過ぎていない過去に起きた重大な歴史的事件なのです。

私は常々他人のために序文を書きますが、多くは呉人すなわち江蘇地域の人々の穏和な言葉遣い（つまり日本で言えば、関東以北のぶっきらぼうな言葉遣いではなく、上方風のものやわらかで婉曲な言葉遣いといったもの）を用いて、興の向くままに書いており、「一九四九論」といった地に投げれば音を響かせるような論述に序を書くなど、力不足であることを深く弁えています。しかし、彼にあやかる機会を放棄するのはもったいないないし、更に言えば、重量級の学者である王徳威が別に序を書く以上、私の序など当然観るべき価値もないし、また恥ずかしがる必要も無い、というわけで、かくて大胆にも（儒賓からの要請を）受けることにしたのですが、ただ同時に、穏和な口調の持ち味は保持することにし、また人々に同級生必ずしも同じ才能ではないことを知らせることにしたのです。

一九四九に説き及ぶ時、通常私たちが思い至ることは、「撤退」「遷台」「毋忘在莒」といった（敗残の）刀傷を帯びた（悲愴きわまりない）言葉ですが、儒賓はかえって別に見方を提示して、厳かに「礼賛」という言葉を用いています。

彼は一九四九年に焦点を合わせる時、かえって（『荘子』「逍遙遊」に見えるとおり）鯤魚が大鵬に変化して、歴史の悠久で広大な時空に天翔ける如く、私たちを私たち（の常識）と同様ではない視角へと導き、私たちに私たちとは一様ではない一九四九を見せるのです。

先ずあの黄色い大地に目を向けると、千年の歴史は千年の遷流であり、永嘉、靖康、南明以来、（主に）漢民族（に担われた中華文明）は早くから不断に南へと遷移してきており、台湾はおそらく遷移の終点と言えるのです。

次ぎにこの藍色の大洋、海洋上で最も麗しい福爾摩沙島《フォルモサ》すなわち台湾に目を向けると、四百年の歴史は四百年間にわたって海が百川を呑み込んできたということであり、不断に周囲の海からやって来た移民を受け入れてきたということですが、最も関鍵となるのは、一六六一年に鄭成功がオランダを駆逐して台湾に進駐したこと、（馬関条

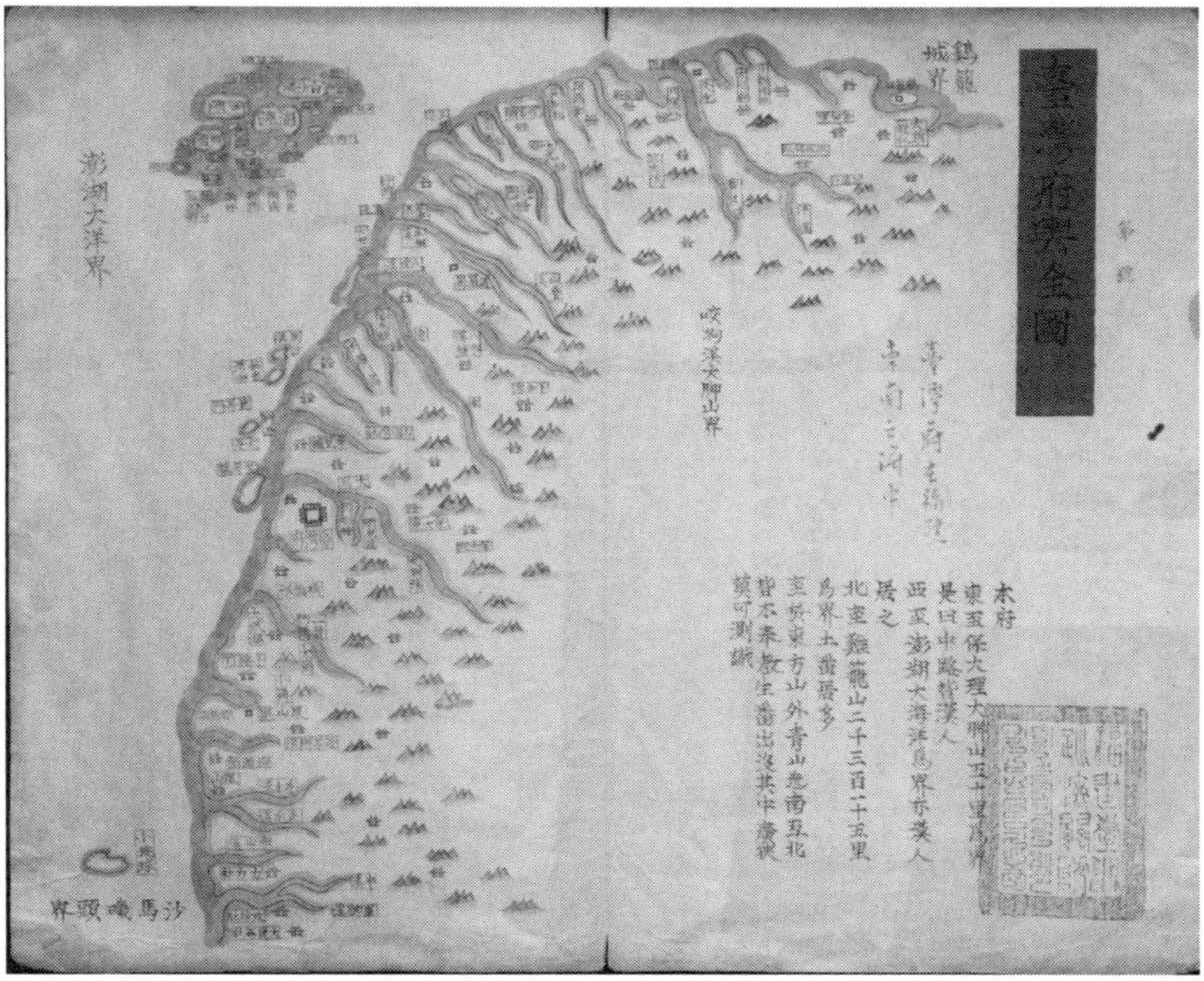

もう一つの台湾府の地図。描き方は精緻だが、年代はやや遅れる。上蓋に「福建台湾巡検関防」とある。

約の結果）一八九五年に日本人が台湾を征討し盤踞したこと、その後はまさしく一九四九年に国民政府が大陸で敗退して台湾に進入してきたことです。

黄色い大地と蒼海の島嶼とがぴたりと結びつくのはもともと既定の進行であり、また必然の命運でしょう。

島嶼（台湾）から言えば、そのたび毎の移民ラッシュはみな一種の侵入であり、（すべての先住者に対する）不可避的な威嚇を伴い、甚だしい場合は王朝交代の痛みがあったと見ることが出来ます。一九四九は政治面から言えば、その苦難はまるで間断することがなく、高圧的統治、二二八（の惨劇）、白色テロなど、簡単に忘れられるなどと一体誰が言えるでしょう？　しかしもし政治を離れ、角度を換えて文化面から見るならば、島嶼が得たものはかえって比肩できるものがないほどに燦然と輝き渡っているのです。多くの文官、学者、作家、芸術家、教育家が深厚な文化の根底と敗戦後の反省を抱いてやって来たのです。（漢文明という）法統を維持する為に建立された故宮博物院、中央研究院、中央図書館などなど、全く意外にも、台湾の一島嶼に偏った閩南（すなわち福建地域の）文化、（帝国日本の下での）植民地文化から一躍中華文化の主流へと躍り上がらせ、進んで影響を拡張して南アジアへと及ぼし、世界に伍して恥じないものにしたのです。

これこそは儒賓が「一九四九を礼賛」しようとする理由なのです！

（しかし）同級生である私としてはかえって心配しないわけにはいきません。中部台湾の農家出身で、清華大学で教鞭を執り、また（国民政府の専制的政治や共産中国による統一政策に対する）反対運動に身を投じたことがあるのに、儒賓の「礼賛」は、まさか「台湾を売る」という嘲笑を背負うことになりかねないのに、それを怖れないのだろうか？　と。しかし、幸いにも、書中で礼賛（という言葉の）の背後にこめられているのは、明らかに彼が苦心して独自に得た見地であって、彼は災難が伴ってきた歴史の機会を細述し、さらに台湾自体の創造力を肯定しているのです。一介の書生（である儒賓）が心底から直言するのは、ただに民主社会に益があり、歴史の長遠なる流れに恥じないようにと求めるからでありますが、（『孟子』「公孫丑上」に言うように、儒賓は）反対する者がたとい千万人いようとも吾は歩んでいくのです！

移民はもとより豊厚なる文化資産を伴ってきたのでしょうが、しかし、もし台湾人民の本性である堅忍寛厚がなければ、もし日本侵略下で密かに育っていた台湾の漢文化がなければ、もし長期間の受納が養成してきた胸襟すなわち度量と胃口すなわち何でも消化して下痢することなどない丈夫な胃腸とがなければ、（台湾は）どうして一体、このように突然やってきた大量の、重量の文化資産、そして多くの省からの多様な移民を受け入れることができ、どうして一体、このような満漢全席、すなわち卓上一杯に並べられた多種多様な文化のご馳走を消化できたでしょうか？

中華文化はこれによって台湾で再生し、また再び創造できることになったのです！　黄色い大地から来た根は強く張り、蒼海の逆巻く波濤に陥入するや、安定と冒険の間をぶち当たっては躓きながら、摩擦と了解との間を藻掻き転がり、ひたすら辛苦して、その結果豊かな収穫を得たのです。険しい環境の中で無数の花が錦のように咲き乱れたのです。新儒家、仏教、新体詩、民衆歌、郷土小説、現代舞踊、書法芸術、油絵、水墨画、京劇や崑劇、台湾在来の歌仔戯……、これらを見て下さい。無数の哲学思想と文化芸術が島嶼において百花斉放、さまざまに咲き乱れて、溢れんばかりとなって外部に伝わって行ったのです。

移植元の黄色い大地は中華文化を伝承させるために、（受け入れ先の台湾の状況に）順応し改変せざるを得ませんし、（受け入れ側の）蒼海の島嶼台湾は生存していくためにまた外に向かって開いていかなければなりません。このように一方で収納し一方で放散し、圧し曲げられ又脹れあがって、咲き出した民主の花は、バラの花や野ユリからヒマワリにいたるまで、次第に華麗になり、次第に鮮烈になりましたが、身に生えた刺はかえって次第に尖鋭になっていったのです。島嶼は兀然自在として存在しながら、波濤が沸き立つ中に翻転し、（中国の統一を掲げる国民党の支持者を意味する）藍色と（台湾の独自性を唱える民進党の支持者を意味する）緑色とはこれまで本当に和解することなど無かったのです。これは今日の台湾に存在する民主（の気風）と文化（の色彩）ですが、混血して一層強壮になったため、かえって両者は（近視眼的に）対峙することになり、遠くを展望する能力を失ったのです。

楊儒賓の一九四九論は私たちの膠着し（て動かなくなってい）た眼光を転回させ、私たちを導いて歴史（の過程と現実）に向かわせ、文化（の伝統と未来）に向かわせようとするものであり、あるいはこれによって心から釈然とさせ、痛みを受け入れさせ、ひたすらなる対立を放棄させようとするものです。こうして遠方を望み、世界を望めることができるようになり、すでに切迫している（現在の）局勢をはっきりとわきまえ、心を合わせて荊棘をなぎ払い未来に向かって大股で歩み出せるのです！

訳者あとがき

本書は、生粋の台湾育ちで、それなりの古い歴史を誇り最近の近代工業をも抱える新竹に盤踞する国立清華大学の中国文学系で、教授の重責を担っている楊儒賓氏が、自己の立脚地と自認する「漢人」「中華文明」「中華民国」「台湾」「清華大学」について、歴史的、比較文化的、哲学的に、一言でくくれば多角的重層的に、反省思索を深めつつ、その過程で得た結果を、論文、簡明な紹介文、講演原稿、対談での発言録といったさまざまな形式で発表してきたものを編集整理し『1949禮讚』と題し、聯経出版社から聯経評論の一冊として二〇一五年九月に刊行したものである。

楊儒賓氏は、大陸中国で共産党との政権争奪戦に敗れ台湾に逃れてきた中華民国政府が、問答無用の強権政治を施いてからしばらく後に、台湾中部の台中に居を構える農家に生を享け、爾後、悠久の歴史を営み博大な文明を生み出した漢人を自負する人間の育成を理念として掲げ、帝国主義日本の植民地政策による影響を一掃しようとした国民政府の教育体制の下で、初等から高等までの教育を受け、そうした修学過程の中で、おのずと、漢民族の栄光に満ちた歴史と事績を確認し、中華文明のもとで展開した文学、思想、芸術、宗教の精髄を掌握するべく中国古典学の専修を志すようになり、国立台湾大学の文学院中国文学系で修学、卒業し、義務兵役を終えた後、国立台湾大学の文学院中国文学系で碩士、博士の課程を修め、その後、韓国外国語大学の講師を経て、新竹の国立清華大学中国文学系に赴任、爾来、副教授、教授として教育と研究の重責を負い、中文系や大学全体の運営に当たるほか、台湾の中国文学（文学と哲学とを含む）研究の世界で学界を牽引領導している。

こうした楊儒賓教授は、自身がその両足で立つ、台湾、中華民国、清華大学の在りようについて、その現在を的確に把握し未来を確実に展望するために、過去、現在、未来の三時はもとより、時、処、位の三点をも一点に凝縮している「当下」すなわち自己がおのずから在るがままに在るという自覚のもと、従来のように、渡海遷移してきた中華民国政府の強圧的施政方針とその甚大で深刻な被災者である台湾民衆の苦悩とにもっぱら焦点を合わせるという視角ではなく、まさにゲシュタルト心理学的方法を応用して、中華民国政府に付随して大陸から遷移してきた多方面の文化的諸側面が台湾にもたらしている莫大な効用にも関心を向け観察の視角を転換し拡大するべきであり、そうすることで、従来ほとんどの台湾民衆が常識と考えてきた理解、見解とは大きく異なる、まったく斬新で予想外の認識を得ることができるのではないか、と確信し、いわゆる「漢華文化」の在り方の歴史的経緯、趨勢という点に問題を絞って、歴史学的視角、比較文化学的視角、思想哲学的視角から博く検討し深く思索し続け、その結果を、折に触れさまざまな形式で表明してきたのであるが、このたび、これらを収集し、全体を四章に分類整理して、一書としての体裁を整えて公刊したのである。

本書の特色は、後序として掲げた評者二人の文章に的確明快、過不足なく指摘されており、訳者が再度繰り返す必要は無い。したがって、ここでは、訳者として特に感じ入ったことを記すだけにしたい。

まず、著者はその思索、執筆、講演、対話のすべてにおいて、「当下」の深刻な自覚を抱いており、この「当下」の自覚の下に、過去を省察し、現在を照射し、将来を展望するのであるが、その際、著者が推奨する考察方法は、方向を一定にし焦点を一点に絞って光を当てるという方法ではない。それとは全く逆に、できる限り、焦点を限定せずにあらゆる方向から光を当てるというゲシュタルト心理学的方法である。著者はひたすら機械的客観的に調査検討し、その結果を冷静に報告しようとするのではない。また、情熱的主観的に調査検討し、そうして得られた構想を懸命に主張するのでもない。全方向的であり不偏不党で公明正大な姿勢をとることに自覚的に徹しようとしている。

だが、著者自身、台湾は漢人中心で成り立っている社会であり、漢人、漢華文明においてこそ自身が在り得ているという意識がことさらに強烈であるためであろうか、その主張、表現には、時に、きわめて否定的な意味合いでもって「異族」ということを強調したり、「異族」の成績を無視、軽視、否定しようとする傾きがあるようであり、逆に、漢人、漢華文明の功績を実態以上に強調、重視、肯定する傾きもあるように見受けられるのであって、その不偏不党、公明正大の姿勢にはいささか動揺があるかのように認められる。もとより、著者にしろ訳者にしろ、あらゆる人間、事物はそれぞれの「時」「処」「位」においてしか在りえないとなれば、これもまたやむを得ないことなのであろう。また、その注記に於いて「一九四九」と「一九四九年」とを意識的に書き分けていると弁明してはいるものの、実際上は、必ずしも終始一貫している訳でもないようであり、読者に困惑の念を抱かせかねないであろう。

とまれ、本書最大の特色は、著者が、日常生活の些事にあまり注意しない多くの人々にとっては、ほとんど一文の価値も無いかに思われる塵芥や反古紙同然に見える種々の文物の中から、博学深思する人間にはこれこそ鉄證になると確信される資料を見つけ出し、その写真や図録の一つ一つを煩瑣をいとわずに掲載してくれているところに在る。日常、古物を珍奇な骨董として愛玩するマニアを気取ったり、これとは全く逆に、どんな古物も結局は塵芥であり、これこそ断捨離すべきだとうそぶく読者の多くも、書中に掲載されたこれらの写真や図録とそれらの詳細な解説を見て、自己平生の不注意さに赤面し、著者独特の主張を自分の目で確認して納得するに違いない。

もとより、著者が独自の主張を力強く展開する本書の内容をひたすら「礼賛」するだけで、そこで展開されるすべての内容に対して少しも「疑問」「反問」を抱かないというのでは、これまた、あまりに阿諛迎合ではないか、とのそしりを招きかねないであろう。啓発されるところだけ多く、顰蹙すべきところなどほとんど無い本書に対して、ことさら「疑問」「反問」を提示する必要もないわけであるが、毛を吹いても疵を求めよと迫られれば、已むを得まい、無理にでも絞り出さなければならない。

たとえば、最大の問題点かと訳者が感じるところを敢えて挙げれば、先にも言及したように、著者の主張には著者の「時」「処」「位」からする無意識の偏向がかなり強く出過ぎるところがあるのではないかということである。たとえば、国府統治下での国立台湾大学文学院の在り方は日本統治下の台北帝国大学文政学部の在り方に比して格段に優れていると強調するところなど、比較する対象選定の当否、比較する時代環境の相違、比較すべき事実の認定、等々、どれだけ客観的で周到な調査検討を経て得られた事実認定なのかどうか、事情の一端を垣間見ることができた者には、些か首をかしげるところがある。たとえば、台湾大学の考古学研究の進展についての不十分なとも思われる見解や台湾大学図書館所蔵の質量共に驚かされる和書漢籍の重要性に関する認識の不足、創設されてまだ日が浅い台北帝大の教官中に占める台湾人教官の数量について、創設当時の日本の各帝国大学の教官数に占める大学所在地域出身者数あるいは当該大学卒業生数の割合との比較をしないままでの指摘など、比較検討する際の用意に周到さが些か欠けているのではないのかどうか、漢人、漢文化への過度の注目が中国史上の歴代「異族」王朝が残した政治方面や文化方面の事績をややもすると軽視あるいは無視する結果を生み出しているのではないか、との疑問を拭い得ないのである。

また、政治と文化とを敢えて分けようとする著者独特の姿勢は、本書の主張からも明らかに認められるように、従来の常識的見解を一新させ、人をして目から鱗が落ちた心地にさせる効用をもつものではあるが、しかしその反面、政治面と文化面とを截然と区分し、焦点を文化面だけに絞って観察するのでは、政治と文化とがあざなえる縄のような関係にあるのがことがらの実態であることに思いをいたすなら、文化問題さえもその核心に迫り得ないのではないかという危惧を抱かせるであろう。政治的側面に焦点を絞るあまり、文化的側面にほとんどカメラが向けられず、文化的側面が極端に軽視されたり無視されてしまうのはきわめて問題であるという著者の指摘は確かにその通りである。しかし、政治面を極端に重視して文化面を無視するも同然だとする従来までの傾向を反省し批判するには、政治と離れたところでことさら文化面だけに焦点を絞って考察しなければならないというのでは、これまでとは全く逆の大きな弊害が生ずることは火を見るより明らかであろう。

ことがらを行おうとする意図と意図を実現すべく行われたことがらが生み出した結果とは往々にして対応しないことが少なくないし、また、往々にして、行われることがらに付随する結果に正反両面の意味があることも稀ではない。歴史を振り返るとき、私たちは、満清王朝が知識人達の反清行動を制約しつつ、その枠内で知識人を優遇したことの結果として、中国の学術史上きわめて高く評価される精密な清朝考証学が発達し、性理学や心学に偏って空疎な議論に陥っていた学術の趨勢を転換させ中国の学術に新生面を開きその進展と隆盛とをもたらしたこと、帝室や各地の素封家による伝来文物の保護や集積が行われたこと、帝国日本がその植民政策の貫徹を図るべく、総督府を通して行った、善良なる臣民を育成する教育の普及と民政の合理化現代化とが、台湾知識人の反日運動や自治要求運動を生育し強化したこと、中華民国政府が三民主義を掲げたことで、施政に携わる要人や役人達がややもすれば恣意的政治を運営しがちな中、対外列強に抗しうる国家の確立と個々人の民主自由を実現することへの渇望を強化した人々が生み出されてきたこと、人民共和国の社会主義的統治の下で、一方で一党独裁に傾き全体主義的方向への収斂が強められる中、他方で伝来文物や発掘文物や伝来古籍に対する保護が叫ばれ、同時に精密な古典研究が進められたこと、冷戦体制下、米国の反共政策にもとづく国民政府への多面的援助が独裁政府の延命強化をもたらした反面、国民政府による強権政治を批判し民衆の民主自由を要求する批判層を着実に育成していったことなど、政治的行為を行う側の意図とその行為が行われたことでもたらされた結果とは往々にして食い違う場合も少なくないのである。加えて、政治にしろ文化にしろそれに直接関わる人々がその行為をどのように行うかは、それぞれの時処位と不可分に絡み合っている以上、意図と結果との対応関係が、往々「瓢箪から駒が出た」も同然であることも少なくないというのが現実に近いであろう。そうである以上、意図と結果との関係を実態に即して客観的に説明することは実に難しいと知られるが、ともかく、その説明がどれほど複雑に入りくんだものになろうとも徹底した解明が求められるのである。

最後に、この日本語訳は必ずしも古今東西の学に博く関心を寄せ、禅に通じ文学作品を好む著者のひねりのきいた文章や対話文を編集して成った原書の初版本そのままではないことを断っておかなければならない。原書にある校正ミスによるかと思われる箇所を訂正したことはもちろんだが、訳者は、著者から直接手渡された「修訂稿」によって修改すべきところ数箇所に手を加えたほか、ややもすれば読者のどぎもを抜きかねない『1949礼賛』という書名について、書物の内容を踏まえつつ、書物に副題をつけることに著者の同意を得て、思案のあげく、「中華民国の南遷と新生台湾の命運」という副題を加えたが、また、原書では巻前に置かれた序文二篇を巻尾に移して後序とし、それに伴い目次に若干の変更を施し、著者の序文の末尾に多少の修改を施した。さらに、漢語を常用し中国文化に習熟した読者には問題がなくとも、現在の日本ではもはやなかなか分かりづらいようになっている個所については、ところどころ、文章の理解に少しでも役立つよう、括弧書きやすなわち書きの説明を加えたほか、また、多くの人名が随時随所に出て来ることから、一書の末尾に人名索引をも兼ねて本書所見人名一覧をもうけ、それぞれの生没年を人名辞典その他に拠りつつ記したこと、を明記しておきたい。なお、日本語への翻訳を快諾された著者の寛大な配慮に感謝することはもちろん、原著に序文を寄せた二人の評者に対して文章を勝手に末尾に移したこと、読者諸賢に原書の体裁を変更したことをお詫び申し上げます。

なお、漢語文化圏では恐らく人口に膾炙している慣用的語句の意味を明らかにしたり人名一覧を作成するに当たっては、中華民国中央研究院中国文哲研究所で非常勤の研究補助員をしている陳俐君女士の助けを得たほか、中華民国国立清華大学人文学院中国文学系で楊儒賓教授の研究助理として勤務している蔡錦香女士にも業務の合間を見て、心のこもったお手伝いを頂きました。記して感謝申し上げます。

最後に、各種の本格的研究書や良心的な書物などの出版事情が急激に悪化しつつあるなか、敢然と本書の出版をお引き受け頂いた東方書店、編集出版の煩瑣な雑務を処理していただいた川崎道雄さんを始めとしたコンテンツ事業部の皆さん、原書の翻訳出版を快諾して頂いた聯経出版に対して心から感謝申し上げます。

二〇一七年一二月末日　　仙台赤坂の寓居にて　訳者

連雅堂　1878～1936 ……………………………………………… 226, 250
連横　1878～1936 ……………………………………………………… 225
盧若騰　1598～1664 ………………………………………………… 191
ロックヒル（Rockhill 柔克義）1854～1914 ……………………… 288

【ワ】行

ワシントン（Washington 華盛頓）1732～1799 ……………………… 208

龍応台　1952～ ……………………………………………………………… 68
龍済光　1867～1925 ……………………………………………………… 227
梁啓超（任公） 1873～1929 ……………154, 158, 178, 180, 182, 184, 185, 187～189, 213, 221, 222, 224～229, 231, 233～237, 246, 277, 281, 282, 285, 287, 289
梁思成　1901～1972 （梁啓超の令息） ……………………………… 229
梁実秋　1902～1987 ………………………………………… 32, 43, 120, 229
梁漱溟　1893～1988 …………………………… 48, 158, 173, 205, 277
梁令嫻（思順） 1893～1966 （梁啓超の愛嬢）………………182, 222, 233
林毓生　1934～ ……………………………………………………………… 213
林琴南　1852～1924 …………………………………………………… 225, 236
林献堂　1881～1956 ……… 102, 178, 182, 184～190, 192, 194, 225, 228, 231, 234, 237
林語堂　1895～1976 ………………………………………………… 43, 313
林寿宇　1933～2011 ……………………………………………………… 185
林少猫　1865～1902 …………………………………………………… 179, 223
林占梅　1821～1868 ……………………………………………………… 241
林祖密　1877～1925 ……………………………………………………… 184
林載爵　本原書発行人………………………………………………………viii
林痴仙……………………………………………………………………… 188, 194
林朝崧　1875～1915 ……………………………… 182, 225, 226, 228
林朝棟　1851～1904 ……………………………………………………… 184
林培英　1907～ ……………………………………………………………… 193
林彪　1908～1971 …………………………………………………………… 160
林文慶　1869～1957 ……………………………………………………… 194
林文察　1828～1864 ……………………………………………………… 184
林明弘　1964～ ……………………………………………………………… 185
林茂生　1887～1947 …………………………… 21, 82, 87, 88, 91, 101
林幼春　1879～1939 ………………… 182, 184, 192, 224, 225, 228, 237
レーニン（Lenin 列寧） 1870～1924…………………………196, 280, 313

楊儒賓　1956～ ………………… viii, ix, 105, 134, 140, 260, 270, 305～314, 316～318, 320～324, 330
楊肇嘉　1892～1976 ……………………………… 185, 186
楊亮功　1895～1992 ……………………………… 233

【ラ】行

羅家倫　1897～1969 ……………………………… 289, 292
羅大佑　1954～ ……………………………… 131
雷震　1897～1979 ……………………………… 47, 154, 195
頼山陽　1780～1832 ……………………………… 254
頼紹堯　1871～1917 ……………………………… 182
頼錫山……………………………… 140
ラッセル（Russel 羅素）　1872～1970 ……………………………… 213
李逸樵　1883～1945 ……………………………… 266
李鴻章　1823～1901 ……………………………… 126
李済　1896～1979 ……………………………… 95, 120
李子寛　1898～1982 ……………………………… 12
李宗仁　1891～1959 ……………………………… 60
李沢厚　1930～ ……………………………… 314, 315
李定国　1621～1662 ……………………………… 250
李登輝　1923～ ……………………………… v, 97, 114
李葉霜　1922～1999 ……………………………… 267
リースマン（Riesman 黎士曼）　1909～ ……………………………… 215
陸亙大夫　（南泉和尚と問答）……………………………… 303
陸游　1125～1209 ……………………………… 146
劉勰　466?～538 ……………………………… v
劉琨　270～318 ……………………………… 207
劉宗周　1578～1645 ……………………………… 234
劉銘伝　1836～1895 ……………………………… 183
龍樹　?～BC234 ……………………………… 141

ホミ・ババ（Homi K Bhabha 洪弥・巴巴） 1949～ …………………… 244
ポランニー（Polanyi 博藍尼、波藍尼） 1886～1964 …………… 79, 214
方聖平（楊儒賓夫人） 1955～ …………………………………… 261, 262
彭清靠 1890～1955 …………………………………………………… 88
彭醇士 1896～1976 …………………………………………………… 193
彭明敏 1923～ ………………………………………………………… 88
牟宗三 1909～1995 ………32, 43, 95, 120, 154, 155, 163, 171, 172, 182, 189, 195, 313
茅盾 1896～1981 ……………………………………………………… 66, 67

【マ】行

マーシャル（Marshall 馬歇爾） 1880～1959 …………………………… 128
松崎万長 1858～1921 ………………………………………………… 239
マルクス（Marx 馬克思） 1818～1883 ……… 17, 34, 113, 160, 196, 200, 280, 313
溝口雄三 1932～2010 ……………………………… 172, 211, 225, 282
明治天皇 1852～1912 ……………………………… 239, 241, 245, 247
モーゼ（Moses 摩西） 紀元前13世紀頃 …………………………… 114
毛沢東 1893～1976 ………………………………… 113, 152, 280, 286
孟子 BC372～BC289…………………………56, 194, 207, 213, 214, 234

【ヤ】行

庾信 513～581 …………………………………………………… 16, 51, 61
熊十力 1885～1968 …………………………… 46, 158, 205, 213, 277
ユング（Jung 容格） 1875～1961 ………………………………… 317
葉公超 1904～1981 ………………………………………………… 288, 289
葉栄鐘 1900～1978 ……………… 83, 182, 188, 192, 193, 222, 225, 236
姚嘉文 1938～ …………………………………………………… v, 28
楊雲萍 1906～2000 ……………………………………………………… 92
楊逵 1905～1985 ……………………………………………………… 193

南方朔　1946～　…………………………………………………………… 42, 43
南明弘光帝（在位 1645）………………………………………………… 311
粘錫麟　1939～2013　…………………………………………………… 132

【ハ】行

ハイデッガー（Heidegger 海徳格）1889～1976…………………… 108, 273
馬英九　1950～　…………………………………………………………… v, 307
馬宗霍　1897～1976　……………………………………………………… 285
梅貽琦　1889～1962　……………………………… 43, 189, 242, 278, 280
白先勇　1937～　…………………………………………………………… 232
白崇禧　1894～1966　……………………………………………………… 232
范仲淹　989～1052………………………………………………205, 277, 282
ピカソ（Picasso 畢卡索）1881～1973 ………………………………… 285
ピーター・バーガー（Peter Berger）1929～2017 ……………………… 211
ビルター（Billeter 畢来徳）1939～ ……………………………………… 215
傅斯年　1896～1950　……………………… 32, 44, 92, 155, 189, 242, 280
傅錫祺　1872～1946　……………………………………………………… 182
溥心畬　1896～1963　……………………………… 43, 120, 182, 189, 313
フーコー（Foucault 傅柯）1926～1984 ………………………………… 167
フェイバー（Ernst Faber 花之安）1839～1899 ………………………… 109
フレイザー（Sir James George Frazer 弗雷澤）1854～1941 ……… 246
フロム（Fromm 仏洛姆）1900～1980 …………………………………… 215
馮友蘭　1895～1990　…………………………………… 73, 118, 278, 279
福沢諭吉　1834～1901　…………………………………………………… 192
ヘーゲル（Hegel 黒格爾）1770～1831……… vii, 8, 13, 21, 28, 116, 167, 213, 231, 289
ヘルダー（Herder 赫徳）1744～1803 …………………………………… 143
ホーネット（Axel Honneth 霍耐特）1949～ …………………………… 216
ホーベル（Fabian Heubel 何乏筆）1967～ ……… 133, 134, 140, 149, 163, 164, 166～168

鄭芝龍　1604〜1661（鄭成功の父）……………………………… 252, 254
鄭成功（国姓爺）1624〜1662 ………… x, 4, 66, 75, 79, 82, 85, 87, 91, 100, 115, 120, 183, 191, 234, 239, 248〜256, 258, 311, 319
ディオゲネス（Diogenes 戴奥尼斯）BC412〜BC323? …………… 64, 65
翟式耜　1590〜1650 ……………………………………………… 191, 192
田横　?〜BC202 ……………………………………………………… 44
ドラムライト（Everett Drumright 荘萊徳）1906〜1993 …………… 278
杜維明　1940〜 …………………………………………………… 211
杜聿明　1904〜1981 ……………………………………………… 301
杜甫　712〜770 ……………………………………… 52, 61, 227, 228
杜邦……………………………………………………………… 131
唐君毅　1909〜1978 ……… 31, 32, 34, 35, 38, 43, 45, 46, 154, 155, 163, 171, 182, 313
唐奎章……………………………………………………………… 265
唐甄　1630〜1704 …………………………………… 187, 205, 225, 277
唐寅（伯虎）1470〜1523……………………………………………… 267
唐文治　1865〜1954 ……………………………………………… 265
唐文標　1936〜1985 ………………………………………… 41〜43
董作賓　1895〜1963 ……………………………………………… 289
董仲舒　BC179〜BC104……………………………………………… 286
湯恩伯　1900〜1954 ……………………………………………… 60
湯覚頓　1878〜1916 ………………………… 182, 222, 226〜229, 233
鄧小平　1904〜1997 ……………………………………………… 151, 198
鄧伝安　1764〜? ……………………………………………… 133
豊臣秀吉　1536〜1598 ……………………………………………… 17

【ナ】行

ナポレオン（Noleon 拿破崙）1769〜1821 …………………………… 18, 289
内藤湖南　1866〜1934 ……………………………… v, 117, 118, 172, 205
南泉（普願）和尚　748〜834 ……………………………………… 303

張晶英　1913～1992　(孫立人夫人)　……………………………………　12
張深切　1904～1965　…………………………………………………62, 86, 192
張蒼水　1620～1664　…………………………………………………191,192
張大千　1899～1983　……………………………43, 95, 120, 280, 285, 313
張明正　1954～　(陳怡蓁の伴侶)　…………………………………………ⅷ
張良　?～BC189　……………………………………………………………264
趙元任　1892～1982　………………………………………………277, 285, 287
趙恒惕　1880～1971　…………………………………………………………12
趙州和尚　778～897　…………………………………………………………273
趙老(趙中令)　1913～2012…………………………………ⅹ, 259～270, 316
陳怡蓁　1956～　(楊儒賓の大学同級)　……………………………ⅷ, ⅸ, 317
陳寅恪　1890～1969　………………………………235, 277, 285, 287, 289
陳嘉庚　1874～1961　…………………………………………………………194
陳懐澄　1877～1940　……………………………………………………132, 182
陳儀　1883～1950　……………………………………………………………192
陳錦昌……………………………………………………………………………76
陳子龍　1608～1647　……………………………………………………52, 235
陳水扁　1950～　…………………………………………………………………ⅴ
陳誠　1897～1965　……………………………………………24, 47, 278, 301
陳大斉　1886～1983　…………………………………………………………182
陳定山　1897～1987　…………………………………………………………193
陳培煦　1900～1969　…………………………………………………………132
陳芳明　1947～　…………………………………………………………………86
沈光文　1612～1688　………………………………………………132, 140, 191
沈葆楨　1820～1879　…………………………………………………………316
鶴見祐輔　1885～1973　………………………………………………………223
丁日(?曰)建……………………………………………………………………184
程伊川　1033～1107　……………………………………………………277, 282
程明道　1032～1085　……………………………………………………153, 219
鄭経　1642～1681　(鄭成功の子)　…………………………………251, 252

銭穆　1895〜1990 ………… iv, 32, 95, 117, 120, 154, 182, 191, 229, 280
蘇慶黎　1946〜2004 ……………………………………………… 34
蘇新　1907〜1981 ………………………………………………… 34
蘇軾（東坡）1037〜1101 ……………………………………… 227, 254
宋　高宗　（在位1127〜1162）………………………………… 117
荘子　（戦国時代の人物、生没年不詳）……………………… 21, 189
荘垂勝　1897〜1962 …………………………… 132, 182, 192〜194
荘太岳　1880〜1938 ……………………………………………… 132
曹永和　1920〜2014 ……………………………………………… 142
曽国藩　1811〜1872 ……………………………………………… 126
僧璨　529?〜606 …………………………………………………… 54
孫克寛　1904〜1993 ……………………………………………… 193
孫文（中山）　1866〜1925　……………… 11, 82, 154, 184, 225, 236, 247
孫立人　1900〜1990 ………………………………… 12, 299〜303, 316

【タ】行

達磨　　?〜528? …………………………………………………… 56
戴潮春　（? 天地会首領戴萬生なら1864 敗死）………………… 241
台静農　1902〜1990 ……………………………………………… 313
高田早苗　1860〜1938 …………………………………………… 254
竹内好　1910〜1977 ……………………………………………… 247
竹田恆泰　1975〜 ……………………… 239, 240, 242, 244, 248, 255, 256
辰野金吾　1854〜1919 …………………………………………… 239
近松門左衛門　1653〜1724 ……………………………………… 253
儲安平　1909〜1966 ……………………………………………… 153
張煥珪　1902〜1980 ………………………………………… 182, 192
張其昀……………………………………………………………… 278
張灝………………………………………………………………… 315
張君励　1887〜1969 ………………………………… 155, 163, 195, 282
張載　1020〜1077 ………………………………………………… 237

朱銘……260
シュオルツ（Benjamin I. Schwartz 史華慈） 1916～1999 ……221
ジュリアン（Jullien 朱利安または為于連、余蓮） 1951～ ……166, 215
周徳偉 1902～1986 ……203
舜 （古代中国の伝説上の聖天子）……205～209, 212, 219, 247
荀子 紀元前 313?～紀元前 230? ……207, 245
淳于髡 （戦国時代斉威王の治世に稷下の学者）……294
徐訏 1908～1980 ……42
徐継畬 1795～1873 ……208
徐孚遠 1600～1665 ……191, 235
徐復観 1903～1982 … 32, 120, 155, 156, 163, 182, 189, 190, 192～195, 217, 218, 226, 236, 280, 313, 315
葉（→ヨウ）
章炳麟（太炎） 1868～1936……225, 236, 259, 265, 285, 314
蔣渭水 1891～1931 ……83, 84, 188, 237
蔣経国 1909～1988 ……v, 110, 301
蔣中正（介石） 1887～1975……v, 9, 11, 60, 76, 97, 135
蕭新煌 1948～ ……211
商鞅 BC390?～BC338 ……245
白鳥庫吉 1865～1942 ……208
沈（→チン）
辛志平 1912～1985 ……x, 239, 242, 243, 256, 258
神功（仲哀天皇の皇后、記・紀の所伝）……17
秦孝儀 1921～2007 ……68, 267
スターリン（Stalin 史達林） 1879～1953……34, 90, 196, 280
スチュアート（Stuart 司徒雷登） 1876～1962 ……199
斉邦媛 1924～ ……68
詹金枝 1910～2001 ……232
詹逢時（天馬）……232
銭謙益 1582～1664 ……250

谷城山で得た黄石の傍らに埋めさせたとの伝説が史記に見える）… 264
黄宗羲　1610～1695 ……………… 46, 171, 187, 205, 225, 235, 277, 313
黄巣　835?～884 ……………………………………………… 36
黄朝琴　1897～1972 ……………………………………………… 204
黄帝（漢民族の伝説上の始祖）…………………………………… 83
黄道周　1585～1646 ……………………………………191, 192, 235
黄得時　1909～1999 …………………………………………… 92, 187
ゴーリキー（Gorkii 高爾基） 1868～1936 ………………… 66, 67
国姓爺（鄭成功）……………………………………………249, 250, 253

【サ】行

サイード（Said 薩依徳） 1935～2003 ……………………… 146, 315
左舜生　1893～1969 ……………………………………………… 158
左宗棠　1812～1885 ……………………………………………… 184
佐久間左馬太　1844～1885 ……………………………………… 93
西郷隆盛　1827～1877 …………………………………………… 245
蔡英文　1956～ ……………………………… 133, 134, 140, 307
蔡錦香……………………………………………………272, 302, 330
蔡培火　1889～1983 ……………………………………………… 225
ジェームズ（William James 詹姆士） 1842～1910………………… 246
史思明　703～761 …………………………………………… 18, 52
史明　1918～ ……………………………………………25, 26, 114
始皇帝　BC259～BC210…………………………………… 179, 264
施琅　1621～1696 ………………………………………… 66, 191
島田虔次　1917～2000 …………………………………172, 225, 282
下村宏　1875～1957 ……………………………………………… 21
謝鴻軒　1917～ …………………………………………………… 267
謝雪紅　1901～1970 ……………………………………………… 188
朱子　1130～1200 ………………………………………… 18, 205
朱祖謀　1857～1931 ……………………………………………… 265

龔賢　1618～1689 …… 52
堯（古代中国の伝説上の聖天子）…… 205～210, 212, 219, 247
金樹栄　1903～1982 …… 243
厳復　1853～1921 …… 126, 154, 277
子安宣邦　1933～ …… 168, 169
児玉源太郎　1852～1906 …… 93
呉叡人　1962～ …… 84
呉虞　1872～1949 …… 194
呉新栄　1907～1967 …… 83
呉濁流　1900～1976 …… 8, 86, 87, 222
呉守礼　1909～2005 …… 92
呉梅村（偉業）1609～1671 …… 52
胡適　1891～1962 …… 32, 43, 47, 154, 195, 206, 280, 285, 313
胡風　1902～1985 …… 113
後藤新平　1857～1929 …… 93, 165, 223
辜鴻銘　1857～1928 …… 225, 236
顧炎武（亭林）1613～1682 …… 46, 171
孔子　BC552～BC479 …… 26, 56, 91, 160, 194, 207, 217, 234, 308, 314
孔尚任　1648～1718 …… 52
江学珠　1901～1988 …… 243
洪炎秋　1899～1980 …… 182
洪棄生　1867～1929 …… 86, 132, 194
洪銘水　1938～ …… 193
侯景　503?～552 …… 18, 36, 51
康有為　1856～1927 …… 154, 158, 184, 221, 226, 277
黄侃　1886～1935 …… 265
黄興　1874～1916 …… 154
黄煌雄　1944～ …… 83, 84
黄遵憲　1848～1905 …… 183
黄石公（秦漢の際、張良は下邳の老人から太公兵書を授けられ、死後

エリアーデ（Eliade 耶律亜徳） 1907～1986 ……………………… 17, 98
エンゲルス（Engels 恩格斯） 1820～1895 ……………………… 196, 280
演培 1916～1996 ……………………………………………………… 12
王国維 1877～1927 ……………………………… 277, 285, 287, 289
王守仁（陽明） 1472～1528 ……………………… 64, 205, 213, 216
王徳威 1954～ ……………………………………vii, xi, 305, 318
王夫之（船山） 1619～1691 ……21, 46, 116, 171, 187, 225, 231, 277, 313
大森曹玄 1904～1994 ………………………………………………… 246

【カ】行

何炳棣 1917～2012 ………………………………………………… 217
柯鉄虎 1876～1900 ………………………………………………… 223
岳飛 1103～1142 …………………………………………………… 300
郭雨新 1908～1985 ………………………………………………… 62
郭国基 1900～1970 ………………………………………………… 76
郭頂順 1905～1979 ………………………………………………… 193
葛兆光 1950～ ……………………………………………… 309, 310
カント（Kant 康徳） 1724～1804 ……………… 142, 213, 214, 216, 273
甘得中……………………………………………………………… 187, 234
韓良露 1958～2015 ………………………………………………… 221
韓非子 BC280?～BC233 …………………………………………… 24
簡大獅 1870～1901 ………………………………………………… 223
北島殖産局長（謙次郎？） 1893～1957 ………………………… 185
北白川宮能久親王 1847～1895 …… x, 239～242, 244～246, 248～250, 252, 256, 258
邱清泉 1902～1949 ……………………………………………… 54, 55
許渾………………………………………………………………………… 180
許倬雲 1903～ ……………………………………………… 309, 310
許文葵 1899～ ……………………………………………………… 182
許明財 1953～ ……………………………………… 243, 244, 256

本書所見人名生没年一覧

本書所見人名生没年一覧として掲載するに当たり、1989年版縮印本『辞海』、2007年河北人民出版社増訂版『民国人物大辞典』、許雪姫主編『灌園日記』注釈、三省堂『大辞林』、岩波書店『広辞苑』などを参照したが、書物によって生没年に相違のあるものがあり、必ずしも確定年時ではない。また、不明なものも少なくない。なお、配列は本書全体の最後の頁から逆向きに、横組みで行うが、配列の順序は、発音表記にやや無理があるものの、日本人、外国人を問わず、一律に日本語の発音に応じたアイウエオ表記で把握して、分類整理し、漢字表記の場合には初出文字の同異、発音表記のアイウエオ表記による同異、画数の多少で整理し配列した。

【ア】行

アイゼンハワー（Eisenhowe 艾森豪） 1890～1969 …… 9
愛新覚羅 …… 222
アチソン（Acheson 艾奇遜） 1893～1971 …… 81
アンジェリウス・シレシウス（Angelius Silesisu 安吉魯斯・西莱索斯） 1624～1677 …… 273
アンダーソン（Anderson 安徳森） 1936～2015 …… 84
安禄山 705～757 …… 18, 52
伊藤仁斎 1627～1705 …… 205
一休禅師 1394～1481 …… 262
稲垣其外 ?～1937 …… 249
印順 1906～2005 …… iv, 12, 95
殷海光 1919～1969 …… 32, 126, 154～156, 189, 193, 195, 203, 313
于右任 1878～1964 …… 43, 95, 120, 182, 189, 280
ヴィコ（Vico 維柯） 1668～1744 …… 143, 206
ヴィトゲンシュタイン（Wittgenstein 維根斯坦） 1889～1951 …… 26
ウェーバー（Weber 韋伯） 1864～1920 …… 79, 167, 202, 286

著訳者略歴

［著者］

楊儒賓（よう　じゅひん）

1956年、台湾台中に生まれる。国立台湾大学中国文学系卒業、博士号取得。現在、国立清華大学中国文学系教授。研究領域は、先秦哲学、宋明理学、東アジア儒学など。主な著書に、『儒家身体観』（中央研究院中国文哲研究所、1996）、『儒門内的莊子』（聯経出版、2016）、『五行原論――先秦思想的太初存有論』（聯経出版、2018）ほか多数。編著書に、主編『瀛海掇英――台湾日人書画図録』（国立清華大学出版社、2013）、『自然概念史論』（国立台湾大学出版中心、2015）ほか、訳書に、ユング著『東洋冥想的心理学――従易経到禅』（商鼎文化、1993）、江文也著『孔子的楽論』（喜瑪拉雅研究発展基金会、2003）など。

［訳者］

中嶋隆蔵（なかじま　りゅうぞう）

1942年宮城県栗原郡若柳町に生まれる。1970年東北大学大学院文学科博士課程単位取得退学、東北大学文学部教官となり、1983年文学博士号を授与され、1987年東北大学文学部中国哲学講座教授、2006年定年退官。後、武漢大学哲学系、国立清華大学中文系、輔仁大学外文系跨文化研究所などで客座教授を務める。著書に、『六朝思想の研究――士大夫と仏教思想』（平楽寺書店、1985）、『雲笈七籤の基礎的研究』（研文出版、2004）、『中国の文人像』（研文出版、2006）、『静坐――実践・思想・歴史』（研文出版、2012）など。訳書に、浄慧法師著『人間らしく生きていくために――生活禅の立場から『善生経』を説き明かす』（山喜房佛書林、2014）、『心経禅解』（同、2018）などがある。

1949礼賛《らいさん》
中華民国《ちゅうかみんこく》の南遷《なんせん》と新生台湾《しんせいたいわん》の命運《めいうん》

二〇一八年六月五日　初版第一刷発行

著　者●楊儒賓
訳　者●中嶋隆蔵
発行者●山田真史
発行所●株式会社東方書店
東京都千代田区神田神保町一―三　〒一〇一―〇〇五一
電話〇三―三二九四―一〇〇一
営業電話〇三―三九三七―〇三〇〇
組　版●小川義一（鷗出版）
装　幀●クリエイティブ・コンセプト（江森恵子）
印刷・製本●モリモト印刷株式会社

定価はカバーに表示してあります

ISBN978-4-497-21812-4　C0022
乱丁・落丁本はお取り替えいたします。
恐れ入りますが直接小社までお送りください。

小社ホームページ〈中国・本の情報館〉で小社出版物のご案内をしております。
http://www.toho-shoten.co.jp/

東方書店出版案内

台湾新文学史 上下

陳芳明著／下村作次郎・野間信幸・三木直大・垂水千恵・池上貞子訳／ポストコロニアル史観に立った「台湾新文学の時期区分」をもとに、台湾の新文学の複雑な発展状況をダイナミックに語る。

A5判四八〇頁・五六八頁◎本体各四五〇〇円＋税 978-4-497-21314-3/978-4-497-21315-0

台湾文学と文学キャンプ 読者と作家のインタラクティブな創造空間

赤松美和子著／文学キャンプとは、作家・編集者・読者ら文学愛好者が一堂に会する文学研修合宿のことをいう。五〇年に及ぶこの独特の活動を実際に参加した著者が分析し、現代台湾文学の一側面を論述する。

A5判二〇〇頁◎本体三二〇〇円＋税 978-4-497-21224-5

民主と両岸関係についての東アジアの観点

馬場毅・謝政諭編／東アジアの安全保障上、重要なカギとなる「両岸関係」について、民主化の比較、地政学的に見る関係性、文化面からの考察など、ユニークな視点からの論文一三篇を収録する。

A5判二八八頁◎本体四〇〇〇円＋税 978-4-497-21403-4

近代台湾の経済社会の変遷 日本とのかかわりをめぐって

馬場毅・許雪姫・謝国興・黄英哲編／法制、文学、金融、企業経営、官僚、東亜同文書院、台湾協会など多岐にわたるテーマで、主に日本とのかかわりについて論じた一九篇を収録する。

A5判五六〇頁◎本体六〇〇〇円＋税 978-4-497-21313-6